U0471970

经济正义论

[法] 马可·弗勒拜伊（Marc Fleurbaey）◎著

肖江波　韩力恒　马 铭◎译

THÉORIES ÉCONOMIQUES
DE
LA JUSTICE

中国人民大学出版社

·北 京·

译者序①

《经济正义论》译稿终于完成了。其间经历的困难、曲折不曾为外人道。回想几年间的痛苦、煎熬不禁百感交集，万般滋味涌上心头。而能使我坚持到最后的，是因为我笃定这是一项有意义、有价值的工作，我愿意用自己夹杂着汗水和泪水的辛勤劳动将这本著作呈现在读者面前。

一本好书是经得起岁月考验的，它不会随时光的流逝而褪色，反而会大放光彩。我以为《经济正义论》正是这样的一部著作。

十年前，我在法国卡昂大学获得了经济学硕士学位。在卡昂期间的学习、生活是艰苦、愉快而亲切的。在那里我结识了很多要好的朋友、令人崇敬的老师。其中令我难忘的是法国著名经济学家 Maurice Salles 教授、Boniface Mbith 教授和 Merlin Vincent 教授。特别是

① 本书三位译者简介如下：肖江波，女，1977 年生，法国卡昂大学经济学硕士，甘肃省经济法制研究中心研究人员，甘肃政法学院经济管理学院讲师，参与省级科研项目多项，发表论文多篇。研究领域：福利经济学、劳动经济学。韩力恒，男，1979 年生，法国卡昂大学经济学硕士，福建江夏学院教师。研究领域：福利经济学、博弈论。马铭，男，1973 年生，法国南特大学私法硕士，甘肃省经济法制研究中心研究人员，甘肃政法学院民商经济法学院副教授，参与国家级、省级科研项目多项，发表论文多篇。研究领域：民商法。

本文由肖江波撰写。

Maurice Salles 教授，他广博的知识令我佩服，他信手拈来的自如让我欣赏，他对学生的亲切让人觉得如沐春风。尽管我已离开法国，但他仍对我的问题详尽解答、一一回应，让我深受感动。而和这本书结缘也正是得益于和 Maurice Salles 教授的交流。

从大学本科的经济学专业学习到如今的教学工作，我涉足经济学这个领域已经整整二十年。然而，尽管有这为期不短的二十年的理论学习与积累，但理论与现实的偏差却让年近不惑的我依然困惑：社会主义市场经济在探索中曲折前进，即摸着石头过河，那么，河的对岸是什么？我国社会的发展目标是共同富裕，为什么改革进程中的市场经济却带来了巨大的贫富差距？为什么我们能够建得广厦千万间，却不能“大庇天下寒士俱欢颜”？

2014 年 7 月，北京大学中国社会科学调查中心发布《中国民生发展报告 2014》，报告中指出：“中国财产的不平等程度在迅速提高，我国顶端 1%的家庭占有全国三分之一以上的财产！财富不平等及其相关的经济不平等已成为一个不可忽视的社会问题，它是许多社会矛盾的根源。”中国人民大学重阳金融研究院执行副院长王文指出：“这种社会分化，贫富悬殊，阶层固化更像是 21 世纪全人类的普遍现象。不同的是，中国社会发展目标是共同富裕。很明显，当下的情况是离那个目标越来越远。我希望这是黎明前的黑暗，并祈望这样的黑暗尽早过去，最终让‘财富现实’的残酷与‘财富未来’的美好之间的纠结点不复存在。”我想，能够引领我们冲破这黎明前的黑暗的应该是一套全面、系统、立足现实的让人心悦诚服的理论，而这种理论必定是在学者们的不断研究、探讨、追问，甚至激辩中产生。

顾准说，“要想看清中国，首先要放眼世界。”而阅读无疑是最好的途径。法国经济学家、美国普林斯顿大学教授弗勒拜伊（Marc Fleurbaey）的著作《经济正义论》（*THÉORIES ÉCONOMIQUES DE LA JUSTICE*）是一部全面、系统研究经济正义的著作，它从福利经济学、社会选择理论、法学、政治学、哲学等多个视角审视公平正义。其中既呈现出阿玛蒂亚·森（Amartya Sen）、罗尔斯（Rawls）、德沃金（Dworkin）、豪尔绍尼（J. Harsanyi）等著名学者关于公平正义的精彩辩论，更有自己的真知灼见；既有对弱势群体的悲悯情怀又有对社会正义的理性分析。他批评美国著名经济学家劳伦斯·萨默斯（L. Summers）的附加各种补偿性的援助，使高污染工业向发展中国家转移的建议，指出："这一建议是令人很不舒服的，发达国家在这一交换中所处的初始地位具有过多的优势。"同时，在《经济正义论》的总论中提出："我们该怎样构想，在经济正义论的建立和其实现的可能性之间进行理论的衔接?"这样的发问，令人深思。而更令我欣赏的是，弗勒拜伊这本著作秉承的研究方法，即公理的研究方法。"一方面，公理是道德准则和哲学理论的桥梁；另一方面，它又引申出判断标准和研究目标。"从而不再将"理性人"（人是自私的）和"社会人"（人是有道德的）割裂开来，避免了森（Sen，1982）所指出的传统的"理性经济人"完全是"理性的傻子"。

在《经济正义论》这本著作中，没有解决中国现实问题的答案，但它提供给我们一种研究方法，思考问题的多个角度，能为彷徨在理想和现实间的中国读者、学者带来思想的启迪和灵光。

翻译本书的过程，也是我继续学习研究的过程。我惊喜地发现，原来令我困惑不解的问题，竟然就出现在学者们的辩论中。我由衷地觉得这是一部出色的著作。然而，在这部涉猎广博知识领域的著作面前，我忽然觉得自己是如此的年轻、渺小。为了尽可能地不损害原著的光彩，我请另外两位译者和我合作。我们既互相帮助，又各有分工，并最终完成了全部翻译工作。具体安排为：肖江波：第一章，第三章，第五章；韩力恒：第七章，第九章，第十章；马铭：第二章，第四章，第六章，第八章。全书最后由肖江波统稿。

这本书能够出版，要感谢很多人。首先感谢我的老师 Maurice Salles 教授的推荐，感谢作者弗勒拜伊对我的信赖。感谢迪法国际法语版权代理陆琬羽女士的支持，感谢我的好朋友法国道达尔石化香港分公司朱晓梅在语言上给我的帮助，感谢中国人民大学出版社曹沁颖女士的支持。最后要感谢的，是我的女儿，在我开始翻译这本书的时候，她还不到三岁。为了这本书，我放弃了很多休息时间、和女儿游戏玩耍的时间。她由最初的委屈、哭闹到后来明白妈妈要写东西而变得乖巧很多。她小小的心灵给我的理解是我不断努力工作的无尽动力。

肖江波

THÉORIES
ÉCONOMIQUES
DE LA JUSTICE

致谢

本书得益于我和 Serge Kolm 合作在法国高等社会科学院（Ecole des Hautes Etudes en Sciences Sociales）进行的 DEA[①] 教学工作，和我在法国塞尔奇-蓬多瓦兹大学（Université de Cergy-Pontoise）进行的 Maîtrise[②] 教学工作。特别感谢 Serge Kolm 和 Alain Trannoy 对这项工作的鼓励，以及学生反馈的宝贵信息。

本书主要针对第二阶段和第三阶段[③]对公共经济学、社会选择，或政治经济哲学应用感兴趣的学生。它同样适用于希望对经济分配正义的著作和研究方法有一个综合认识的研究人员。

我要感谢很多人，他们通过评论和批评，或对本书中某些观点的讨论在不同程度上给我提供了帮助。在此，一并致谢。特别感谢 Ph. Mongin，J. F. Laslier，S. Kolm 和 A. Trannoy。同样感谢 T. Andreani，F. Chantreuil，W. Gaertner，L. Gevers，N. Gravel，G. Laroque，S. Lollivier，

---

① DEA 即 Diplôme d'Etudes Approfondies，是法国原高等教育中的深入研究文凭，是读博士的必经之路，相当于中国的硕士阶段。——译者注

② Maîtrise 是法国原高等教育中的第二阶段学位，相当于法国现高等教育中的第二阶段 Master1，等同于我国的学士学位。——译者注

③ 第二阶段、第三阶段是指法国原高等教育中的硕士、博士预备和博士阶段。相当于中国的本科、硕士和博士阶段。——译者注

F. Maniquet, H. Moulin, T. Piketty, J. Roemer, W. Thomson, Ph. van Parijs。当然，我对本书的错误和缺点负有全部责任。

同样感谢以下研究机构为我编写本书提供了良好的环境，它们是：法国高等社会科学院、法国国家统计和经济研究院（Institut National de la Statistique et des Etudes Economiques）和法国塞尔奇-蓬多瓦兹大学的 THEMA。

THÉORIES
ÉCONOMIQUES
DE LA JUSTICE

目　录

第一章　经济正义论总论

引言

国家对经济干预的最佳程度是多大？所得税税率为多少才能同时兼顾效率与公平？

这是经济学家经常面对的两个问题。然而，这两个问题很难回答。诚然，其原因之一在于经济理论对于复杂运行的市场经济的理解与税收刺激效果的估量都还处于不成熟阶段，但同时“最好”、“效率”、“公平”这些词汇过于模糊也是一个重要的原因。

为了回答这样的提问，必须综合研究伦理基础、社会经济评价标准和政治经济效力，而后进行定义。经济学家们的一个普遍的观点认为这一标准的定义属于规范领域，这是带有个人偏见的，也是带有情绪的、非理性的。经济学家应避免这一不足，保留学科的严肃性。应该仅仅向问题的提出者询问：是以政治家的角度分析还是以思想家的角度分析，从而明确隐藏在问题背后的标准是什么。

当前关于社会选择、福利经济学、经济环境公平理论、合作博弈论等著作非常清楚地驳斥了这一观点。总之，关于公平标准的定义有大量可观的研究，似乎都具有理性构建的形式、逻辑分析的复杂性或相当高的数学水平。

本书的目的在于以“综合”、“批判”的方式介绍这些著作的主要概念。“综合”是因为现有的多种多样的研究方法是相对孤立的，现有的理论缺乏比较研究。我们这里将经济正义论、公平标准方面的研究作为从属于整个学科的一个分支，是因为这一研究领域的博大精深及其研究目的和方法具有一定的特殊性。“批判”是通过对照相关的研究方法，强调不同成果的影响和意义，而不是单纯重视其内容。同时，本书还特别有必要阐述本学科这一领域中有争议的理论，否则整个理论系统中最重要、最有影响的部分将无法呈现。

但是，我们能避免在整个学术界，受政治道德偏见的影响，担忧那么多经济学家不去进行“规范”研究么？下面将探讨这一问题，并且本章其余部分将介绍经济正义论的框架、内容及研究方法。

实证研究而非规范研究

本书研究的经济正义论属于实证经济学，而不是规范经济学！

这一结论对于理解下面几章的主要内容非常重要。我们首先要明确“实证”与“规范”的区别。实证分析只是描述“是什么”，而规范分析体现为一种价值判断，描述“应该是什么”。我们要概括地指出这一区别，同时还要特别注意以下两点细微的区别：第一，事实也是一种价值判断，有“规范”的方面（说“是什么”，是描述“应该要说的”）。其次，在人文科学领域，人类行为的描述是建立在理性的假定前提之下的，这就包含有描述和规范，我们同样可以推断在更广泛的层面，促使人们行为的原因应该是在实证的模式下，建立在规范性之上，体现出可信性（Hausman & McPherson，1994）。

然而，在讨论公平正义和社会经济的目标时，实证与规范的区分非常实用。这样可以体现出是个人偏见，单纯的价值判断，还是事实与观点的冷静客观的分析。我们将看到，我们这里所建议接受的实证分析，不仅是现象的描述，还同样包括论据和说理的研究。

事实上，经济中具有实证性的部分有很多。首先有分析机制与行为的确切的因果的解释，也有以条件的形式提出具有实证性的经济政策建议："如果政策目标是……那么最好的政策为……"经济政策的目标主要是通过政策层面提出的。实际上，通常这些政策仅仅是以模糊而片面的方式提出，正如本章导论中所指出的，经济学家应为协助完善这些政策做出贡献，担负起规范的角色。例如，如果公布的政策目标是减少失业，经济学家应确保提出的这一政策能减少失业而不加重贫困。加重贫困的这种担忧属于规范的范畴。

上面的这部分内容仍然是明确实证性的目标，而下面这部分内容则是详细阐述本书的写作目的。

理想的社会经济状态特征的准则以及形成相应的经济政策目标，不是首次提出的先验，而是出自道德准则，或者说，有时经济正义论出自道德哲学。哲学理论中的正义同样也是一种创造，在一定程度上，经济学家可以直接采用。从直觉的道德准则和哲学理论派生出精确、实用的社会经济准则是一项精细的工作，因而在政治领域的执行效果通常很一般就不奇怪了。

经济正义论的构建在于严谨地提出这样的一个分支学科，其内容可能和前面提到的那种条件形式的经济政策建议相似："如果道德准则或哲学理论的研究是……那么更为准确的准则或理论是……"区分经济正义论和哲学著作的方法是其明确的研究方法，即主要是公理。公理是一种性质的明确表述，所研究的对象可能满足或不满足这种性质。该研究对象可能是社会经济状态的评价标准、社会经济目标，或是分配规则等。当然，我们可以将这些公理列入最初要明确的框架之中（例如，社会经济状态的集合，经济模型），这些都是为定义分析对象服务的。

在经济正义论中，一方面，公理是道德准则和哲学理论的桥梁；另一方面，它又引申出判断标准和研究目标。公理出自人们力求诠释的道德准则和哲学理论。在满足公理的前提下，判断标准和研究目标又出自公理。这是构建理论体系大厦的两个阶段，这两个理论分支是完全不同的两个类型。

公理能很好地诠释道德准则或哲学理论的某些概念，这是一项说明性工作。经济学家因为能够准确地理解公理，通常能很好地做到这一点。而哲学要求在某些方面尤其具有相当的能力，因为正义的哲学理论的构建同样包括运用哲学概念更完善地解释先验的社会准则。不管怎样，这是具有实证性而非规范性的工作，尽管它不是来源于现象的关于因果机制的研究。我们可以在不附加任何准则和推理的情况下，将道德准则和公理相比，验证公理的精确度和代表性。

必须要强调指出的是：同样一条公理可以从几个道德准则或哲学理论中获得共同的灵感。（尽管有时这些道德准则或哲学理论是相互对立的！）反之，同样一个道德准则或一个哲学概念可以通过几个不同的公理解释。例如，一条说明帕累托原则的公理，规定所有成员都一致偏好的社会状态是最好的，或许就归并于一种享乐主义者的价值准则（我们应追求所有人的幸福），或是归并于一种自由的价值观念

(不要违背社会成员的意愿)，或是还附属于一种中立的道德准则（不要对个体们的偏好进行干涉）。相对应的例子，很多不同的公理从公正性的社会准则中得到启发，如匿名性公理，同等地位的人应同等对待的公理，无知之幕的公理，在存在外部性的情况下相互关联的公理，等等。

理论研究工作的第二阶段是借助于公理对社会经济的标准、目标进行证明。这项工作属于逻辑分析（各个不同的公理的相互并存性研究）和/或经济分析（分配的存在性研究或分配规则非空)。由于技术性要求，这些内容构成了经济学科在公平正义方面研究的基本内容。具体内容将在后面的部分中详细介绍。很明显，尽管这些内容并不总是或并不是主要对所观察的现象进行原因分析，但这些研究仍属于实证领域而非规范领域。

因此，在对那些能够给所研究的标准带来启示的道德准则（或很可能是哲学理论）进行选择时，规范方面的研究处于经济正义理论的上游。这种选择确切地说属于政治层面（广义上)。事实上，一个在文化、意识形态，以及能够给构建社会经济正义的标准以启示的价值准则等方面均能协调一致的社会，经常存在一种广泛的认同。这使规范方面的争议有时变得无足轻重，更主要的是从价值准则出发衍生的公理的研究，以及从公理出发衍生的标准的研究。

不过，在价值准则，或至少是不同的价值准则的相对重要性上，还是存在着基本的分歧。这一点我们通过日常的经济政策和经济理论的争议可以看出。下面有两个例子。第一个例子源于社会（目前的或潜在的）运行过程中对道德、正义标准的地位的不同认识。其中一些观点是：与这些价值准则和标准相比，在那些初始自主的个体中，确认一个可接受的妥协方法，赋予其有限职责。然而，另一些观点则指定社会角色归属于更重大的职责和更多的自然的直接经验修正的职责。我们发现这种区分和巴里（Barry，1989）对正义的区分很相似，即区分为“互惠的正义”和“公正的正义”。事实上，第一种思想派别强调自由与产权的价值准则，而第二种思想派别附加更多的平等与公正的价值准则。第二个例子源于人类生存条件的抽象概念。一些学者从根本上认为占有至高无上地位的自由意志是人类尊严存在的实质，而另一些学者则从经济的角度来给出定义。这样，从逻辑上看，第一种观点符合重要的责任的价值准则，而在第二种观点中，有学者认为只是属于单纯的幸福的提升。

最后这一部分来评议经济理论的正义与哲学理论的正义之间的关系。

从理论上讲，经济正义论处于道德哲学和政治哲学研究的下游，它直接从哲学概念中获得启示或是评价前人提出的体现道德准则的公理的准确性。在实践中，这些界限更为模糊，这些层次更不分明。同时，经济理论的概念与标准经常（过于经常）是建立在近似先验的道德准则的一种直觉之上，而非哲学知识的基础之上。另外，哲学有时受经济的影响并从中推理得出本身的理论。罗尔斯的差别原则就是受到他之前的最大最小标准（maximin）的启发；而高西尔（Gauthier）的解决方法和早他十年的卡莱-史默若丁斯基（Kalai-Smorodinsky）的方法非常相似。经济正义论研究中运用经济数学的形式是一种通常的方法，这给最初的正义理论的批判与构建都带来了帮助。我们也可以认为公理的描述能够有助于解释为其带来启发的价值准则的含义，并在这种意义上独特地参与哲学解释的过程。

通过经济正义理论构建概念的目的与哲学是有区别的，所以事实上只有相当少的正义理论能够准确地说明，而它们的意图通常更受限制。一般来说，哲学的正义理论关注社会状态的评价，而经济学则关注社会经济状态的研究，有时仅研究非常特殊的情形，就像用户们分担集体设备的成本或公共垄断物品的税率政策。

实际上，经济在现代世界的社会组织中的核心地位也激励着哲学自身的正义理论向占优势地位的经济靠拢。但这不是必然的。例如，沃尔泽（Walzer，1983）提出的理论，就是寻求恢复社会生活不同层面的自主性，减少社会经济行为对个人生活的其他方面的侵入。这种理论，相对于经济方面，在这种情况下，使经济正义具有相对性。但在一定程度上，社会其他方面的自主性要通过经济方面的行为体现。例如，沃尔泽坚决维护民主事业，他这种理论还是和经济正义直接相关。

在本书中，我们经常跨越经济正义论和哲学理论的模糊界限，因为一些正义理论已经用经济模型改写很久了。另一些正义理论很少为数学研究、经济研究带来启示（尤其是很多新出现的著作），但如果忽视这些研究是很遗憾的，因为这种状况是暂时的。基于此，我们有必要通过综合研究来编写本书。

经济正义论的结构体系

经济正义论包括以下三个必要的组成部分：

——解决方案或解决方案的集合（解或解的集合）；

——全部论据；

——应用领域。

解决方案描述一些公正的社会经济状态，或是社会经济状态的公平程度。① 一些研究方法事实上仅仅是根据某一标准选择可接受的社会经济状态（所以，通常这是一个直接理解层次的定义，而不是一个引申的定义），而另一些研究方法是将所有要考虑的社会经济状态进行细致的排序。第一种方法要求不是非常苛刻，但弊端在于当存在自然的或策略的约束时，其选择的社会经济状态变得无法实现，这时该方法就无法使用。不过，我们可以通过定义每个可能的社会经济状态与所选择的社会经济状态的集合的差距来弥补这一缺陷：这样，在同公平的社会经济状态相比较的最小差距的基础上，我们将得到一组可能实现的社会经济状态的详细排序。

解决方案通常不包括对确保实现公平的社会经济状态或最可能实现的社会经济状态的制度进行明确的说明。因为这需要根据一个具体的经济活动参与者的行为理论使所参与描述的经济能够预见这样实施一种制度或实施这种制度的种种后果。我们将在下文的制度和策略的实施同正义理论相比较时，再次谈到这些问题。

一种社会经济状态是通过描述可以接受的实体（通常是一些个体）的境况而给出的。为了进行这样的描述说明，关于这些实体或他们的境况的恰当的概念的选择是解决方案的一个不可分割的组成部分。这些概念通常是核心概念。例如，那些一致同意提倡个体境况平等的理论，其主要分歧在于对“个体境况”这一概念的恰当理解。

全部论据是指论据的集合与推导出解决方案的首要条件。论据的目的是证明前面理论强调提出的解决方案，它可能来源于哲学的正义

① 这里我们对公平和公正没有做出区分，因为这种区分在本书中不起主要作用。关于这种区分，参见 Kolm（1990）。

理论，也可能源于和这样的理论密切联系的某些概念，还可能直接出自之前提出的某些价值准则。正如我们前面所说的，这种证明包括两个层面：第一个层面，属于解释说明的范畴，归因于公理，或是价值准则的部分形式的标准，或是前人所提出的某些哲学概念。第二个层面，属于经济或逻辑范畴，从公理所应用的具体明确的范围推导出解决方案。诚然，有些论据属于用非正式形式的常理来协助理解经济正义理论，特别是有助于理解介于哲学和经济之间的理论，但其通常仍被列为论据的第二个层面。

公理研究方法主要包括从公理推导出的解决方案。其中一个典型的结果是描述满足某一组公理的唯一解决方案的定理是这样一个确切的解决方案。这种情况下，我们得到一个“特征”。有时这样推导得出的只是一类解决方案，比如当有些参数不确定时。另一个典型的结果是“不可能”，表明某几个公理的相互不并存性，也就是不存在同时满足某几个公理的解决方案。这一结果和那些似乎是合乎要求又不苛刻的先验的公理一样引人注目。我们这里对公理和定义某些解决方案或某类解决方案的标准没有做明确的、实际的区分。我们有时也将验证公理的某些类解决方案是否满足公理。解决方案的特征再次证明了同所分析的每组公理相结合的某类解决方案的交集只包含了一个这样特殊的解决方案。或者换句话说，同时满足这样一组公理的情况相当于满足直接定义了有特征的解决方案的公理。

另一种区分需要注意，某些论据实际上采纳的是一种直接的研究方法，包括定义某一解决方案的理想的性质，表明同时满足这些性质的解决方案的集合将缩小。公理研究方法的结果是最常见的这种类型，正如我们刚刚所描述的。但是直接的研究方法不是唯一的可能。

另一主要的研究方法是将可接受的实体（个体）放入一种设想的、可能的情形当中，来预测在这种情形下，他们将得出的决策。这样，我们假设在这种设想的情形下，个体（或集体）本能地采纳的决策标准能够充当理想情形的条件并不具备时的一般情形下的公平标准。运用这种研究方法通常是隐藏有关个体的明确特点的信息来避免他们获得非法的利益。这就是罗尔斯提出的“无知之幕”。

前面定义解决方案，除了要通过特别的论据被证明，还需要明确其被应用的背景。经济正义论的应用领域主要包括两大类：全部社会群体或个别的微观经济问题。某些研究方法，如社会选择理论，我们可以考虑不仅仅应用到社会经济体系当中，还可有选择地应用到政治体系当中。一般来说，同样的一种解决方案可以应用到各个领域，或者相反，只包括一类非常明确的情形。重要的是，毫无理由地允许假定存在一种正义理论或合乎正义理论要求的某个特征是普适的；相反，各种情形激起特定的伦理学研究方法的规范评价也是完全可能的。

不过还要认识到，在这方面经济正义论领域带来的成果是远远不够的，还没有关于认定解决方案恰当的应用领域的概念，或者反过来说，确定哪些研究方法适合哪里，或适合怎样的应用。

这三个组成部分（解决方案、全部论据、应用领域）还将在后面的部分重新提到，这将检阅这些主要研究方法在不同的经济正义论中出现。这里是对后面章节的内容概括的介绍，也是对该领域的整个组织结构做一个基本的陈述。

经济正义论的批判性评价

由于本书采用批判的观点，我们应该明确对某一经济正义理论的批判性评价的可能的不同尺度，何况当“批判”一词一被提出，就立即会出现伦理偏见的推测。为了不搞错，在本书中将看到功利主义者批判反功利主义，自由主义者批判反自由主义，马克思主义者批判反马克思主义，平等主义者（或平均主义者）批判反平均主义，等等。在经济这一特别的领域，对规范和实证的区分仍主要处于理解混淆的情形。我们试图通过详细分析经济正义论的各种不同的形式的批判性评价来稍微纠正这一情形。

我们来概括经济正义论的主要内容。包括：所选用的哲学理论或价值准则，根据公理推导出的解决方案，以及它们所归属的应用领域，这些程序的每一个步骤都会招致批判，并有另一些概念来补充评价该理论。

1. 理论或价值准则的选择。我们可以因为某一理论保留“坏”的价值准则或忽略“好”的价值准则而批判它。这种批判属于纯粹的道德范畴，处于经济理论领域之外。理论上讲，本书中没有这种批判。不过，还是要对所选择的价值准则做出评价，因为不能将道德批判同比较性的评价相混淆。比较性的评价包括对依据该价值准则的理论做出的评价，不同的理论强调不同的价值准则；或者是条件式的评价，比如，附加这一价值准则将发现所分析的理论表述起来有困难。

2. 公理与价值准则之间的关系。某一理论上提出的公理最初并不是必然地、明确地表示一些价值准则或哲学理论。这一点并不总是很容易被发现，尤其是那些与某些模糊的制度相一致的暗含的价值准则。另外，也有一些公理和许多不同的价值准则相联系，其中一些价值准则之前没有在所研究的理论中阐述。还有一种常见的情况是，一些公理的存在仅仅是因为一些技术的原因（它们在某一证明过程中扮演重要的角色)，并且很难为整个理论和所依据的价值准则提供证明。也有些学者在提出某些公理和推导解决方案时，很少从暗含的价值准则的角度关心公理的重要性：在解释说明公理和研究价值准则的过程中对它们的必要协助做出评价。

3. 解决方案的推导。检验某些定理是否正确有时是一项复杂的工作，但其实质却是非常显而易见的。理论上讲，这方面这样的问题很少（但并非不存在)。相反，有些定理的结论的解释有时很详细，因为这是特别要检验所定义的概念是否确切地和所考虑的解决方案相一致。很多确定证明某些解决方案的定理非常有名，而其结论实际上和非常广泛的很多类解决方案相关，或者是和那些只有很少相似的解决方案相关。这类问题的一个典型例子是著名的豪尔绍尼定理，它被认为证明了功利主义，但很难确定其结论的确切意义（参见第四章)。另外一点需要提出批判的是解决方案的推导方法体现它所从中受到的启发的价值准则的相对重要性。如此，两个同等重要的价值准则联合推导出一个解决方案的定理，而公理表明其中一个价值准则可以被弱匿名性所取代，那么，这一价值准则可以被认定为完全不存在……

4. 反例。一些英国哲学家所偏爱的一种批判方法为“反例”，它包括展现某一特殊情形或应用所研究的解决方案导致违反“道德直觉”的后果。这种研究方法的弊端是主观性太强，因为直觉很难通过定义划分和证明。更好的解释是，当出现一种特殊情形时，解决方案的应用同显而易见的一种方式或一种价值准则相矛盾。实际上，经常是将价值准则应用到特殊情形中要比应用解决方法的一般定义来得更为直接。在这种更明确的形式下，通过反例提出批判，在指出哪些价值准则在某些情形下同解决方案相矛盾时具有优势。如果这些价值准则在制定解决方案时就已经提出，那么这是所研究的理论的一个内在矛盾。如果这些价值准则最初并不存在，我们可以近似于进行价值准则的选择的批判，并应审慎地避免规范的偏见。

5. 应用领域。我们可以通过推断某一理论归属的应用领域不适合而进行批判。这一正义标准应限于当我们提到关乎社会正义时划分的微观经济问题等。通常，这种批判是和为某一特定应用领域进行价值准则的选择相关。一些价值准则在某些类的应用是恰当和有影响力的，而在其他类的应用却并非如此。所以从本质上讲，这是规范范畴的批判。另一方面，还要探讨在所指定的应用领域中，是否解决方案为非空，这属于实证领域。解决方案的空集使之无效，所以这是绝对应该避免的。

我们看到，在某些情形下（价值准则的选择、反例、应用领域）进行经济正义论的批判评价时，要审慎地区分规范主张和实证主张。而其所遵循的原则非常简单：在一个实证的观点中，可以讨论所有关于经济正义论和价值准则的关系。价值准则自身的评价与从理论中得出的评价属于规范性分析。

正义及实施

我们该怎样构想，在经济正义论的建立和其实现的可能性之间进行理论的衔接，借助适当的制度进行所研究的正义论提倡的社会经济的选择？惯用的方法是将正义的概念和实施（或落实）这两个问题截然分开。但无论哲学家还是经济学家都经常质疑这种惯用的方法。

将这两个领域完全分开很容易做到，因为它们的内容非常不同。正义标准的定义只要求最低程度的经验性的认识。只要能够验证变量描述可接受的实体（个体）的境况的同时，进行恰当的合乎道义保留，不是无法实现的空想就足够了。这一点并不一定总是很直观，而在正义论这个领域，争论的一个有益的方面是关于这类问题：在某种意义上，允许人际比较的个体满足不一定是可度量的；自由意志不一定能够主宰个体命运；等等。但在正义标准的定义中没有任何关于个体行为的经验式的假设，更确切的是关于他们的理性和目标的实质的假设，而这不是必要的。后面章节所陈述的正义论都不需要这方面的任何假设。①

另一方面，当正义实施、落实问题一经提出，这些假设就是非常重要的。达到给定的一种正义情形的制度与游戏规则的选择取决于个体偏好的决定方式、个体的信息、个体做决策的方式以及制度部署的信息和制度方式，这种选择被有明确目标的个体推动，实现他们改变前进方向的使命。

在正义实施的伦理标准这一广泛领域，我们将经济文献分为至少三个派别。第一个派别是正义实施理论②，探讨建立策略博弈的可能性，在这种情况下，参与者在追求各自的利益时，能集体达到伦理标准倡导的情形。这一理论需要借助博弈论并有相应的困难（关于信息或参与人理性程度不符合实际的假设条件，均衡决定理论的不可判定性）。第二个派别是分散理论③，该理论忽略策略方面的分析，在研究必要的信息通畅的情况下实现社会经济选择的最简单的情形。无论

① 然而，也有例外：一些研究方法实际上需要假设个体们最大化效用或满足，或假设个体们最大化不确定情况下的期望效用。

② 参见 Maskin（1985），Moore（1992）。

③ 参见 Hurwicz（1994）。

是正义实施理论还是分散理论都涉及的一个最普遍的问题是：可能完全抽象的制度约束或历史局限限制了可能的机制范围。第三个派别是公共经济学，它采纳一种更为具体和朴素的研究方法，通常假定制度背景是被广泛确定的（市场经济、在某些著名的研究方法中政府的有限干预），并且信息和参与者的理性是相对局限的（例如，每个人都不知道自己的决定对价格的影响，或自己的决定对国家决策的影响）。①

将正义的概念和正义的实施这两个问题一分为二在原则上被广泛质疑。事实上，在正义理论一些概念的理性特征和正义的实施这两个问题间没有非常明确的界限。例如，提出效用差别是否有意义时会导致对效用差别在特定条件下能否被观察到的问题的探讨。所以，在关于正义的反思中，其可行性的问题一直存在。另外，正义标准不应只是想象个体具有超乎现实平均能力的生理能力、智力水平和道德水准，或实际上只是完全理论意义上（除非能推导出一个更为合理的标准）假定存在一种尚未被认知的技术。因此，可行性是一种实际的甚至伦理的价值准则，它需要在正义的定义中，在一定范围内，在评价时进行分析。

然而，有不同程度的可行性，这或许并不需要以相同的方法并入正义的定义中。笔者认为可行性中处于第一位的是，在技术、资源一定的条件下，分析理性特征和所研究变量的可观察性，在假定全部安排完全信息，个体对集体规则完全服从的条件下，实现选择分配的可能性，应作为评价正义标准的一部分。如果某一标准无法实现可行性

① 例如，参见 Atkinson & Stiglitz（1980）。

的第一位，不一定被完全地抛弃，但应至少定义出一个可实现的派生的标准。

相反，可行性中处于第二位的是，“使参与”。除了可行性的第一位，个体间信息的差别、公共机构的无知、个体面对制度和游戏规则的策略行为或许都在正义的定义中被忽略了。的确，如果可行性具有像这样的重要性，是可行性的第二位，它考虑到所有限制（技术的、信息的和激励的），这似乎更恰当。具备第一位条件而不具备第二位条件的可行性标准是否要比不具备第一位条件的标准更有价值？假设存在一种尚未被认知的技术（这在可行性的第一位中不被接受和质疑），假设个人才能是社会的共同认识（这在可行性的第二位中不被接受和质疑），这两个假设间的差别不是很细微的么？理论上应该考虑可行性的第二位。但可行性第二位的相关理论（正义实施理论、分散理论、公共经济学）尚处于相当初级的现实状态，使得正义标准的可行性第二位不能以可信的方法评价。在实际的社会生活中，正义标准的实施要借助于多种机制和各种路径的个体动机，很难在我们限定的简单数学模型中加以描述。在当前时期，我们提出的第二位理论的相关内容，不能够完全地对我们复杂社会中的正义标准的实际可能性进行评价。即使是简单的背景条件，还有个体复杂的心理因素发挥作用。还需要许多年的时间对该理论进行研究来设想使参与人能够超越囚徒困境的原因，而这正是普通个体多少世纪以来经常出现的行为。另外，该理论似乎低估了个体的坦诚合作的趋势，使得可行性第二位的评价可能倾向悲观主义。

这些可行性第二位研究的困难，及其所涉及范围的广泛，证明将可能性第二位作为一个特别的领域研究处于正义标准概念的下游。因此，这一领域在后面的章节将被忽略，而只探讨可能性第一位，这大概正符合本学科的最终用途。

值得注意的是，可行性的问题不是对不同经济正义论采用相同的敏锐度。正义标准是通过社会备选方案的详细排序来说明，个别地，似乎主要是为了观察和定义而不考虑可实现性。关于备选方案的偏好的定义实际上独立于备选方案集合的界定之外。公平状态只是偏好在可实现的集合里的最好的排序状态，而不管它是怎样的一个集合。对于直接定义公平状态的双重标准来说却很难逃避非空集合的问题。

解决方案

这一节和后面两节概括地介绍研究解决方案、论据和应用领域的不同的规范经济理论。这里会出现将同一理论的各个部分分布在不同的几节进行提要的介绍。这样的一种方法很难用哲学来理解，也很少通过完全一致的理论用规范经济学来证明，所以熟知解决方案与论据的丰富的结合性是很有益的。同一解决方案可以通过很多不同的论据证明，而同一论据可以为各种不同的解决方案的证明提供帮助。

我们在哲学家和经济学家的著作中会看到正义论或规范经济理论的大致详细的其他分类：巴里（Barry，1989），科姆（Kolm，1995a)，森（Sen，1987）以及冯·巴赫基斯（van Parijs，1991）。罗尔斯（Rawls，1971）、诺齐克（Nozick，1974）和沃尔泽（Walzer，1983）同样概述了众多研究方法的些许不同。穆兰（Moulin，1988，1995）和汤普森（Thomson，1989）完成了对某些理论的综合阐述。这里我们对这些不同的综合分类不进行批判的分析。我们主要从后面逐一介绍的不同理论的要点中获得启示，而关于分析或者分类的分歧则不再详述。

我们假设有几个数量有限的可接受的实体。大部分理论的相关实体是指个体，实际上今后我们考虑的实体即为个体。[①] 但某些理论可以应用到其他类实体中，比如有道德的人们（企业、地区、国家……）。

解决方案形式多种多样。有些直接根据社会状态来划分（这一状态要比别的状态更被偏好，或是更公平；或这一状态是公平的而别的状态是不公平的……）。有时，极特殊的情况下，个体境况变量 x 和不同的状态联系在一起。有些函数是对于个体的有特点的每个所分析的断面（profil）（如他们的偏好）定义一个与社会状态一致的排序(如果有这样的特点，那么公平状态是这样或那样)。在这两种分类中，有些解决方案局限于公平/不公平的二元排序，而这一排序或是直接对变量 x 进行观察概括，或是分析可能状态甚至虚拟状态的集合。有的解决方案通过所选择的社会状态和其他解决方案的交集获得(通常这一交集是非空的)。

我们可以对解决方案的形式上的差别进行无止境的剖析，但其意义有限。更为重要的是理解解决方案内容的实质差别。这种实质差别一方面是针对个体境况的恰当的判断描述，另一方面是针对为获得社会状态总体判断而集结个体变量的方式。我们依次研究这两个问题。

所有解决方案在描述个体境况时，关于个体特征的保留毫无例外地考虑到个体的各种特征或成就不具有同一重要性。从社会正义的角度看，收入和头发的长度不具有同等恰当性。唯一一个认为个体们的所有成就都需要积极平衡的理论，就是森和科恩（Cohen）（他们倡导

① 在世代之间的问题上，通常数量是无限的，是可接受的。

“能力”平等，即实现成就的机会平等）的理论，实际上是不平等的。而大部分理论只保留了某些恰当的特别的特征。这种情况下，其他特征或是不具备任何的恰当性，或是受某一价值判断工具（instrumentale）的影响（例如，若生活水平是保留的特征，生活水平的组成只在帮助确定收入这个范围内是恰当的）。

在这些理论中，第一类解决方案是关于主观特征的，首先是效用和满足，出自功利主义，这种方法叫作福利主义①，考虑以之为尺度来评价某一个体境况，同样，也是该个体的效用。其他所有特征仅就对效用有帮助才是恰当的。但有很多方法来定义和衡量效用。一个极端的观点是效用可以运用所有的代数运算和人际比较。效用可以被平方而提高，可以加、减、乘等，得到这些数字不仅对某一个体是可以比较的，而且在几个个体间也是可以比较的。另一个极端是序数方法，根据该理论，唯有偏好是可以自由处理的，在人际没有任何可比性。效用的任何核算都是不可能的，同消费者论中的序数效用函数无关，只表示偏好，没有具有内在意义的数字。介于这两种极端之间的折中的假设将在第三章详细阐述。

第二类解决方案只保留了客观的某些特征。这些特征可以是享乐权，如基本自由或财产权，商品与服务的消费（包括闲暇），基础成就的判定（例如健康）。简单的经济模型中常用的是关于个体消费的解决方案。

个体境况的描述，除了个体特征的恰当的定义，还有个体特征应该在哪种形式下被考虑的说明。无论怎样的恰当的个体特征的判定选

---

① 英文中 welfare 指福利。

择，实际上一些理论探讨的是个体打算获得的“结果”，而另一些理论则认为人们应满足于使结果成为可能，即结果的“可能性”。在第二种分类中，还要区分按“物质方式”定义的解决方案和按“机会”定义的解决方案。这些物质方式是指个体的内在的或外在的物质资源，这些被认为是为所考虑的结果开辟通道，而机会确切地说是直接定义了结果的集合。在这一集合里，个体可以进行选择（选择通常包括一个评判，例如在生活水平和努力之间）。

之前定义了个体境况 s_i 及其方式（结果或可能），还有社会分配水平需要阐明。第一组解决方案采取直接的方法实施这种分配，也就是倡导个体境况的一个直接的总的概括。这里有两个极端的、相互对立的态度：我们可以只看总量 $\sum_i s_i$，而寻求使之最大化；或相反找到平均值 $s_i = s_j$（$\forall i$，j）。同后一种态度相似，关注的是境况最不利者的命运，也就是寻求最大化 $\min_i s_i$。为了简单化，本章对这两种方法不再作区分。但在这两种极端之间（总量或平均），可能有一个解决方案的连续体，或多或少带有对 s_i 的不平等的强烈反感的特征。

但所有解决方案都并不满足于寻找简单的平等或使总量最大化。例如，第二组解决方案是在境况 s_i 和一个要么表示个体所做的贡献要么表示个体自满或个体要求的变量之间探求建立一种比例关系。“每个人都按照他的……”一类原则属于这种解决方案，例如“每个人都按照他的劳动”这一原则是根据每个人的贡献来分配成果，而原则“每个人都根据他的需要”涉及“自满”或特别需求。对于某些理论，这种在结果和贡献（或自满）之间的实证关系只是简单的成比例的，但这也可能更为复杂，尤其是个体贡献不是一维的情况时。

确切地说，当个体境况是一维的时候应用这两组解决方案。当出现多维情形时，我们可以要么建立一个能够重回一维情形的个体境况的社会评价指标，要么依靠第三组解决方案，即运用个体自身的境况评价，也就是其有关个体境况的偏好。在这一组首先有无羡慕原则(absence d'envie)，即没有一位个体在同自己的境况相比时，偏好其他个体的境况。很多解决方案从这一原则中得到借鉴，其中一些解决方案在第十章介绍。第二个重要原则是平均等价原则（équivalence-égalitaire)，即存在一种基准个体境况，使得所有个体自身的境况和这一基准个体境况之间都是无差别的。这一原则可以稍加推广，同样产生了多种解决方案。我们可以验证这两个原则本质上是平等主义(即平均主义)，因为在一维境况下（偏好是单调的)，这两个原则将导致个体境况的完全相等。

图1—1概括了这些区别。

结合这些区别的一些不同的可能性，可得到一个主要的解决方案的表格。当进行结合分析时，我们看到一些解决方案可以在这个表格中以几种不同的方式排列。我们可以看出采用这种方法描述的缺陷，但这也说明同样一种特别的解决方案可以用不同的方式证明，因此和不同的思想流派联系在一起。例如，将消费的结果作为恰当特征的解决方案还能解释为关注效用的方式。事实上，个体的实际消费表示了获得效用或满足的方式。

这一图表列出了本书研究的重要的解决方案。

● [特征＝主观的，形式＝结果，分配＝直接的]

福利主义者的正义观点是对个体主观结果的一个特别的概括，效用或偏好的满足，这在很长时间内在经济学中处于统治地位，叫作“福利”。

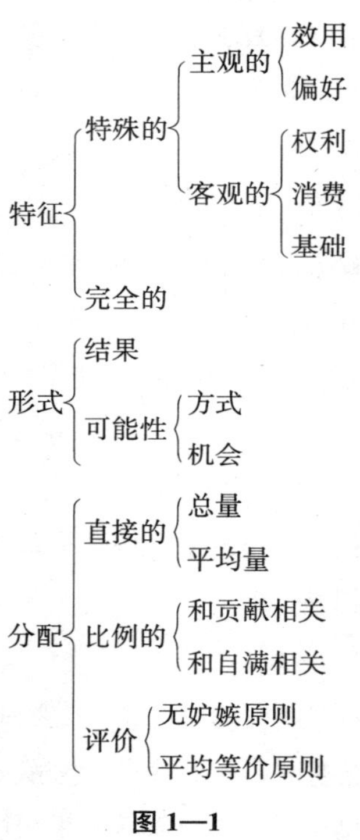

图 1—1

这种霸主地位起源于功利主义（边沁（Bentham）、西季维克（Sidgwick）、穆勒（J. S. Mill）、豪尔绍尼等），探求个体所获得的效用总量最大化。这一解决方案容许有变化形式。也可能考虑效用的中项而不是总量，或是扣除每位个体效用的一个下限值，等等。这些变化是有争议的，特别是当人口规模是可变的，同时又有社会状态的其他方面面临被选择时。这里我们使用"功利主义"一词，仅仅是指关于社会正义这方面的一类解决方案，而不是功利主义研究方法的其他部分，如个体行为理论、理性决策理论等。

社会福利函数，是福利经济学偏爱的分析工具，归纳了一些观点，在选择解决方案集合时，旨在建议效用的直接分配，或多或少带有总体的或平等主义（平均主义）的考虑。功利主义是一种特别情形(极端表现在它的完全的总体的目的)。

社会选择理论（孔多塞（Condorcet)、博尔达（Borda)、阿罗(Arrow)、森等）是更具有一般性的理论。该理论提出一个抽象形式的框架来分析个体的主观结果（效用或偏好的满足）和备选方案的社会排列，或确切地说是备选方案的社会排列能够或应该取决于偏好或效用。最初，阿罗提出只关注偏好，所以局限于序数方法，来避免效用的核算和人际比较。其研究的对象主要是投票规则。我们可以看出投票规则中的一个原则是在偏好满足方面个体结果的直接分配。那些为了大多数的利益接受少数牺牲的规则确切地说是具有总量倾向内容，而那些允许有否决权的规则，我们发现更重视平等主义（平均主义)。在后面的内容中，效用被再次介绍，并且，社会选择理论能够被用来证明或选择不同的社会福利函数。

● [特征=……，形式=可能性，分配=平等]

整个该学说都反对功利主义和其竞争对手，一方面认为平等主义(平均主义）的考虑是必不可少的；另一方面认为社会正义不在于分配结果，更不是实际的满足，而只是有责任能自主的个体能够或不是如他们想象的那样获得可能性。该学说又重新聚集了几个理论，这些理论在恰当的个体特征的选择方面尤为不同。

罗尔斯、德沃金、冯·巴赫基斯提出偏好满足的方式（moyens）的平等。罗尔斯认为，这些方式是初始物品，即无论对哪种类型偏好的满足都是有用的，而评价平等要借助于测度每个人那份初始物品的社会指标。德沃金专注于思考包含有无法转让的个人天赋时的方式平等这一概念。这些方式多维的基础特征（同时考虑个体内在的和外在的方式）使理论提出者关注无羡慕原则，即对平等的评价是直接的。德沃金特别提出有关熟知自身偏好，而不了解个人天赋和残障的个体参与的保险市场。

效用的机会平等，或效用的机遇平等，是由阿内逊（Arneson）提出的解决方案。该理论和前面的理论的区别在于关注机会（或机遇的集合）而不是方式，并运用到人际效用的比较上。

森和科恩提出成就的机会平等或完全特征（加权的）。森将成就和成就的机会叫作“funtionings”和“capabilities”。该理论与前面两种方法最大的区别是客观特征的分析多于像效用这样的主观特征分析。

需要注意的是，在客观基础特征方面的结果平等正是笔者建议的解决方案。尽管是基于结果而非基于可能性，这一解决方案依据的却是和前面的理论相似的有关责任的论据。这里分析的责任不是通过给予个体单纯的机会，而是通过在考虑重新分配时，忽略所有非“基本”的判断特征，从主观满足开始。

● [特征＝权利，形式＝结果，分配＝平等]

自由主义者（诺齐克、罗斯巴赫（Rothbard）、柯兹纳（Kirzner）等）是这种研究方法的主要代表，强调个体权利。他们提倡以平等的方式分配，最大化个人权利和财产权，尽可能废除所有限制，尤其是国家的限制。虽然他们的论据集中在权利保护上，尤其是财产权，证明这里按结果来介绍，我们也可以考虑权利打开的可能性，并注意到自由意志主义者有时提到个体责任和个体在追求他们自身目标时的自主行为的重要性。问题是在这一理论观点中，自由意志主义者没有研究个体间可能性的平等。我们不如认为是在分析权利平等时，他们研究同个人天赋和继承的财富成比例的一种可能性分配。但这种解释没有或很少在他们阐明的论据中体现出来。

● [特征＝消费，形式＝结果，分配＝同贡献成比例]

马克思主义的剥削理论，用规范的研究方法来解释（这一点是有争议的），似乎可以得出与所付出的劳动成比例的消费。当这种比例不被遵守时，事实上就存在剥削，剥削者是那些从消费与劳动间的高比率中获益的人，被剥削者则承受低比率，消费与劳动的比例解决方案将在经济环境（生产）公平的简单模型中再次出现。

从某种程度上讲，这种研究方法属于一种理想的消费、劳动两方面的机会平等。然而，这一方法假定所有那些决定个体间贡献差别的(即劳动量的选择、劳动资格）都属于他们自身自由选择的一部分……否则，与劳动成比例的消费将给予那些劳动能力强的个体更多的机会。似乎是为了分析解决这一问题，马克思提出了第二原则，“按照每个人的需要”分配，可以解释为要么是与自满成比例的消费的分配形式，要么从根本上看作一种福利的平等。

还有其他成比例的分配方法，下面是两个例子。

● [特征＝效用，形式＝结果，分配＝同贡献成比例]

合作博弈与议价（讨价还价）理论在参与人获得效用和其所做贡献之间建立了一种正相关关系，这种关系体现在参与人从属的所有参与人集团的可实现效用集合的定义中。(在单纯的议价理论中，只分析总的集团贡献和单个参与人形成的单元集。）议价理论定义中分歧点可以认为是在某些情况中，按照参与人所获得的权利测度参与人的自满。该理论包含多种特别的解决方案，这里不再详述。

高西尔的正义论同样也属于这类理论。个体满足一方面和他们在自由的市场上获得酬劳的个人能力相联系；另一方面，和参与社会合作相联系，这种参与的报酬是建立在效用方面相对牺牲平等的原则之上的（分配中最有利者将成为所考虑的个体）。

另外，我们注意到如果参与人对他们的贡献是有责任的，这一研究方法同［效用，机会，平等］一类理论相似，因为这些解决方案总体上保证相同的贡献、相同的福利。

● ［特征＝消费或收入，形式＝结果，分配＝同自满成比例］

参与人要求或资格的评判模型，在这一模型中，参与人对资源的需求总量超过了可使用资源的数量，导致解决方案在可获得的资源和每个参与人表达的要求之间建立了一种确定关系。这一模型的两个经典案例分别为：企业债权人之间的分割清算和对家产有特别权利的继承人间的遗产分割。

● ［特征＝消费，形式＝结果，分配＝评价］

基本的经济模型，如阿罗-德布鲁模型（Arrow-Debreu），这种方法的研究对象是经济环境的公平。我们可以将在这一背景下出现的主要解决方案解释为基于个体消费的主观评价即其偏好的消费的分配。

无羡慕的解决方案（丁伯根（Tinbergen）、弗利（Foley）、科姆）希望没有一位个体是羡慕的，也就是和自己的消费相比，不偏好别人的消费。符合这一条件的最为常见的解决方案是瓦尔拉斯（Walras）的均等收入均衡。

平均等价解决方案（Pazner-Schmeidler）将个体置于一个以他们自身眼光看来和一个基准的平均的境况相等同的位置上（相同的消费，或在同一消费集合里选择）。

很多学者事实上将这类解决方案划分为［偏好，结果，平等］这一类，并且无羡慕原则最初在纯序数论框架里确定福利平等的概念时就已经介绍过了。但似乎将这一原则和消费平等联系起来更为严格。平均等价解决方案也是如此，是消费的平等而不是福利的平等，参照解决方案在一维条件下提出资源平等，不参照联合的效用。

另外，［消费，结果］这一对实际上等价于［效用，方式］这一对，如果这些解决方案使与效用相称的某些东西平均化，这将是效用的方式而不是效用本身。①

论据

在规范经济理论中，论据是用来证明正义论的解决方案、相关概念，或基本的价值准则。

这里对作为规范经济基础的正义论不作太多阐述，其中有两个理论：功利主义和罗尔斯理论，是我们这一研究领域的重要部分，所以在后面的章节中将看到他们研究内容的某些方面。

通常论据和公理不是和正义论联系在一起，而是直接参照基本的价值准则得以证明，我们可以试图列出这些价值准则。这些价值准则的伦理讨论则超出了本书的研究框架和该理论的一般领域。最常见的两个价值准则分别是幸福（或满足）和公正。② 幸福—满足这一价值准则的优势只是体现了常见的福利主义者的重要性，根据这一价值准则，所有的社会经济状态都应只在给个体所带来的满足的基础上评

① 这种解释也是穆兰（Moulin，1995）的观点，根据其观点，经济环境公平的研究方法考虑个体们对其偏好是有责任的。

② 科姆（Kolm，1993a）表明公正性可以通过拒绝独裁、重视理性决策证明。

价，所有其他的人类成就都只有一个价值判断的工具。第三个重要的价值准则是自由，包括正面（自主性）和反面（责任）两个方面。在严密的经济中没有出现而在一些哲学家的著作中有相关介绍（如罗尔斯）的一个实际的价值准则，是人类潜在力量的实现（另外，可以考虑个体层面和人类层面）。很少有价值准则（除了在社群主义者的著作中）和社会生活环境相关，如博爱。或许应该考虑在使用合作这一概念时，以最简单的方式介绍这一观点（合作意味着一种协调和约束能力）。

与这些伦理的价值准则相比，还会出现实际的价值准则，如可行性、一致性、单一性和效率（这里以探求目标成就的最大化的直接意义来理解）。

我们看到主要有两种论据方法，分别为直接的方法和借助于一种理想状态所处的位置。这里我们将仅描述这两种方法，同时事先简单地提及，在一些理论中只确定一些价值准则中的绝对优先的自然法则作为论据。特别是在自由主义者的理论中，直接利用自由相对于其他价值准则的绝对优先权来维护某些权利。

直接的公理的研究方法将带来人们认为太过丰富的公理。然而，如果我们根据它们的含义重新归类，可以看到一些数量减少的不同类别。

第一类公理是用来解释公正的要求，如匿名性（对调个体的名字但不会导致所选择的配置的改变），对称性（对调个体恰当特征及其被给予的资源是可以接受的）①，平等者平等对待（指具有相同特征

① 匿名性和对称性在这种表述形式中是等价的。

的个体应获得的资源，或至少是结果的同等）……

第二类公理是帕累托（Pareto）所说的效率，体现寻求所有人的满足①，倡导在排列社会备选方案时，遵守一致同意原则。如果所有个体都同意按照某种方法排列两个备选方案，那么这一排列在社会这一层面上也不应被反对。比如，那些带有公正性的公理（匿名性），在这一领域被广泛接受和使用。

第三类公理是那些大量的独立性的公理，用于表明当给定的问题发生改变时，解决方案不变，原有的某些因素也不改变。这些公理的意图在于一般化实际的和非伦理的秩序，单一性和一致性就是暗含的重要的价值准则。例如，关于子集一致性的公理要求当人口聚集成一个子集时，全部人口水平时所选择的配置仍是被接受的，同时要考虑在初始配置状态下，重新分配给予子集的资源。我们同样可以将这类公理和不变性公理联系在一起。不变性公理要求当问题发生变化但保留一些重要特征时，解决方案不变。这些公理有一个最直接的伦理意义，在一定程度上，将所提出问题的恰当特征和不恰当特征进行区分(不恰当特征即其变化不影响解决方案)。不恰当特征可以是指总体的或个体的。而那些相关个体特征，实际上其中一些特征被判定为不恰当的，或是因为对个体成就没有任何的直接影响而属于正义领域之外，例如个体的名字②，或是因为我们评价的是有责任的个体，应该承受这些影响。

我们将那些直接受平等主义（平均主义）影响的公理划分为第四

① 就自由而言，还有其他解释。参见后面章节。

② 形式上，匿名性公理实际上属于这一类。一般方式下，公正性要求排除变量证明特别对待的个体身份。而这一要求的首要特征表明在这一表述中单独排列。

类。庇古-戴尔顿原则（Pigou-Dalton）表明，如果资源由富裕者向匮乏者转移将减少不平等。补偿公理提出个体间实现平等，尽管其天赋或残障是不平等的。我们也可以将这类公理和集体的相互关联的公理联系在一起，集体相互关联的公理要求总体环境因素的任何变化以相同的方式影响所有个体（至少在相同的意义上）。例如，技术推广的可能性应使全部个体受益。①

第五类公理包括那些能够为参与人带来最低保障的公理。这种保障通常由满足某些公平原则的一种情形定义，但不是那么令人满意（主要是因为无效率）。这种类型的公理的例子有：根据公理，应该保证每个人在资源的平均分配中所获得的效用。② 类似的方法还有，一些公理定义了参与人期望能达到的上限，旨在限制可能获得的利益。

我们将那些与可能放在战略的背景下使用的解决方案的相关公理归为第六类公理（无操纵性，马斯金（Maskin）意义上的单调性……）。这些公理更恰当地说是属于“第二位”的相关领域，所以超出了本书所定义的领域。然而，不排除有时他们表现出的更为直接的伦理动机。例如，马斯金的单调性规定参与人偏好的某些改变不能导致最初配置选择的否定，也可以将这一类公理解释成属于上面提到的第三类公理，意味着偏好对于分配的公平有一个限制的恰当性（例如，因为个体是有责任的）。

这种分类不可能囊括我们在文献中见到的全部公理，但大部分都

---

① 当然，只要个体们对所分析的变化负有相同的责任。例如，如果一项技术革新是某位个体所为，我们可以理解这位个体需要特别对待。

② 当个体们对不同的可利用资源具有不同偏好时，这种平均分配是无效率的。而交换能够改善所有人的满足。

提到了。无羡慕原则虽然有时被列在公理中，但我们在这没有提到，因为在前面的一节里已经作为直接从属于解决方案的定义提到。

第二种著名的证明方法，甚至可以说是贡献，这些解决方案是将所研究的人群中的个体置于想象的原初状态的一种可能的位置上，像这样，在这样的位置上，人们所做的决策可以被认为是公平的。这种方法意味着一方面我们定义了理想的位置的原初状态，另一方面定义了在这样的位置上个体做决策的方式。

这种理想的位置通常指在这种位置上排除强制力的收益。但有两种研究方法需要区分。第一种方法是在事先要求或规划的体制下，或将个体浸入社会关系中定义一种作为自然状态的理想位置。和这种方法相关的理论有科姆的自由社会契约理论，以及在高西尔的理论中，理想的位置通过完全竞争市场均衡时人们所获得的配置来定义。第二种方法中的理想位置尤其强调以公正为基础，并且监督参与人所获得的信息，避免个体通过环境和自然界获得优势的方式谋取不正当的利益。这就是无知之幕的方法，以很多不同形式被使用。在豪尔绍尼和维克里（Vickrey）的方法中，个体们完全熟知群体的特征的概况，只是单纯地忽略他们的身份。在罗尔斯的理论中，将这一研究方法推广，个体们忽略他们的身份，也忽略群体偏好的断面。最后，在德沃金的理论中，考虑两种情形：一种是薄幕，在薄幕后的个体们熟知他们自身的愿望（偏好）和天赋，但忽略他们才能的市场价值；而另一种是厚幕，隐藏在其后的个体们熟知他们自身的愿望但忽略他们的个人天赋。

在所引用的理论中，我们看到位于理想位置上的个体有两种做决策的方式。第一种是竞争市场，这也是德沃金的理论中的研究方法。

在其他理论中，是想象个体间为获得一种公平的解决方案而进行的协商。在罗尔斯的理论中，因为个体间忽略掉他们的身份，所有个体都处在完全相同的位置上，这样，协商只能是完全一致的，事实上，这就带来无知境况下个体理性决策的问题。在豪尔绍尼-维克里研究方法中，问题一开始就作为个体的决策问题考虑而不是协商问题。

由于这些多种多样的研究方法都是建立在理想状态位置这种方法的基础上，所以很容易看出这种选择的证明或这种理想状态位置类型的证明是这些理论的核心概念。正如巴里所说明的，运用无知之幕证明了对公正的重视，而高西尔（Gauthier，1986）的理论只是研究取消由于垄断力量和强制力获得的利益所带来的不平等，属于另一种正义的概念，仅仅基于所包括的参与人利益进行研究（拥有合法的权利来谋求他们原本的利益）。

应用领域

将经济正义论的应用领域划分为两类是很实用的：一类属于社会整体的经济正义；一类属于微观经济（即只关注那些参与人的小群体，关注那些局部的问题）。

那些关于整体正义的经济正义理论直接为公共经济提供可能的政策借鉴的目标，如财政领域、社会保护领域、公共产品的供应，更为广泛的是经济法律领域。它也同样提供了经济组织选择方式的比较标准（例如国家之间的比较）。

微观经济的应用涉及所有的成本分配或剩余产品在管理某一公共设备的当事人之间的分配的情况，以及资源的分配（例如，遗产）。独立解决微观经济问题的同时，也有整体社会问题的抽象思考。此外，还有独立于很多领域之外的对道德伦理重视的回应。

正如我们更早指出的那样，不同正义论的应用领域分析至今尚未有深入的研究，而关于这一主题本书也没有带来新的内容。我们为了明确某些观点，主要应用领域将在后面章节中所探讨的理论中被分析，这些及随之而来的批判研究为整体正义。如此就避免了过多的关于分配正义问题能出现的情况的条件思考，这些情况在微观经济背景下将十分复杂。对微观经济应用更为感兴趣的读者可以参阅穆兰的著作（Moulin，1988，1995），他更重视这方面的研究。

正义论有何作用？

抽象的科学总会成为实用主义者批判的目标，他们要求有具体应用、实际效用，而正义论也不例外。另外，这些理论与规范领域之间的联系加强了无用这种怀疑，在那些认为社会生活是被盲目的机制和强制利益所统治的著作中，理想状态很少能得以实现。

然而，规范经济原理的实际的不良影响不容忽视。主要途径或许是为政府或国家公共机构或国际公共机构提出相关政策的专家的影响。这种影响力有时是比较强的，如果我们考虑到专家关于明确的目标进行的很多选择更应该听从公众讨论这一点，这种影响力就特别强大。当一份官方报告提出用公平替代平等，而没有提出公平的定义，可能很遗憾正义论这一领域没有被很好地认识……

公众讨论或自然而然地提供一些观念，或只是用口号引导政治哲学思想倾向，而接近经济正义可以提供给他们关于社会生活的另一个基本点。谈到公众讨论对现实生活的影响，认为没有丝毫影响未免过分，当公众相当愤怒时足以使成千上万的人上街游行，足以使政府的政策改变方向。

通常的方式是，经济正义论这一领域的重要性和影响在于以各种背景下所做的决策来引导经济组织，改变资源配置及影响个体机会和境况的决定。某些目标和标准的定义将指导这些决策不会限于武断的预测和政治压力之下，而主导这一概念的理性的努力同样也是经济正义论的目的。还有基本哲学和基础价值准则的选择，以一种民主的观点看，关系到群体特权，但其任务在于分离出的这些社会经济运行标准的哲学和价值准则是值得考虑的，并且是只可能给出还不很完善的观点的现有状态的经济正义的必要的理论工具。

全书内容概览

本书的目的在于介绍和集中有关经济正义论的观点。在每个特别的领域，这种介绍仍是概括的而绝没有彻底地完成。另一方面，聚集本学科的不同派别，并强调它们的连贯性，以便更好地理解每种方法相对于其他方法的特征，以及分离出不同方法的基本理论的选择（在此之外，形式的区别是可以直接理解的）。

本书的组织结构效法于前文给出的解决方案的介绍。然而，现有文献的偶然性带来重新聚集不同逻辑的许多问题。章节的顺序不反映有关问题的理论相对的重要性，主要是为了方便呈现内容而定，并且有些部分是按照该领域相关研究的发展年代编写。

第二章探讨帕累托意义上的效率的定义。这一定义通常被认为创建了唯一的规范性原理，是不容置疑的，并且大部分经济机制的规范研究局限于这一原则。所以在某些细节上对其进行分析是很重要的，这样可以看出它无可争议的特征至少是虚幻的……

第三章致力于研究从阿罗的著作中得到借鉴的社会选择理论。学者们经常将该理论看作经济正义，而该理论只是以一种很特殊的方法呈现。正如本书开篇介绍的，这一理论形式使得后面某些再次大量出现的概念得以明确。此外，该理论还创建了一种很好的公理的介绍方法。

第四章致力于功利主义和平等主义（平均主义）之间的争论，并且集中在是总量问题还是平均问题。大量论据明确地倾向总量，尤其是著名的豪尔绍尼定理，在本章对此加以分析并以平均的标准进行批判。该章也同样介绍了对立方的论据，并力求准确地评价所出现的不同论据的意义和严密性。

第五章追寻对不平等的社会反感的问题，并以扼要的方式介绍不平等的测度这一领域，同时展现这些测量和工具之间的联系更为完整地评价了社会经济状态。

第六章一方面揭示关于备选方案主观/客观特征的讨论，另一方面揭示关于备选方案结果/可能性的讨论。这两个问题理论上是独立的，将它们联系在一起，是因为在文献中实际上是结合在一起的。其原因很简单：直至最近 70 年，福利主义在经济上的统治地位［效用，结果］因受到学者们的一致批评而动摇，他们或是通过客观的（或完全的）成就的效用找到解决方法，或是通过机会或方式（另外，不排除这两种形式的演变）的结果找到解决途径。该章回顾这段历史的重要时刻，从中受益以便给出那些主导理论非常概括的介绍（罗尔斯、德沃金、森等）。

第七章致力于权利和自由的研究。自由意志主义者，还有自由主义，这些方法的代表人物只是明确提出个体权利。该章力求脱离这些理论的实际的伦理方面（而是相反，通过属于公共经济学的工具和制度等方面），并提出对该理论的重要的评判。该章同样也介绍了致力于权利和自由研究的更多形式的著作。

第八章将走向另一个极端，研究马克思的方法。在该章，注意力主要投向“剥削”这个非常有争议的概念，并侧重介绍致力于这一研究的罗默（Roemer）的著作。剥削这一概念及其某些性质同样得到研究。该章末试图发现那些赞同这一定义的伦理价值准则的论据。

第九章致力于合作博弈论的研究，特别分析了议价（讨价还价）理论，它最简单并适合教学。这一介绍以一种令人印象深刻的方式描述公理研究方法的风险和魅力。

最后一章介绍公平的序数标准，了解无羡慕和平均等价的解决方案。这些标准都是在经济模型中定义，在这些模型中我们也可以明确提出那些直接与经济变量相关的公理（同社会选择及议价理论的抽象的公理相反）。无羡慕标准的恰当性和意义将在该章末进行分析阐述。

第二章　效率与一致

引言

在规范经济学中，经济学家们似乎唯一达成一致的部分是帕累托效率标准。具有讽刺意味的是，这一标准明确强调“一致”的定义：当我们无法得到相关参与人一致偏好的另一种状态时，某种社会经济状态是有效率的。因此，遵循效率的这种推理避免了需要在达不到一致的标准中做出裁定，尤其避免了需要在两者间比较得与失。避免价值判断的考虑似乎还能带来某种规范愿望的和解，根据唯一的效率的概念，经济学家可以给出不带任何伦理偏见的政策建议。

然而，我们所希望得到的结论的适用范围在这一观点中受到很大的限制，因为有效率的状态的集合通常很大且不一致，且所包含状态的分配特征极不相同。效率使接近平等的分配和极不平等的分配（唯一的个体占有全部资源，而其余人口则死于饥饿的情形可以是有效率的！）具有完全相同的优势。但很显然，在分配的选择中介入价值判断，并坚持效率可以保证一种相对的科学的客观性。[①]

我们还要提到在福利经济学的两个基本定理中帕累托效率拥有的地位。在一定的假定条件下（尤其是不存在外部性和公共物品），完全市场机制的完全竞争均衡产生有效的配置；反之亦然，在更为严格的假设条件下（尤其是偏好和产品集合的凸性），在竞争均衡的形式下，适当分配参与人的初始资源禀赋，任何有效率的配置都可以实现。必须承认的是，在相当严格的假设前提下的这些结果的意义要比结论本身更重要。[②] 但学者们经常将效率问题（完全由市场解决）和分配问题割裂开来解释第二定理，后者的分配问题被看作参与人之间初始禀赋的简单的再分配。

经济学家们关于效率这一概念的一致并没有延续到这一问题所面对的全部情形中。罗尔斯（Rawls，1971）将注意力放在证明他的“差别原则”，尤其是他的使所有人受益的不平等思想，包括那些群体中处于最不利地位的个体不能被不公正地对待，是那些准备为公平而牺牲效率的观念的权威性见证。任何一个在这一领域有经验的教师都能证明听众在接受效率优先于公平时经常出现的保留意见。一方面，这些怀疑和保留可能源于理解的困难，或误解；而另一方面又回到更深刻的问题，是被大多数功利主义者所忽略的效率的概念。本章正是

---

① 很多学者持这种观点。例如：“首先极为重要的是找到一组帕累托效率分配，这样我们就能够在帕累托效率点中，从与选择相关的价值判断中分出效率分析”（Stiglitz，1987，p. 992）。

② 据我所知，在达菲和索纳赛因（Duffie & Sonnenschein，1989）之间有过一次有趣的讨论。我们加上一条注释：第一个定理假定个体们在一类组织经济生活的制度中是无差别的，并且个体们在其自身方面要求的特定行为上也是无差别的（在市场上讨价还价同在窗口申请配给券不是一回事等）。真正严格的构建市场经济效率的唯一方式是证明它不带来制度的抉择，通过分配和其自身的存在使参与人的满足程度更高。

要致力于研究这些问题。

下文将阐述这三种类型的问题。首先，效率—平等的困境延伸到帕累托标准中暗含的利己主义原则。其次，在效率的条件表达式中，参照个体偏好，致使这一研究方法尤其赞同我们叫作“福利主义”的伦理概念。最后，在某些不完全信息的背景下，尤其是不确定性，效率的惯用标准的应用是未有定论的，并引向某些伦理方面的疑难。这些问题的研究结果表明，效率概念的使用不能逃避价值判断，或者更确切地说，不能完全避免参照一些伦理价值判断，并同样不能避免参照那些容易引起争议的价值判断。

下面两节用来明确几个相关概念并指出效率概念的使用中有时出现的一些错误和不公。

基本概念

我们用一种简单的形式来明确基本概念的定义。社会备选方案(alternatives sociales)，或者所考虑的社会经济状态形成一个集合为 $X=\{x, y, z, \cdots\}$，而正义问题在于对这些状态实施一种社会排序，这是在公平状态和不公平状态之间的一种二元排序。这样一种排序通过一种数学的二元关系 R 来表示，xRy 意味着状态 x 至少和状态 y 一样好。这似乎很像消费者理论中的形式[①]，我们可以由这种“广义偏好”的关系 R 推导出一种严格偏好的关系 P：

$$xPy \Leftrightarrow xRy \text{ 且非 } yRx$$

① 二元关系 R 是这样的一个序（préordre）：自反的（$\forall x$，xRx）和传递的（$\forall x, y, z$，xRy 且 $yRz \Rightarrow xRz$）；完全的（$\forall x, y$，xRy 或 yRx）。这些假设对于本章的主要内容不是必不可少的。

和一种无差异的关系 I：

$$xIy \Leftrightarrow xRy \text{ 且 } yRx$$

人口由 n 个个体组成，并且任何个体 i 都可以赋予其对相关社会备选方案的个人偏好关系 R_i，P_i 和 I_i。

帕累托原则要求人口内部两个备选方案比较时，社会排序中体现一致性。该原则可以用多种方式更明确地解释，以下是最常见的三种。第一，个体严格一致的偏好会产生社会的严格偏好：

弱帕累托原则：$\forall x, y \in X$, $[\forall i, xP_iy] \Rightarrow xPy$

第二，广义的一致偏好产生广义的社会偏好，实际上是除一致的无差别情况之外的严格偏好：

强帕累托原则：$\forall x, y \in X$, $[\forall i, xR_iy] \Rightarrow xRy$

且 $\forall x, y \in X$, $[\forall i, xR_iy$ 且 $\exists i, xP_iy] \Rightarrow xPy$

第三，一致的无差别产生社会的无差别：

帕累托无差别原则：$\forall x, y \in X$, $[\forall i, xI_iy] \Rightarrow xIy$

我们注意到强帕累托原则逻辑上暗含另外两点：

若有严格一致偏好：$\forall i, xP_iy$，则为弱帕累托意义上的 x 支配 y；若有广泛的一致偏好而不存在一致的无差别：$\forall i, xR_iy$ 且 $\exists i, xP_iy$，则为强帕累托意义上的 x 支配 y。若 $\forall i, xI_iy$，则称 x 对 y 是帕累托无差别。

这些概念简单地定义出效率的概念。如果不存在弱帕累托意义上的备选方案 y 支配 x，则称备选方案 x 在弱帕累托意义上是有效率的。若不存在强帕累托意义上的备选方案 y 支配 x，则称备选方案 x 在强帕累托意义上是有效率的。

弱帕累托意义的有效率是这样一种状态，即不可能使所有个体的满足水平同时得到提高；而强帕累托意义的有效率是指这样一种状态，即不可能提高人口中一部分个体的满足水平而不降低另一部分人的满足水平（此外，若一种状态的广义的一致偏好对另一种状态也成立，意味着这两种状态是帕累托无差别）。

如果将个体的效用排列出来，偏好除外，效率可以用图形表示。效用函数 U_i 表示个体 i 的偏好 R_i，若 $\forall x$，y，$xR_iy \Leftrightarrow U_i(x) \geqslant U_i(y)$。任何一个备选方案 x 都可以和每个个体的效用的向量联系在一起 $(u_1, \cdots, u_n) = (U_1(x), \cdots, U_n(x))$，而对于所考虑的备选方案的集合 X，我们可以联系可实现效用的集合：

$$E = \{(u_1, \cdots, u_n) \in \mathbb{R}^n \mid \exists x \in X, (u_1, \cdots, u_n) = (U_1(x), \cdots, U_n(x))\}$$

图 2—1 表示的是人口数量为 2 个个体时的可实现效用的集合 E 的例子。图 a 用加粗线条表示的是对应强帕累托意义的有效率的状态的效用向量集合。而弱帕累托意义的有效率用第二个图形 b 描绘出来。对应有效状态的效用向量的集合被称为“帕累托边界”（弱的意义或强的意义）。

虽然可以用图形来表示效率的概念，但要强调指出的是，效率的概念同用于表示个体偏好的效用函数的选择是无关的，因此它是一个纯序数的概念。

此外，使用效用函数能够描述帕累托原则具有不容置疑的声望的原因，并介绍支配性（dominance）的定义，这一定义在第五章中发挥着重要作用。实际上，在传统福利经济学中①，实施社会备选方案

① 在鲍德威和布鲁斯（Boadway & Bruce，1984）的著作中对这种方法有详细的介绍。

排列的工具是社会福利函数，这一函数定义了所有效用变量的社会福利水平，并且如果某一备选方案的社会福利水平更高，那么相对于另外一个备选方案，人们更偏好这一备选方案：

$$xRy \Leftrightarrow W(U_1(x),\cdots,U_n(x)) \geqslant W(U_1(y),\cdots,U_n(y))$$

这种研究方法的难点在于效用函数的度量，尤其是社会福利函数 W 的形式的确定。这里特别存在一种非常困难的伦理选择。

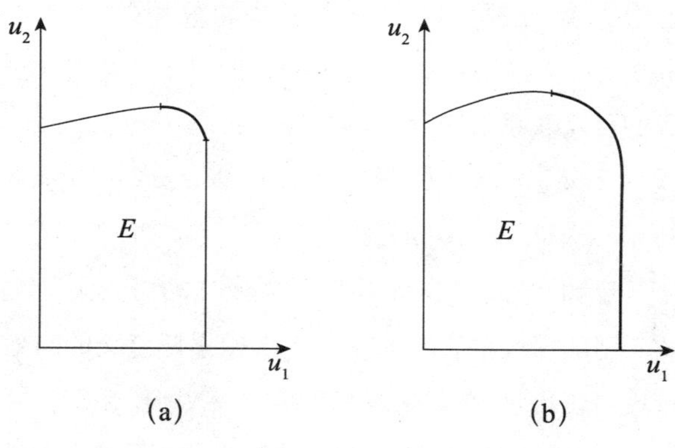

图 2—1

支配性的定义源于这一困难。假定个体的偏好是固定的，当我们比较两种社会备选方案时，存在一类代表个体偏好的效用函数和一类社会福利函数，对于这两者，排列是一致的。这两种类型我们都可以同支配性的定义联系在一起：若所有这类社会福利函数（与效用函数）导致相对 y 更偏好 x，我们认为就是这类意义上的 x 支配 y。一类问题涉及的越广泛，支配性越强，相对于 y，对 x 的偏好的观点也就越一致；而不同的社会福利函数 W 提出的伦理理论将就这一特别的排列问题达成一致。

这种支配性的研究方法通常在实践中很难被采用，因为核对某一类别中的全部要素来验证存在这样的一个备选方案对其他备选方案具有支配性是很枯燥的，有时也是不可能的。但在某些情况下，一个简单的标准可以在实践中确保某一特殊类别的支配性，而不需要检查这一类别中全部成员的排列。这是指这样的一种情形：以一种平常的形式，把那种在理据上包含严格增长的全部社会福利函数的非常广泛的类别，应用到任何代表个体偏好的效用函数中去。联系实际的标准是强帕累托意义上的简单的“支配性”。某一备选方案在强帕累托意义上支配另一个备选方案，当且仅当这一备选方案在所考虑的类别的意义上支配另一备选方案时。因为这一类别非常广泛，帕累托意义上的支配性似乎要求带有很少的伦理偏见（不涉及效用的测度）。我们将在第五章看到支配性这一定义的间接应用。

我们回到效率的定义上。一个社会备选方案有效率或无效率的特征取决于它所从属的所考虑的或更确切地说可实现的备选方案的集合。不过，正如我们在上一章所指出的，定义备选方案的可能性的方式有好几种。我们可以首先定义所有可实现的备选方案在当前的经济技术条件下是可以得到的（闲置的资源、已知的技术）。这一含义产生效率的第一层次的定义。

但是我们说，通常由于个体间的信息的不等分配以及其中运用私密的信息来保护他们的利益的激励，将额外的限制加到纯技术条件上。例如，闲置的资源已经在个体间分配，而一个公共代理机构无法通过直接考察来实施再分配。所以他只能局限于使用不完全的指标（如消费或收入）作为课税的基础，从而引发同一资源对于不同个体的价值差异。而这是某些（大部分）有效率状态的第一层次无法达到的。分析可实现的备选方案的定义中这些信息的约束产生效率的第二层次的定义。

我们同样要考虑其他的限制。由于伦理和政策的原因可以使某些经济政策工具的使用变得无法想象（例如，抛开信息问题不谈，资格费用的承包被认为是无法接受的，因为它产生有天赋者的奴隶制）。[①] 一些经济政策工具的实际的复杂性将使其无法使用：例如我们很难想象收入的税率不是简单的按档划分，或者包括二十多个档。最后，交易的成本将阻碍某些市场的开放（尤其是保险市场），并使经济参与人间某些资源的交换变得不可能（尤其是限额商品）。每一可行性限制的定义的分析都与某一特别的效率的定义相符合。当然，分析的限制条件越多，从个体满足的角度看，对有效率状态的奢望越少。

给出效率的定义，我们同样也关注无效率的状态并试图测度其有效率的程度或相对无效率的程度。学者们对此提出不同的测度方法。我们引用德布鲁（Debreu，1951）的资源使用系数，这一系数是由于初始闲置资源（即在生产转换和交换之前）的最小部分和当前状态相比可能得到一种帕累托无差别状态。若当前状态是有效率的，该系数值为1，但若当前状态是无效率的，该系数就小于1。这意味着如果经济更有效率，将节约一部分资源而满足水平没有变化。我们验证得出，对于给定的初始禀赋，若一种状态帕累托支配另一种状态（强意义上的），那么其资源使用系数必然很高。所以这一系数的排列与帕累托意义上的支配性是并存的。相反，若两种状态之间不存在帕累托意义上的支配关系，其资源使用系数的差别则很难解释。

① 参照第六章和第十章。

另一种无效率的测度方法是阿莱（Allais，1981）提出的“最大分配剩余”。它是指在经济中的技术和资源一定的条件下，同时在保证个体的满足的情况下，一种给定的商品所能剩余的最大数量。当所有的商品的最大分配剩余为零时，则称该状态是有效率的。①

运用帕累托原则应注意的问题

在经济政策的建议中运用帕累托原则应避免一些误区。对其过高的或专一的信任，事实上我们看到有时会带来某些弊端。我们来分析下面四个论点：

（A）我们只应建议那些给全部个体满足水平带来提高或不发生变化的改变。

（B）我们不能反对那些给全部个体满足水平带来提高或不发生变化的改变。

（C）我们不能反对那些潜在的能给全部个体满足水平带来提高或不发生变化的改变（即利用再分配的转移）。

（D）我们无法从一种无效率的状态中得到满足。

在这四个论点中，只有最后一个符合帕累托原则的正确运用，而前三个论点是滥用该原则的代表形式。

实际上，单独承认帕累托原则，无论保留哪个变量，都不能以详尽的方式将社会备选方案分类，而应该补充对分配敏感的原则。然而，论点（A）排斥参照所有补充帕累托原则的分配原则，因为所有从分配原则中得到借鉴的建议如果不是帕累托意义上的改善都将被抛

① 关于无效率的测度和其他相关内容，参见 Diewert（1982）。

弃。假定初始状况是极端不平等的情形，按照论点（A），只能导致保护初始不平等的境况，而这可能被认为是很过分的。论点（A）简化了规范经济学的帕累托原则，而大部分经济政策的目标是更为明确的。

论点（A）同经济文献中常见的论断是不一致的，但却是许多经济学家在考虑提出经济政策建议发挥他们的作用时的一种简化的想法。这再次忽视了一种可能借助于政策讨论产生更为明确的目标的可能性，并形成第一章描述的条件形式的建议（如果目标是……最好的政策是……）。另外，帕累托自己提出了这样的简化的构想：

> 当集体在一点 Q 上时，集体离给所有个体带来最大享乐的利益还有相当距离，这表明以经济学的眼光只寻找集体包含的所有个体的利益，那么不应该在这一点停留，而是要对所有个体有利，就应该继续远离这一点。当接下来到达点 P，该点不是无法达到的，那么是应该停下来还是继续，要借助于经济以外的其他分析，也就是利用社会效用的分析，伦理的或其他的分析，应该考虑哪些个体的利益，牺牲其他个体的利益。以专一的经济学的观点来看，集体一旦到达这样的一点 P，就应该停止。（引自 *Traité de Sociologie Générale*，p. 1339）

论点（B）似乎更温和些，且经常见到，但实际上它导致类似的困难。如果初始境况是很不平等的，若我们接受一系列的每次都属于帕累托意义上改善的变化，我们将达到一种更加不平等的状况。所以尽管所有个体的境况都得到改善，可能仍是令人难以接受的。这里并不矛盾：简单地说，如果我们采纳社会备选方案（满足帕累托原则）的某个排列 R，我们可以拒绝接受状态 x 和 y，而 y 在帕累托意义上

支配 x。因为状态 z 是大家容易接受的，且根据 R，相对于 y（相对于x 也是）z 被严格偏好。另外，不需要在帕累托意义上 z 支配 y（同样也不需要支配 x）。因此，某些帕累托意义上完全改善的建议会激起公众的愤怒就不奇怪了。在这方面的一个例子是世界银行首席经济学家劳伦斯·萨默斯的建议，即附加各种补偿性的援助，使高污染工业向发展中国家转移。对环境的关注是一种奢侈品，很可能通过这种转移，双方互惠的收益是相当高的。[①] 然而，这一建议是令人很不舒服的，因为发达国家在这一交换中所处的初始位置具有过多的优势，PVD 集合中类似的发展形势的取得尤其是以利用环境为代价，并且环境的恢复是不可能的。同时，我们也承认萨默斯的建议产生一种比当前境况更好的情形，并且这要比单纯的富国的财富（没有污染的补偿物）向穷国转移更受青睐。

论点（C）似乎很容易被驳斥：一个备选方案仅仅是潜在的帕累托支配，在严格意义上不是帕累托支配。然而，这类论点却得到响应，如在福利经济学之初，卡尔多-希克斯-西托夫斯基（Kaldor-Hicks-Scitorvsky）的补偿标准。这些标准的目的在于走出帕累托原则的严格的极端的框架，来得到社会备选方案的更为精确的排序，从中最大可能的获益是帕累托原则的伦理的确信力。这些标准有多种版本。

根据卡尔多标准，若从 x 出发，通过转移我们可以达到状态 z，z 在帕累托意义上支配 y，则 x 优于 y。根据希克斯标准，若从 y 出

---

① 萨默斯还提出其他更具争议的观点。例如，发展中国家人们的生命更廉价，因为其工资更低廉。豪斯曼和麦克弗森对这一例子做过出色的批判式分析（Hausman & McPherson，1994）。

发是不可能的，通过转移，达到一种状态 z，z 能确保所有个体的满足至少和 x 状态获得的一样多，则 x 优于 y。根据西托夫斯基标准，若同时满足卡尔多标准和希克斯标准，则 x 优于 y。在这些定义中，设想引起转移的方式有多种版本，但我们这里并不展开这一细节分析。

这些标准在一致性方面存在严重问题。根据卡尔多或希克斯标准，我们可以得到 x 优于 y 同时 y 优于 x，这是不符合逻辑的。西托夫斯基标准避免了两种状态的循环，但我们很容易验证，它会产生三种状态的循环（x 优于 y 优于 z 优于 x），这样并没有改善很多。波士威尔（Bossert，1995b）表明，假定这些标准以一致的方式被应用，要重新回到假定在这些社会备选方案间的选择要借助于一种社会福利函数。换句话说，将这些标准加上一致性条件，是被迫对同社会福利函数定义相联系的所有伦理问题表态，而这些问题是这些标准明确力求避免的！①

所以，卡尔多-希克斯-西托夫斯基标准的意义非常有限。这里尤其要强调帕累托原则从现有状态到潜在状态的延伸，不能保留伦理的稳固。个体们很少局限于潜在的满足。

这样，唯一正确使用帕累托原则的代表形式是论点（D）。所有

---

① 奇普曼-摩尔-萨缪尔森（Chipman-Moore-Samuelson）标准避免了一致性问题，根据这一标准，如果从 y 出发得到的任一状态同由 x 出发得到的某一状态要么是帕累托无差别的，要么是帕累托意义上受支配的，则 x 是优于 y 的。这些标准的弊端是其限制特征（所得排序为部分排序，且不一定遵守帕累托原则：x 可以是帕累托—支配 y，而无须在这一标准的意义上比较）。格莱弗尔（Gravel，1994）表明，这一标准可以以一致的方式同帕累托原则相结合的一个充要条件是：从所考虑的状态出发，通过转换得到的可实现效用集合始终是一种包含关系，这是一个限制性极强的条件，而这一条件也是卡尔多标准是可传递的充要条件。

可接受的状态都应该是有效率的。事实上，所有满足帕累托原则的社会排序 R 必然在可实现状态集合中选择产生那些有效率的状态。无论哪种伦理原则和帕累托原则同时采纳，一种无效率的状态从来不会被接受。

下面三节探讨帕累托原则能否毫无保留地采纳。

福利主义与效率

考虑这样一种情形，个体偏好 R_i 可以用定义在备选方案集合 X 中的效用函数表示。我们可以用下面的方法定义效用向量（u_1，…，u_n）的一种二元关系 R^*：

$$(u_1,\cdots,u_n)R^*(u_1',\cdots,u_n')\Leftrightarrow \exists x,y\in X,\forall i,U_i(x)=u_i,$$
$$U_i(y)u_i',\text{且 } xRy$$

这一关系可以一直这样定义。若同样是 R，则这一关系是可传递的。但如果这一关系表现出强帕累托原则，或同样仅仅是满足帕累托无差别原则，那么 R^* 是 R 的详尽表示，即我们可以从 R^* 出发重新构建 R：

$$xRy\Leftrightarrow(U_1(x),\cdots,U_n(x))R^*(U_1(y),\cdots,U_n(y))$$

其证明是直接的。是由定义 R^* 产生的必然结果。逆推导这一结果，根据 R^* 的定义，若（$U_1(x)$，…，$U_n(x)$）R^*（$U_1(y)$，…，$U_n(y)$），则有 x' 和 y'，使得 $x'Ry'$ 且 x（y 同样如此）与 x'（y' 同样如此）是帕累托无差别。通过帕累托无差别原则 xIx' 且 yIy'，并通过 R 的传递性，有 xRy。

所以，帕累托无差别原则的结果是放弃了社会备选方案排序中除效用（或满足）外的全部信息。这样，帕累托原则实际上意味着采纳的是叫作“福利主义者”的研究方法，根据这一方法，社会经济状态的评价只应通过个体获得的满足这一偏见形成。

然而，R^* 排序的存在将离绝对的福利主义不远，绝对福利主义提出无论什么效用函数，无论暗含什么样的经济背景，都有一个效用向量的排序。例如，功利主义提出关注效用总量，这是一种普适的方法。相反，由帕累托原则推导得出的排序 R^* 是完全取决于代表偏好的效用函数[①]，且尤其是取决于经济的背景。后面我们将再次提到这一点。

无论如何，福利主义者的研究方法成为很多争论和重要批判的目标。这些争论和批判大部分间接地指向帕累托原则。这些批判，通常最多的争论是在正义问题中代表个体境况的变量的选择上，这将在第六章概述。这里我们强调指出这种个体境况只应以效用或满足的角度来考虑的观点是一种非常特殊的角度，它带有边沁的功利主义的道德哲学力量，同时还存在另外一种重要的思维传统，然而其对经济正义论的影响更弱一些，即更关注个体享乐的自由。

但是，值得注意的是帕累托原则在一定程度上会走向福利主义的放弃。首先，无论是哪个以正义为目的的个体境况的恰当判断的定义，我们总会考虑一种和社会总体改善相一致的个体境况的改善。例如，如果我们关注森提出的“能力”，我们会采纳这样一种形式的帕累托原则，根据这一原则，某种备送方案只要同每个个体能力的提高相一致就是最好的。我们可以将帕累托原则的福利主义部分和一致主义部分区分开来。

但尽管是福利主义形式的帕累托原则，也可以同非福利主义的考

① 为了保证排序 R^* 是独立于效用函数的，应该加上一个“非相关方案的独立性”公理，这将在下一章介绍。

虑相结合。这种结合可以有不同的方式。例如，我们可以这样定义公平状态，在帕累托意义的有效率状态中，那些非主观属性的概括。这又重新回到简化为效率原则的帕累托原则，和非福利主义原则相结合，用字典式的方式，效率优先。反过来可以想象：我们可以这样定义公平状态，那些属于满足某一非福利主义伦理原则的状态集合中的有效率状态。

也存在这样的情形，即那些纯粹的非福利主义原则可以产生有效率的状态：没有指导性的伦理原则，而帕累托原则可以得到某种实际的应用。这种情况最著名的例子是自由交换原则，在某些假设条件下，根据“福利经济学第一基本定理”，会产生帕累托意义上的有效配置。一个集体自由原则，说明对于一个集体，实施那些得到全体居民一致支持的安排的权利，在其应用中，通常同样可以产生那些帕累托意义的有效率的备选方案。①

在这些非福利主义原则同帕累托原则的各种结合中，我们注意到帕累托原则所保留的只是有效率的备选方案的研究。我们很少在意无效率状态的比较，它们处于帕累托支配的情形。特别是，帕累托无差别原则通常被放弃。两个帕累托无差别状态，在非福利主义原则看来却是不同的，在伦理评价上不是无差别的。放弃帕累托无差别原则意味着放弃包含这一原则的强帕累托原则，尽管保留了强帕累托意义上

① 这里特别是指科姆（Kolm，1985）的“自由社会契约”（contrat social libéral）的思想。但同时也可以认为是议价（或讨价还价）和合作博弈论的思想（参照第九章）。而实际上有时如果在关于应该形成改进（帕累托意义上的）的方向上有突如其来的分歧，集体会在无效率状态上被阻碍（bloquée）。正如我们在前一节强调指出的，可以有这样的一致，即一致同意方案 A 是优于 B 的，但是从方案 B 到方案 A 却没有达成一致。一种有效率状态的取得取决于当前几方的妥协能力。

的效率的概念。

然而，上文描述的效率同非福利主义原则的字典式结合中的第一种情形，有时可能在整体上保留帕累托原则。当所考虑的解决方案满足盖弗斯（Gevers，1986）提出的“无歧视”（non-discrimination）公理时，若某一状态是公平的，那么相对于这一状态，所有帕累托无差别的状态都是公平的。我们可以用下面的方法定义状态集合 X 的一个排序 R：

(i) R 满足强帕累托原则；

(ii) 同所有其他状态相比，人们更偏好一种满足伦理原则的（非福利主义的）有效率状态。

在某种情况下条件（i）和条件（ii）实际上是并存的，即条件(ii) 力求实现的所有帕累托无差别状态本身也满足条件（ii）中提到的非福利主义的伦理原则。这样得到的排序 R 是部分的，但是在公平状态的选择中[①]，帕累托原则和非福利主义的分析融为一体。还有结合排序 R^* 可以特别通过所处的经济背景即所考虑的集合[②]，X 区别于传统的福利主义的排序。

在解决方案不满足无歧视公理时，下面这样的形式下不再满足强帕累托原则[③]：

---

① 另外，根据苏比尔拉（Szpilrajn）的引定理（参照 Sen，1970），我们总可以将一个部分序补充为一个完全序。

② 第十章研究的大部分解决方案给出了这种论断的例子。最为常见的是瓦尔拉斯平均预算均衡，它满足非歧视公理，且能构建出一个序 R^* 而这个序很大程度上取决于经济背景：资源、个体数量、偏好。

③ 我们可以探讨序 R 的连续性，在一定程度上，帕累托无差别为严格帕累托或弱帕累托在连续序的情况下的一个结果。这里因为公平状态是有效率的，所以避免了这个问题。通过连续性，并应用严格帕累托或弱帕累托，我们只能表明一个帕累托无差别状态相对于一个公平状态，从社会层面上认为是劣于该状态或无差别的。

严格帕累托原则：$\forall x, y \in X, [\forall i, xR_iy$ 且 $\exists i, xP_iy] \Rightarrow xPy$

效率与信息

接受评估的社会备选方案通常是制度或社会经济政策的选择，其最终结果很难预测。这些备选方案的相关个体的偏好部分地取决于他们对这些结果的意见，如果所依据的信息是不对称的甚至是错误的，这些意见将不同。

基于错误的预见的个体偏好也不可能是恰当的偏好。信息问题直接困扰整个福利主义方法，我们在第六章还将再次谈到这一点。这里我们强调这一问题同样直接关系到帕累托原则。基于错误的一致和基于真实的一致相比无疑显得不重要。假定一个极端自由主义的政策提出大幅度缩减所得税和福利国家的开支得到富人和穷人的广泛一致的同意。政策的第一方面，根据“渗透”（percolation）理论，富裕阶层的储蓄的新动力将再次减少，这同样直接对他们有利。但假如这一理论是不符合事实的，而这一政策的实际结果是不平等程度的提高和贫困的增加，那么这种一致有何价值？

这里还有另外一个例子。欧盟的协定在成员国之间达成了一致。承受竞争的地区的人们认为该协定通过改进贸易环境而受益，这样不利于受保护地区，并将加快受保护地区的衰落。相反，受保护地区的人们认为该协定可以确保他们在一个扩大的市场的基础上有一个飞跃，而竞争地区的人们将承受布鲁塞尔体制，在自由贸易的敦促下向世界其他地区开放。这样出现一个很奇怪的一致，其基础是确信这是一个零和博弈，但是要考虑到变化后是对方受损失。即使无法推测该协定对这一国家的实际后果，也很难一下子断定所考虑的方案在社会判断中的一致程度应该提高。

着手解决这些困难的一种方法是用综合居民意见的形式，以一种一致的方法寻找构建备选方案的社会排序 R。当对于观察者，居民所考虑的真实情况不容易觉察时，由于不能依据一个不易被觉察的事实，那么只能试图综合个体的意见与偏好。

借助不确定性及主观概率的形式来表达这一观点更为方便。[①] 每一备选方案 x 都表示一个函数，即按照优胜的自然状态 s 确定一个结果 c：$x(s)=c$。个体熟悉函数 x 但不了解自然状态 s。这一自然状态可以代表未来的一种偶然的现象（如日本地震）或目前一种没有被认知的情况（如实际的经济机制：经济波动有外生的原因或内生的根源）且个体们是按照实际发生的概率形成关于自然状态的意见。个体 i 状态 s 的概率记作 $P_i(s)$。若存在一个定义在自然状态上的概率密度 p_i 和定义在结果上的函数 u_i，那么个体 i 采用一个期望效用标准为：

$$xR_iy \Leftrightarrow \sum_s p_i(s)u_i(x(s)) \geqslant \sum_s p_i(s)u_i(y(s))$$

萨维奇（Savage，1954）将这一期望效用标准公理化，并且这一标准在所有包含不确定性的情形的经济分析中被广泛地应用和修正。然而，研究决策的理论工作者认为这一标准不能体现不确定性的“理性”，因为完全理性的参与人将采纳其他的决策标准，其中一些标准形式非常精确。[②] 但我们这里坚持这一标准，来“遵循一致性”，这在经济应用方面具有优势。

① 例如参见 Laffont（1986）。

② 参见 Machina（1989）。

这样，采用同样的期望效用标准，力图构建备选方案的一个社会排序 R 就合乎情理了。即存在一个定义在自然状态下的概率函数 p 和一个定义在结果上的函数 u 为：

$$xRy \Leftrightarrow \sum_s p(s)u(x(s)) \geqslant \sum_s p(s)u(y(s))$$

概率函数 p 用来综合个体们对自然状态的意见，而函数 u 用来综合他们对结果的偏好。在这些综合过程中，我们力图应用帕累托原则。

使函数 p 或函数 u 在它们各自的领域遵循一致性很容易做到。例如，若这些函数为个体函数的加权平均值，如果所有个体做法相同，我们很容易由函数 p 得到状态 s 发生的概率高于状态 r，或者如果所有个体做法相同，由函数 u 得到同结果 c 相一致的效用高于结果 d。但事实上更令人惊讶的是通常 X 中的备选方案不可能服从强帕累托原则。

我们来分析下面的例子。我们考虑两个国家 A 国和 B 国之间的一个商业协定。如果这一协定促使重要资本的流动，将使 B 国更为受益；否则，将使 A 国受益更多。A 国的公众意见确信实际上会导致资本的流动，而 B 国的公众意见则相反。其意见和结果概括为表 2—1。

表 2—1

自然状态	资本流动	不发生资本流动
A 国意见	1	0
B 国意见	0	1
保持现状的效用（A，B）	(0，0)	(0，0)
达成协议的效用（A，B）	(0，1)	(1，0)

如果两个国家的居民采用期望效用标准，很明显这两个国家的居民对引入这一协定都不感兴趣，因为他们想象只是另一国从中受益。如果我们应用强帕累托原则（或只是帕累托无差别），这一协定的社

会评价会得出在达成协定和保持现状之间无差别的结论，或者，引入协定必然会使两国中的一国受益。根据强帕累托原则，在这两种情况下的不同结论将同严格偏好的某种东西相一致。若社会排序 R 在不确定性上只遵循支配原则（le principe de dominance），而根据支配原则，个体无论偏好哪个自然状态的备选方案的结果，那么他自身也应该偏好这一结果，这样应该得出的结论是同保持现状相比，大家更偏爱达成协定。所以选择就出现了矛盾。①

这一例子的简单性是基于所分析的居民的主观概率的极端特征。我们来研究一种并不极端的情况，见表 2—2。

表 2—2

自然状态	r	s
意见 A	2/3	1/3
意见 B	1/3	2/3
备选方案 x 的效用（A，B）	（4，4）	（4，4）
备选方案 y 的效用（A，B）	（5，8）	（2，2）
备选方案 z 的效用（A，B）	（8，0）	（8，0）
备选方案 t 的效用（A，B）	（2，12）	（8，0）
备选方案 v 的效用（A，B）	（5，−12）	（2，12）

在这个例子中，可以证明在备选方案 x，y，t 和 v 之间有一致的无差别。根据强帕累托原则（无差别），得到 $xIyItIv$。将期望效用标准用到社会层面得到：

$$p(r)u(y(r))+(1-p(r))u(y(s))=u(x(r))$$

① 因此，同样不需要借助于社会层面的期望效用标准。而我们运用暗含的假设，可以从有关结果的社会偏好推出 R，这又回到假设每个结果都可以同某个备选方案相联系，对于所有自然状态都能给出这样的结果。

或者，将帕累托原则应用到结果上[①]，意味着 $u(y(s)) < u(x(r)) < u(y(r))$，且 $0 < p(r) < 1$。

现在假定 xIz。显然这一假设是恰当的，而我们可以构建一个类似的例子，任一备选方案在社会层面上和 x 是无差别的，却不是帕累托无差别。因为 $0 < p(r) < 1$ ，很容易 $zItIv$ 得出 $u(z(r)) = u(t(s)) = u(t(r)) = u(v(s)) = u(v(r))$，但 $u(z(r)) = u(v(r))$ 和强帕累托原则矛盾。

所以，当出现带有主观概率的不确定性时，很难形成遵循一致偏好的备选方案的社会排序。在经济文献中[②]，这一结果有很多形式。给定主观概率和不确定性的背景，且实际社会生活通常是在这样的背景下进行的，我们可以着眼于帕累托原则的实际应用范围的问题分析。

当不确定性是客观的情况时，问题的本质发生了改变，即当个体形成相同的概率时。这种情况下，不可能性消失，但约束仍以社会效用函数 u 的可能的形式继续存在。这正是第四章研究的豪尔绍尼聚合定理的研究目标。

需要注意的是，通过不确定性的背景（主观或客观的），可以区分为事前效率和事后效率。到现在为止，我们关注的是事前效率。在揭示出占有优势的自然状态后，这种区分是很有益的，某些行动也可

---

① 参照前一个注释。

② 特别参见 Hylland & Zeckhauser（1979），Mongin（1995）。第一篇文章介绍多种断面（profils multiples）时的结果（同时假定涉及弱帕累托原则，概率上无独裁者时）；第二篇文章介绍简单断面（profil simple）时的结果，运用帕累托无差别原则，并假定非原子概率（non-atomiques）（更确切地说是满足萨维奇公理，它比期望效用标准更苛刻）和不存在推广的无差别（l'absence d'indifférence généralisée）。简单断面和多种断面的区别将在下一章解释说明。

以如此。我们定义一个计划作为事前提出的行动日程安排，描绘出计划的所有情况下要采取的不同行动。若不存在其他计划在帕累托意义上支配某一计划，则称该计划是事前效率，用个体的期望效用计算事前的效率。如果对于不同的情况下提出的最终获得的效用，不存在其他计划在帕累托意义上支配某一计划，则称该计划是事后效率。一个事前效率计划必然是事后效率，但反之则不成立。这里有一个例子。我的口袋里有两块糖。我要把这两块糖分给雅克和保罗。但这两个孩子更愿意用掷硬币的方法决定，因为这样，他们中的一个会得到两块糖。然而，抓阄后我忍不住改变主意，还是用平均的方法分配这两块糖。所以，考虑的计划主要有两个。第一个计划旨在无论抽签的结果是什么，都以平均的方法进行分配；第二个计划在于抓阄获胜者得到全部份额。第一个计划是事后效率，因为抓阄后，和预先的行动相比，不存在帕累托意义的改进。但它不是事前效率，因为抓阄之前，雅克和保罗都更偏好第二个计划。

事实上，如果一个事后效率计划成为事前的效率，通常同相应的个体一致相违背，正如上文中的例子，实际上这两个孩子更愿意冒风险。所以事前帕累托条件的伦理价值判断和承受风险的权利问题联系在一起。社会应该在什么范围内让个体们承担他们希望承受的风险(Hammond，1982)？对这一问题没有一个简单的答案，原因在于在不完全信息的情况下，并且在这种情况下个体们在他们主观概率上有差别时，怀疑对帕累托原则的影响。由此引申出的一个问题是对于真相的权利，因为额外的信息通常会减少不确定性。人们有权利为提升现有的福利（不妨碍未来福利）而扩散虚假信息吗？正如这样的情形：向一个吸烟者描述吸烟的危害，不能消除他对香烟的依赖，但会降低他的幸福感（阿特金森（Atkinson）的例子）。哈曼德（Hammond，1982）提出没有权利迫使人们接受他们不想要的信息，也没有权利隐藏人们想要的信息。

个人主义与效率

在帕累托原则中，存在某种个人主义，这经常被遗忘，而我们要探讨这一点可能引起的批判。另外，帕累托本人曾对这种个人主义做出这样的解释："当整体简化成一个单一个体时，选择效用最大化的定义是合适的，这样使得与集体相符合的对单一个体也是有效的。这实际上就在我们刚刚给出的定义中发生。"（《政治经济学教科书》，618 页）

这一过程包括假定某一个体突然成为只有他一个人的集体，保持廉洁，并尤其保留他的偏好，来说明一种极端的个人主义，这实际上已经超出帕累托原则的实际内容。而我们可以借助于下面的分析尝试更准确地确定帕累托原则的个人主义的内容。

为了方便介绍，我们假定社会备选方案可以用个体分量表示：$x=(x_1, \cdots, x_n)$，可考虑的备选方案的集合 X 可以写成笛卡尔集合 $X=X_1\times\cdots\times X_n$，并假定个体偏好只同个体分量有关。后面这一假设没有假定个体方面的特别的利己主义，因为个体分量 x_i 可以同个体 i 关注的其他个体的相关因素融合在一起。假设 X 集合有一个更为高端的笛卡尔体系，我们可以考虑以一种非常普遍的方法将 X 作为考虑的备选方案的集合来分析，不需要明确的实现。X 的子变量 x_{-i} 表示 x 减去分量 x_i。我们来分析下面两个公理：

分离公理：$\forall x,y,(x_i,x_{-i})R(y_i,x_{-i})\Leftrightarrow(x_i,y_{-i})R(y_i,y_{-i})$

善意公理：$\forall x_i, y_i, \exists x_{-i}, (x_i, x_{-i}) R (y_i, x_{-i}) \Leftrightarrow x_i R_i y_i$

我们很容易验证，在这一特殊的背景下，强帕累托原则在逻辑上等同于这两个公理的结合。所以这里我们对帕累托原则有一个逻辑的分析。

不过，这两个公理有什么含义？第一个公理意味着备选方案之间的社会排序只和唯一的一位个体相关，独立于不相关个体的境况之外；而第二个公理说明社会排序只和唯一的一位个体相关时，同该个体的偏好相符合。这两个公理相结合致使社会排序总是和相关个体偏好相符合，这样我们近似于直接得到帕累托原则。

善意公理是很深刻的，少有争议，特别是我们可以将偏好的含义扩大来考虑非福利主义的分析。相反，分离公理是帕累托原则个人主义方面的具体化，我们要探讨相关的反个人主义的某些研究方法的评价，尤其是从群体主义（communautariennes）理论①中得到的启发。从这一相关角度对帕累托原则所做的批判通常实际上是当某一个体比其他个体更贫穷和更富有时个体境况的改善是不相同的，并假定在这两种情况下，他是受变化影响的唯一个体。在第一种情况下，不平等程度减少，这可以作为正面评价。而第二种情况，不平等程度提高，这就在关注平等和帕累托原则之间有一种僵持感。实际上很清楚，从这种角度看，这两种情况不是等同的，但问题是：能合法地拒绝第二种情况下个体境况的改善吗？对平等的重视能足以使之走在帕累托效率的前面吗？似乎仅当我们对这类问题能够做出肯定回答时分离公理才被抛弃。

---

① 关于这种研究方法，特别参见 MacIntyre（1981，1988）。

这里我们将仅在这一意义上研究通常被视为是前沿的两种争论。第一种争论是已经具有极端优势的个体境况的改善在一定程度上是不合适的，这代表着其他个体的“机会的丧失”。显然这种观点将分离公理和“运用帕累托原则应注意的问题”部分研究的误区（B）相混淆。机会的丧失意味着可能存在一种其他的备选方案（最好侧重优势少的个体的改善）优于所考虑的方案，但这不能就说后者比现状差。换句话说，个体境况改善问题的社会评价不应考虑其他备选方案（为了知道 x 是否优于 y，不需要知道 z 是否是可接受的），所以，其他“机会”因为需要应该被忽视。

第二种争论是如果我们采纳福利主义者的观点，由所考虑的变化产生的不平等程度的提高不仅对于有平均主义意识的道德观察员来说是有危害的，对于处在最底层的个体（甚至是全部个体）同样也是有害的。例如，我们记得穆勒将平等作为个体效用的主要观点。[①] 而这里再次指出，这一观点没有摆正。如果不平等程度的提高妨碍到其他个体，我们不能再假定这不受变化的影响，所考虑的变化不再是强帕累托意义上的改进。所以当对这一备选方案持否定判断时，和帕累托原则没有任何冲突。尽管这一争议很天真，但它使我们能够发现潜在的问题。帕累托原则的应用假定从正义的角度来看，所有用来描述个体境况的恰当的因素，都必须要考虑。例如，在那些为简化分析，假定个体只和自身的收入与消费相关的简单模型中，应用帕累托原则实际上是很危险的。这类假设用于解释面对税收的个体行为可能是被接受的，但如果这样导致人们忘记不平等对人类群体的有害影响，这类

---

① 参见 Broome（1983）。

假设就变得非常有争议了。不过，认识到社会关系的质量和个体境况的接近程度是正相关的，在群体主义的观点上没有走太远。如果我们假定这种社会关系的质量是由主观满足或其他从社会正义角度恰当描述个体成就的指标决定，那么，和帕累托改进相一致的经济不平等程度的提高就相当少了。但不要将这种连同帕累托原则严格应用的观察评价和作为其基础的分离公理相对应。

帕累托原则的基础

前面几节的分析为我们更好地理解帕累托原则奠定了伦理基础。建立帕累托原则的主要的价值判断是个体的满足，满足程度的提升在福利主义研究方法中被列为所有其他问题之首。在这一前提下，福利主义者加上某种个人主义，这样每一个体境况需要注意同其他个体境况分开。所以，福利主义和个人主义是帕累托原则的两个支柱，而我们看到福利主义暗含的某些原理是不稳固的，尽管帕累托原则只是结合经济背景和效用向量排序的定义中效用函数断面（profil desfunctions d'utilité）来分析福利主义有限的并存性。信息不完全性或不确定性的问题，以及福利主义的其他障碍，至少使得在帕累托原则应用中，合理地保留个体偏好的明确定义是非常困难的。不保留那些反映相关情况的偏好且删除某些概念？在第六章我们将再次谈到这一点。

这一基础本质上是福利主义的，在经济文献中我们见到的更实用的帕累托原则的直接应对方法通常是借助于一些完全不同的概念。事实上，下面的情形很常见：两个经济参与人因为制度的、规定的障碍或交易成本等原因不能达成交易或签订合同。例如，献血是无偿的，产生一种帕累托无效率的情形。所以，有观点认为应该消除这些障碍，诚然是因为这样会带来全部个体满足的提高，更因为这样是对参与人约定合同的自由的尊重和促进。[①]

主张自由的观点经常被援引，超出了福利主义者观点的本意。帕累托原则可能源于自由的思想？这似乎有些过分，因为很多情况下，个体们单纯的自由产生集体的无效率情形，原因在于缺乏协调或更重要的是因为利益冲突导致囚徒困境。在合作的背景下，我们可以排除由于不可能性在无效率情形中的障碍，寻求在强烈分歧间达成妥协。[②] 而帕累托原则没有对合同自由做出解释。实际上，在每个特别的情况下，自由产生效率总应该被验证（参照关于完全竞争市场的第一基本定理）。有趣的是，自由的价值判断和满足的价值判断是两个不同的思维传统方式，且广泛对应，在所有自由且意愿的交易（无外部性）中协调产生一种帕累托改进（对于交易的参与人的直接偏好来说）。

---

① 在这种情况下，涉及血液的情形是很复杂的，而简要的血液市场的分析是错误的。允许购买血液减少了同献血行为象征的意义相联系的献血者的供给，从而损害了得到的血液的质量。

② 参照 Myerson（1991），p. 506。

第三章　社会选择理论

引言

本章的研究目标是社会选择理论，是继阿罗不可能定理（Arrow，1951）提出的挑战之后的发展。该理论的主要意图是通过集结个体偏好构建集体选择或相关社会状态（états sociaux）排序的程序。阿罗给出一组似乎合理而不苛刻的条件，实际上是相互不能并存的。围绕这一理论和源于这种不可能性，学者们进行了大量的探讨、研究。

这里对该著作只是概括的介绍，我们重点放在同分配公平的问题直接相关的研究途径上（特别是集体决策的纯理论问题）。另外，还有很多关于社会选择理论的出色的著作（Sen，1970，1986；d'Aspremont，1985，1993；Blackorby，Donaldson & Weymark，1984）。

为方便研究，我们来回顾社会选择的研究方法的起源。实际上，这一起源是双重的，可以追溯到两种非常不同的思想体系。第一种起源是决定选举和议会的程序以及制定政策的研究，这在 18 世纪末大革命期间已经由博尔达（Borda，1781）、孔多塞（Condorcet，1785）

和其他学者奠定了严谨的基础。我们所熟知的著名的“孔多塞悖论”（paradoxe de Condorcet）阐述了过半数规则（la règlede la majorité）潜在的不传递性。第二种起源是借鉴几乎是在同一时期发展起来的功利主义的研究方法（Bentham，1789），根据功利主义，集体选择应根据个体效用总量得出。这种研究方法已经由帕累托总结并最终发展为社会福利函数（Bergson，1938；Samuelson，1947），这一点前一章已经提到。但在此期间，经济学上使用基数效用受到学者们激烈的批评（其中罗宾斯（Robbins，1935）最为突出）。此后，只有和偏好相关的序数信息在实证经济学中被引用，而规范经济学却遭遇危机。由于这一危机，社会选择理论创立者提出的观点是：应该从个体偏好推导社会偏好，而不是像社会福利函数那样，集结效用来计算一种社会效用。

社会选择理论在经济正义论这一领域中，在研究形式方面同其他研究方法相比较相当著名。因此，在介绍经济正义论时，通常需要介绍社会选择理论。

阿罗定理

设某一社会包含 $n \geqslant 2$ 个有限个体，并记作 $N=\{1, \cdots, n\}$。该社会面对一个备选方案的集合 X，在这一集合中，进行社会选择（假定 X 中至少有 3 个备选方案）。每个个体都拥有各自的偏好，这些偏好形成定义在集合 X 上的完全序，用 R_i 表示。P_i 和 I_i 分别表示严格的偏好关系和无差别的偏好关系。① 向量（R_1，$\cdots$，R_n）叫作偏好断

① 这些概念的定义可以参见第二章之“基本概念”。

面（profil de préférences)。K 是定义在 X 上的完全序的集合。

我们要研究建立的是一种备选方案的排序，这种排序采用序的形式，记作 R（是偏好关系 P 和 I 的结合）。在这一点上，社会选择理论同其他研究方法没有（或很少有）区别。而区别在于其集中使用的研究方法是这种社会的序取决于个体偏好，特别忽略掉所考虑备选方案或个体境况的所有其他的相关信息，而这些相关信息和福利主义学派是有密切联系的。因此，社会选择理论关注的是社会偏好函数研究，f 是定义在 K^n 的子集合 D 上的函数，值在 K 中。该函数对于 D 中每个个体偏好断面都确定一个社会偏好的序 R：

$$R = f(R_1, \cdots, R_n)$$

这种方法带来的问题是，关于偏好断面有两种研究方法：我们所运用的是多种偏好断面研究方法；而另一种研究方法是简单断面研究方法，即假定个体偏好是给定的和固定的，所以构成唯一的序 R，而不是一个函数。后面还将谈到这两者的区别。

个体偏好不仅包括直接的爱好，还同个体的伦理价值判断相关，例如收入分配等（而在这一点上，阿罗是有些犹豫的，参见 Kolm，1986，p. 320)。需要强调指出的是：虽然社会选择理论受到福利主义的启发，但其形式可以接受变换的解释。比如说，即使个体福利是由客观成就而非主观满足度量的，我们依旧可以以相同的方法按照每个个体的福利构建排列集合 X 中的备选方案的序 R_i。

从逻辑的角度看，似乎有必要排除集合 X 本身的函数 f 的选择。这在所有决策程序中，无论是个体的还是集体的决策中是通用的惯例：在使用某一决策方法之前，事先有一个决策方法选择。当某一个集体给定一个函数 f 时（例如，一致同意），在相互冲突的偏好间，还存在评判的问题，所以阿罗的问题既不是平庸的也不是无逻辑的。

我们探讨要构建的社会序 R 不是指集合 X 中备选方案的一个详细的排序，用一种简单的二分法推理出公平/不公平就足够。

阿罗指出，一个社会偏好函数要满足一组公理，这里介绍几个重要的公理：

第一个公理规定所有可能的偏好断面都是可接受的，即

无限制定义域（DOMAINE NON-RESTREINT，DNR）：$D=K^n$

这一条件是建立在偏好的可能的多样性的基础之上的，且这一要求很高，特别是对福利的解释更为客观时。

根据下面的公理，关于有序对（paire）（x，y）的社会偏好，只应取决于同这个有序对的相关的个体偏好，而同其他备选方案 z，w，…的相关偏好无关。

非相关方案的独立性（INDEPENDANCE DES ALTERNATIVES NON PERTINENTES，IANP）：

$$\forall x,y \in X, \forall (R_1,\cdots,R_n),(R_1',\cdots,R_n') \in D,$$

$$[\forall i, xR_iy \Leftrightarrow xR_i'y] \Rightarrow [xRy \Leftrightarrow xR'y]$$

随后是弱帕累托条件，我们这样定义：

弱帕累托（PARETO-FAIBLE，PF）：

$$\forall x,y \in X, \forall i, xP_iy \Rightarrow xPy$$

最后这一公理不存在独裁者。独裁者是指这样的一个个体，其严格偏好，不管怎样总是成为社会偏好，独立于其他个体的偏好之外。

非独裁条件（NON DICTATURE，ND）：

不存在这样的个体 i，使得

$$\forall (R_1, \cdots, R_n) \in D, \forall x, y \in X, xP_iy \Rightarrow xPy$$

阿罗定理指出寻找满足这些公理的函数 f 是徒劳的。

阿罗不可能定理：

不存在满足定理 DNR，IANP，PF 和 ND 的社会偏好函数。

在给出该定理的证明之前，我们分析几个候选人函数，来描述不可能定理及公理的含义。首先以**过半数规则**（règle de la majorité）为例，根据过半数规则，若至少有一半的个体 i 的偏好是 xR_iy，则社会偏好为 xRy。该规则满足公理 IANP，PF 和 ND，但却不满足公理 DNR。因为某些偏好断面将产生非传递性（即孔多塞悖论），无法得出定义在 X 上的一个序。

广义上的**一致同意规则**（règle d' unanimité）是这样定义的：若 xR_iy（$\forall_i$）则 xRy；若 xR_iy（$\forall_i$）且 $\exists j$，xP_jy 则 xPy；若 xI_iy（$\forall i$）或 $\exists i$，j，xP_iyP_jx 则 xIy。

该规则不能同时满足上述四个公理的原因仍是由于它的非传递性。但此规则是拟传递的，即符合下列条件：

$$\forall x, y, z \in X, xPy \text{ 且 } yPz \Rightarrow xPz$$

博尔达规则（règle de Borda）是按照备选方案在个体偏好中的排序，赋予备选方案不同的分值：排在最后一位的得 1 分，倒数第二位的得 2 分，以此类推……然后将每一备选方案在不同个体中所得分数加总。最后，按照分数多少的顺序，给出备选方案的社会排序。博尔达规则满足公理 DNR，PF 和 ND，但违背 IANP。

最后，是定义在 X 上的序 R_0（例如，R_0 用来描述“一种惯例”）。常量函数 f（R_1，…，R_n）$\equiv R_0$ 满足公理 DNR，IANP 和 ND，但显然违背公理 PF。

阿罗定理的证明方法有很多种，下面介绍的是森（Sen，1970）

的证明方法。

阿罗不可能定理的证明：

设 $G\subset N$，且 x，$y\in X$，我们这样定义下面的命题：

D_G（x，y）：[$\forall i\in G$，xP_iy 且 $\forall i\in N\setminus G$，$yP_ix$] $\Rightarrow xPy$

$\overline{D}_G$（x，y）：[$\forall i\in G$，xP_iy] $\Rightarrow xPy$

（若 $\overline{D}_G$成立，则称 G 是有序对（x，y）的决定集；若 D_G（x，y）成立，则称 G 是（x，y）的近似决定集。）

证明指出公理 DNR，IANP 及 PF 同时成立则意味着存在着一个独裁者（即某一个体对所有成对备选方案具有决定权）。证明过程是借助于两个引定理，其中一个引定理指出如果个体的一个子集对某一对备选方案是半决定集，那么，它对所有的成对备选方案是决定集。另一引定理指出若一个子集是决定集，那么可以选出一个严格子集是决定集。根据公理 PF 可知，所有个体集合 N 对集合 X 中的任一成对备选方案是决定集，阿罗不可能定理直接由第二个引定理得证。

扩张引定理：

$\exists x,y\in X,D_G(x,y)\Rightarrow\forall a,b\in X,\overline{D}_G(a,b)$

扩张引定理的证明：

设 a，$b\in X$，D_G（x，y），下面分 7 种情况讨论：

1. $a=x$，$b\notin\{x, y\}$。假定 $\forall i\in G$，xP_iyP_ib 且 $\forall j\in N\setminus G$，$yP_jx$ 且 yP_jb。由公理 PF，得 yPb，并由 D_G（x，y）得 xPy，从而推出 xPb。根据公理 IANP，xPb 只取决于同有序对（成对备选方案）（x，b）相关的偏好，而只有 G 与之明确相关，因此 $\overline{D}_G$（a，b）。

2. $b=y$，$a\notin\{x, y\}$。假定 $\forall i\in G$，aP_ixP_iy，且 $\forall_j\in N\setminus G$，$yP_jx$ 且 aP_jx。由公理 PF，得 aPx，并由 $D_G(x$，$y)$ 得 xPy，从而推

出 aPy。根据公理 IANP，aPy 只取决于同有序对（y，a）相关的偏好，而只有 G 与之明确相关，因此 $\overline{D}_G$（a，b）。

3. （a，b）=（x，y）。设 $z \notin \{x, y\}$，$D_G(x, y) \Rightarrow \overline{D}_G(x, z)$（同 1）$\Rightarrow D_G(x, z) \Rightarrow \overline{D}_G(x, y)$（同 1）。

4. （a，b）=（y，x）设 $z \notin \{x, y\}$，$D_G(x, y) \Rightarrow \overline{D}_G$（$x$，$z$）（同 1）$\Rightarrow D_G$（$x$，$z$）$\Rightarrow \overline{D}_G$（$y$，$z$）（同 2）$\Rightarrow D_G$（$y$，$z$）$\Rightarrow \overline{D}_G(y, x)$（同 1）。

5. $b=x$，$a \notin \{x, y\}$，$D_G(x, y) \Rightarrow \overline{D}_G$（$x$，$a$）（同 1）$\Rightarrow D_G$（$b$，$a$）$\Rightarrow \overline{D}_G$（$a$，$b$）（同 4）。

6. $a=y$，$b \notin \{x, y\}$，$D_G(x, y) \Rightarrow \overline{D}_G$（$b$，$y$）（同 2）$\Rightarrow D_G$（$b$，$a$）$\Rightarrow \overline{D}_G$（$a$，$b$）（同 4）。

7. $\{a, b\} \cap \{x, y\} = \phi$，$D_G$（$x$，$y$）$\Rightarrow \overline{D}_G$（$x$，$b$）（同 1）$\Rightarrow D_G$（$x$，$b$）$\Rightarrow \overline{D}_G$（$a$，$b$）（同 2）。

集团收缩引定理：

设 $G \subset N$ 至少包含 2 个个体。若 G 对集合 X 中所有有序对都是决定集，那么对于 G 的某一严格子集也同样是决定集。

集团收缩引定理的证明：

设 G_1，G_2 是 G 的两个严格子集，且 x，y，z 是集合 X 中的三个备选方案。假设 $xP_iyP_iz\ \forall i \in G_1$，$yP_izP_ix\ \forall i \in G_2$，$zP_ixP_iy\ \forall i \in N \setminus G$。

由 G 是决定集，得 yPz。

因为 R 是完全的，得 xPz 或 zRx。

而根据公理 IANP，有序对的社会偏好只取决于同这对备选方案相关的个体偏好。

那么，第一种情形，可得 $D_{G_1}(x, z)$。

第二种情形，可得 yPx，则 $D_{G_2}(y, x)$。

根据扩张引定理，得出 G_1 或 G_2 对于集合 X 中的所有有序对是决定集。

可能性研究

阿罗定理出现了不可能性。最直接的打破僵局的策略是弱化某些公理，因而有很多关于传递性，以及公理 DNR，IANP 的研究。我们也可以改变分析框架，如下面的两个例子：用选择函数来代替社会序，或引入个体效用函数。

由于不可能性对于正义问题的意义有限，本节对这方面只是粗略的研究，这一点我们在最后一节还将提到（更详细的介绍可参阅 Sen，1986；Moulin，1988，以及本书第十一章）。

一致性条件的弱化

我们可以弱化传递性条件为拟传递性，即 $\forall x, y, z \in X$，xPy 且 $yPz \Rightarrow xPz$，而不要求 $R = f(R_1, \cdots, R_n)$ 总是定义在 X 上的一个序。那么，这样的结果是满足公理 DNR，PF 和 IANP 的函数 f，它应该是“寡头独裁的”，即存在一个个体子集 G 对集合 X 中的所有有序对是决定集，且 G 中的每个成员都有否决权，即：$\forall x, y$，$xP_iy \Rightarrow xRy$。例如，前面已经定义过的广义一致同意的规则，$G=N$（尤其是任何个体都有否决权）。

我们还可以通过只要求非循环性来弱化一致性条件：若不存在 $x_1, \cdots, x_k$ 使 $x_1Px_2P\cdots Px_kPx_1$ 则称 R 是非循环的。实际上，如果我们只是探讨在集合 X 的子集中寻找选择最优方案的方法（即存在

x，使得$\forall y$，xRy)，那么非循环性就足够。源于非循环性假设的关系R没有明显特征，而关于这方面的大部分结果表明如果附加上中性和/或单调性条件，可以得出存在否决者。

选择函数

另一种研究方法是不再考虑定义在集合X上的二元关系R，而是定义在X的所有子集的集合2^x上的选择函数C，使得$S \subset X$，$C(S) \subset S$。这样，函数f，对应函数C的集合中的值，叫作**社会选择函数**。这种研究方法在放松一致性要求的研究观点中尤其被重视，因为社会选择函数C不一定源于定义在集合X上的序。公理 DNR，PF，IANP和ND可以用选择函数的形式重新表述。例如，公理PF表示成：$\forall i$，$xP_iy \Rightarrow \{x\} = C(\{x, y\})$；而公理IANP表示成：$\forall S \subset X$，$[\forall i, \forall x, y \in S, xR_iy \Leftrightarrow xR'_iy] \Rightarrow C(S) = C'(S)$。这样，可以得到一个可能的结果，其中同样会包括一些附加的条件（匿名性、单调性）。例如，对于给定的偏好断面，一个满足这些公理的选择函数C可以定义成：$C(S) = \{x \in S \mid \forall y \in S, xM_S^* y\}$，其中$M_S^*$是指过半数规则中定义在$S$上的封闭型传递性（即如果$M$表示过半数规则，若在$S$中存在$z_1$，…，$z_k$使得$xMz_1M \cdots Mz_kMy$则$xM_S^* y$)。另外的一个例子是博尔达规则应用到每个$S$中。

实际上，选择函数的研究方法和二元关系之间形式上的一致是很有限的。选择函数可能源于序（或是一种非循环关系），反过来，我们可以由一种选择函数定义一种二元关系。例如“基本关系”（relation de base）$\overline{R}_C$通过$x\overline{R}_Cy \Leftrightarrow x \in C(\{x, y\})$定义。我们立刻发现社会选择函数框架下的阿罗不可能定理既不存在满足上述全部公理的社

会选择函数 f，使得对于任一 $C=f\ (R_1,\ \cdots,\ R_n)$，$\overline{R}_C$是传递的，也可以直接提出 C 的一致性公理，使得$\overline{R}_C$是传递的、拟传递的等。以下是两个公理的例子：

性质 α[①]：$[x\in C(S)$ 且 $x\in T\subset S]\Rightarrow x\in C\ (T)$

性质 β：$[x,\ y\in C(S)$ 且 $S\subset T]\Rightarrow[y\in C(T)\Rightarrow x\in C(T)]$

限制定义域

所有定理均假定满足一个容许广泛定义域的公理。如果这一定义域很小且是非病态的（即包含更正常、更为一般的情形），那么定理是更有意义的。相反，如果定义域非常广泛，那么定理可能是基于那些特殊的甚至不恰当的情形分析。

阿罗不可能定理中的公理 DNR 规定一个极其广泛的定义域，虽然分析框架的抽象特征妨碍了评价证明中使用假设的合理性，但这会减少定理的意义。而定理的论证实际上要求所有三元组合 x，y，z 的全部可能偏好、全部个体子集都纳入定义域。

如果限制个体偏好的定义域，则可以得到肯定的结果。例如，在偏好一致的定义域中，一致同意规则满足所有公理（DNR 公理除外）很自然地被接受。很多研究关注的一个问题是过半数规则适合什么样的条件（定义域的）。例如，对于集合 X 中的任意 x，y，z，当且仅当个体偏好满足下面的条件时，才是传递的：

$$[\exists i,\ xP_iyP_iz]\Rightarrow[\forall j,\ zP_jx\Rightarrow zP_jyP_jx]$$

当个体数量是奇数时，对于过半数规则符合传递性的充分条件

---

① 注意这一性质还是纳什（Nash）意义的非相关方案的独立性（参见第九章），也叫作契诺夫（Chernoff）条件。

是个体偏好是单峰的。这一概念源于若用效用函数代表偏好，集合 X 中元素可以用线条描绘，且这样表示效用函数的图形是单峰的。这一条件可以用政治上的左派、右派候选人的排序来说明，即我们可以假定个体偏好顺着个体偏好的候选人的派别向右或向左是下降的。①

为探讨满足阿罗定理中的公理的社会偏好函数存在的充要条件，还有关于限制定义域的更加抽象的结果。

独立性公理

如果我们放弃公理 IANP，则很多社会偏好函数成为可能。例如，M_X^*，即根据过半数规则定义在集合 X 上的封闭传递性给出定义在集合 X 中的一个序，并不满足公理 IANP，因为两个备选方案的排序要取决于关于其他备选方案的偏好。

博尔达规则和其他相似的规则赋予个体偏好的排序位置不同的权重，并按照人口数量对每个备选方案所得进行加总，这是通过放弃公理 IANP 提供的另外一种可能情况。我们注意到如果备选方案的效用等于其在个体偏好中的排序位置，博尔达规则同功利主义相似。之所以做这种对比，是因为很多学者②基于基数效用的程序明确指出所有备选方案产生的最大可能数量的排序不是无差别的，从而提出连续的排序等级间的效用差别等于 1。这一建议反响不大，尤其是因为该建议丝毫没有解决人际比较问题（为什么对于 A 先生的一个增量＋1？对于 B 先生的一个增量＋1 适用吗?）。另外一种反对这一程序的批评

① 盖特纳（Gaertner，1991）有一部关于限制定义域的专著。

② 参见 Arrow（1963），以及本书第八章。

是当备选方案集合扩大时将产生某种颠覆，换句话说，是导致社会偏好不遵循独立性公理。

促使放弃公理 IANP 的一个原因是：同某些参照备选方案相比，所考虑的备选方案要强调的相对位置。特别是相对于某一参照的备选方案，同等的或按比例的牺牲这一概念介入时。通常这一概念也要求引入基数信息（见下文）。弱化独立性公理的这种思想，例如我们可以明确将备选方案（$\tilde{x}$）作为参照的社会序的特征，且这样定义①：

$$xRy \Leftrightarrow \prod_{i=1}^{n}(u_i(x)-u_i(\tilde{x}))^{\alpha_i} \geqslant \prod_{i=1}^{n}(u_i(y)-u_i(\tilde{x}))^{\alpha_i}$$

更多信息

阿罗提出的理论框架是非常抽象的，即缺乏相应的信息。这一问题同定义域公理的问题有点相似。由于过于抽象，过于广泛，阿罗定理意味着对于所有集体决策问题，无法找到一个有效的集结工具，同时也意味着在阿罗的分析形式中，人们可利用的信息是很少的。但这并不排除在有可利用信息优势的情况下，存在集体决策的方式。

可提供的补充信息分为两类。一方面，是与集合 X 相关的信息。其意义在于对集合 X 的结构能有一个最好的认识，也是对某些偏好的限制定义域的证明（例如，如果我们分析商品的配置，那么，假定消费者偏好随着商品数量的增加而增加，这一假定是合理的，或者假定是凸性的，等等）和放弃独立性公理的证明。经济研究中还存在一

① 参见 Roberts（1980b）。

个分支，将阿罗定理运用到资源配置的经济问题研究中，专门研究偏好的相关限制。[①] 这类研究通常保留独立性公理，而关于集合 X 信息的介入，也可能证明放弃这一公理。[②] 并且第十章研究的大部分配置规则不遵循独立性公理。图 3—1 描绘的是在非常简单的交换经济中，在埃奇沃斯盒状图中表示的相同预算的瓦尔拉斯均衡。[③] 两个个体 A 和 B。x 是其偏好为（R_A，R_B）时的均衡点，x'是另外的偏好（R_A'，R_B'）的均衡点。并且假定在这两种情况下，均衡都是唯一的。这意

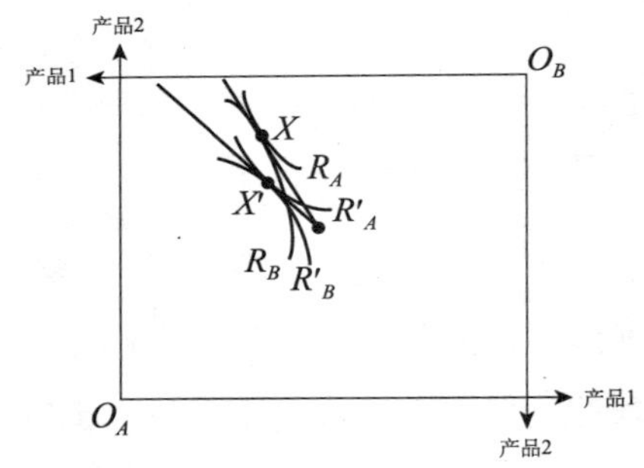

图 3—1

味着，从社会角度来看，xPx' 且 $x'P'x$。而且还可以看出：xP_Ax'，$xP_A'x'$，$x'P_Bx$ 和 $x'P_B'x$。这样，根据独立性定理，应该得出：$xRx' \Leftrightarrow xR'x'$。

另一方面，第二类信息是有关个体偏好的信息，且能够提供同效用强度与水平相关的因素的内容，从而使人际比较成为可能。这一点将在下一节深入研究。

---

① 参照 Lebreton & Weymark（1994）。

② 这一点在马尼戈（Maniquet，1994a）的著作中有详细的阐述。

③ 相关定义的介绍，可参照第十章。

关于效用的信息

介绍个体偏好方面的补充信息，有两种区别很大的方法。第一种方法是给出传递某种信息（例如关于水平或差别等方面）的个体效用函数；第二种方法是纯序数的，但引入一个定义在笛卡尔集合 $X \times N$ 上的广泛的序。这样，可以比较个体 i 在备选方案 x 中的位置，以及个体 j 在备选方案 y 中的位置。我们首先来探讨第一种方法。

效用函数

设 μ 为定义在集合 X 上的实际函数的集合。

假定赋予个体 i 效用函数 $U_i \in \mu$，将个体效用函数断面记作 $\vec{U}=(U_1, \cdots, U_n)$。此后，我们将关注社会偏好函数 f：$D \rightarrow K$，其中效用函数的每个断面 $\vec{U}=(U_1, \cdots, U_n)$ 从属于定义域 $D \subset \mu^n$。定义在集合 X 上的社会偏好 $R=f(U_1, \cdots, U_n)$。很显然是效用函数而不是简单的序提供大量信息。

而在新的分析背景下，要再次表述公理相对容易得多。

无限制定义域（DNR'）：$D=\mu^n$

非相关方案的独立性（IANP'）：

$$\forall x, y \in X, \forall (U_1, \cdots, U_n), (U_1', \cdots, U_n') \in D,$$

$$[\forall i, U_i(x) = U_i'(x) \text{ 且 } U_i(y) = U_i'(y)] \Rightarrow [xRy \Leftrightarrow xR'y]$$

相对应的类似的方法，独立性这一公理规定定义在有序对（x，y）上的社会偏好只取决于同这对备选方案相关的个体效用，而同其他备选方案 z，w，…无关。

至于帕累托公理，在这一分析背景下适用的是强帕累托和帕累托无差别条件。

强帕累托（P’）：

$$\forall x,y \in X, [\forall i, U_i(x) \geqslant U_i(y)] \Rightarrow xRy;$$

$$[\forall i, U_i(x) \geqslant U_i(y) \text{ 且 } \exists i, U_i(x) > U_i(y)] \Rightarrow xPy$$

帕累托无差别（PI’）：

$$\forall x,y \in X, [\forall i, U_i(x) = U_i(y)] \Rightarrow xIy$$

非独裁条件（ND’）：

不存在这样的个体 i：

$$\forall (U_1, \cdots, U_n) \in D, \forall x,y \in X, U_i(x) > U_i(y) \Rightarrow xPy$$

福利主义

我们注意到前一章中，帕累托无差别原则意味着其自身为一种弱化形式的福利主义。公理 IANP’ 带来社会序的福利主义内容的重要强化。实际上可得出下列结果。

福利主义的引定理：

若 f 满足公理 DNR’，IANP’ 和 PI’，则存在一个定义在 $\mathbb{R}^n$ 中的序 R^* 使得：

$$\forall x,y \in X, \forall \vec{U} \in D, R = f(\vec{U}), [xRy \Leftrightarrow \vec{U}(x) R^* \vec{U}(y)]$$

这一结果意味着由 f 推导出的社会偏好仅是建立在效用向量的基础上，而这独立于效用函数断面之外（这不同于前一章的情形，前一章是简单的断面的论证）。

由这一结果归纳出的福利主义仍不同于绝对的福利主义。根据后者，关于社会伦理方面唯一恰当的信息是个体的主观效用。这一定理的数学形式的福利主义在以下这两方面更恰当。一方面，效用函数

U_i 可以表示我们所要分析的任何指标，而不必定然要参照主观福利；另一方面，完全可以因所分析问题的不同类型而改变函数 f，也就是说，集合 X 也可以改变函数 f。例如，当评价社会基本制度时，人们希望运用功利主义标准，而当关注给孩子们分配糖果时，更愿意运用其他标准。在该定理的分析框架中，集合 X 的实质是我们完全可利用的信息。①

引定理的证明：

我们从下面的性质开始证明，叫作"强中性"(neutralité forte)：

$$\forall x,y,x',y' \in X, \forall \vec{U},\vec{U}' \in D,$$

$$[\vec{U}(x) = \vec{U}'(x') \text{ 且 } \vec{U}(y) = \vec{U}'(y')] \Rightarrow [xRy \Leftrightarrow x'R'y']$$

考虑第一种情形，$\{x,y\} \cap \{x',y'\} = \phi$。由公理 DNR'，可找到一个断面 $\vec{U}''$使得$\vec{U}''(x) = \vec{U}''(x') = \vec{U}(x)$，且 $\vec{U}''(y) = \vec{U}''(y') = \vec{U}(y)$。

连续运用公理 IANP'，PI'，得：当且仅当 $x'f(\vec{U}')y'$ (IANP') 当且仅当 $x'f(\vec{U}'')\ y'$(PI') 当且仅当 $xf(\vec{U}'')y$ (IANP') 得 $xf(\vec{U})y$。

现在考虑另一种情形，$(x', y') = (y, x)$。由公理 DNR' 且集合 X 至少包含 3 个要素，可得 $z \in X \backslash \{x, y\}$ 且 $\vec{U}''$, $\vec{V}$, $\vec{V}'$，使得$\vec{U}(x) = \vec{U}''(y) = \vec{U}''(z) = \vec{V}(z) = \vec{V}'(x) = \vec{V}'(z)$且 $\vec{U}(y) = \vec{U}''(x) = \vec{V}(x) = \vec{V}(y) = \vec{V}'(y)$。连续应用公理 IANP'和 PI'，得：

当且仅当 $yf(\vec{U}')x$ (IANP') 当且仅当 $yf(\vec{U}'')x$ (PI') 当且仅当 $zf(\vec{U}'')x$ (IANP')。

当且仅当 $zf(\vec{V})y$ (PI') 当且仅当 $zf(\vec{V})y$ (IANP') 当且仅当

---

① 但在这一定理框架中，我们不能对集合 X 中的不同备选方案运用特定的信息，正如在第十章中研究的分配规则的制定。

$zf(\vec{V}')y$（PI'）当且仅当 $xf(\vec{V}')y$（IANP'）$xf(\vec{U})y$。

其他情形用类似的方法推导。

强中性意味着这样一种二元关系 R^*：

$$\forall a,b \in^n, aR^*b \Leftrightarrow \exists x,y \in X, \exists \vec{U} \in D, \vec{U}(x) = a, \vec{U}(y) = b, xRy$$

正是由单一的（univoque）方法确定的，满足定理的结论。

还需证明 R^* 是一个序。自反性是很明显的。根据传递性假定 aR^*bR^*c。由 DRN'，可找到 $\vec{U}$ 和 x，y，z 使得 $\vec{U}(x)=a$，$\vec{U}(y)=b$ 和 $\vec{U}(z)=c$。由强中性，可推出 $xf(\vec{U})\ yf(\vec{U})\ z$。由于 $f(\vec{U})$ 是传递的，$xf(\vec{U})z$，所以 aR^*c。

信息的基础

福利主义定理缩小了可采纳函数 f 的集合，尽管我们附加上了公理，但这一集合仍然很大。实际上，所有函数产生由社会福利函数表示的社会序，$W(\vec{U}(x))$，W 对应的每个 $U_i(x)$ 都是严格递增的，并满足公理 DNR'，IANP'，P' 和 ND'。随着效用函数的引入，阿罗不可能定理消除，但反过来又出现很大的不确定性的问题。

由于同效用函数相关的信息的引入是这种不确定性的原因，我们可以通过简化信息的精确性来探讨解决这一问题。例如，很可能我们能够比较个体效用水平，但无法比较其强度。为理解这种信息的局限性，下面提出中性或不变性公理（此后，ϕ 和 ϕ_i 描述的是严格递增的函数，a 和 a_i 指严格正实数，b 和 b_i 指任何实数）：

INV－ϕ_i：

若存在 ϕ_i，$i=1$，…，n，使得 $\forall i$，$U_i'=\phi_i(U_i)$，则有 $f(\vec{U})=f(\vec{U'})$。

INV$-a_iu+b_i$：

若存在 a_i，b_i，$i=1$，…，n，使得 $\forall$，$U_i'=a_iU_i+b_i$，则有 $f(\vec{U})=f(\vec{U'})$。

INV$-\phi$：

若存在 ϕ，使得 $\forall i$，$U_i'=\phi(U_i)$，则有 $f(\vec{U})=f(\vec{U'})$。

INV$-au+b_i$：

若存在 a 和 b_i，$i=1$，…，n，使得 $\forall i$，$U_i'=aU_i+b_i$，则有 $f(\vec{U})=f(\vec{U'})$。

INV$-au+b$：

若存在 a，b，使得 $\forall_i$，$U_i'=aU_i+b$，则有 $f(\vec{U})=f(\vec{U'})$

其他类似的公理可以参阅阿斯普里蒙特（d'Aspremont，1985）和森（Sen，1986）的著作。这些公理有如下含义：即存在不改变社会偏好的某些效用函数转换。这样通过这种转换，似乎无法在相互联系的效用函数断面间进行区分。每一公理都引入集合 D 的一种划分，而这种划分的每个成分都包含它们之间“无法区分”（indistinguables）的断面。划分越细，相应的信息就越丰富。若信息是全面的，集合 D 的每个要素相互都能区分开；若信息是无效的，则无法在集合 D 中的任何两个断面间进行区分，定义在集合 D 上的函数 f 成为常量。可采纳转换的集合越小，集合 D 的划分就越细。①

从这一角度，我们来研究引入的四个公理。第一个公理使得我们

① 如果转换集合是构成应用的集团，“不可区分性”（indistinguabilité）的关系是一种定义在 D 上的等价关系，而上文提到的划分对应于等价的等级。

无法在代表相同的个体偏好序的断面间进行区分。这导致只有关于偏好的序数信息是可利用的，若采纳这一公理，将陷入新的阿罗框架，且再次得到不可能结果：即不存在满足公理 DNR’，IANP’，P’，ND’，INV－ϕ_i 的函数 f。

第二个公理，INV－$a_i u+b_i$ 限制性不强。尤其是准许个人内部效用差别的比较。若$\vec{U}$和$\vec{U}'$是无法区分的，当且仅当$U_i'(x)\ -U_i'(y)\ >U_i'(x')\ -U_i'(y')$ 时，则 $U_i(x)\ -U_i(y)\ >U_i(x')\ -U_i(y')$。相反，它排除所有人际比较。这又陷入不可能性：即不存在满足公理 DNR’，IANP’，P’，ND’，INV－$a_i u+b_i$ 的函数 f。这直接源于前一个不可能性，而 IANP’ 和 INV－$a_i u+b_i$ 意味着 INV－ϕ_i。为证明这一点，取代表相同个体偏好的两个断面$\vec{U}$和$\vec{U}'$，以及两个备选方案 x 和 y。对于每个 i，可找到 $a_i>0$ 和 b_i 使得$U_i'(x)\ =a_iU_i(x)\ +b_i$ 和 $U_i'(y)\ =a_iU_i(y)\ +b_i$。设$\vec{U}''$为借助于这种仿射转换的源于$\bar{U}$的断面，当且仅当 $xf(\vec{U}')\ y$（由公理 IANP’）且仅当 $xf(\vec{U}'')$（由公理 INV－$a_i u+b_i$）可得 $xf(\vec{U})y$。这一论证适用于任一 x，y，可得$f(\vec{U})=f(\vec{U}')$。

第三个公理，INV－ϕ，不准任何个体内部的基数比较，但允许人际水平（niveaux）的比较。因为若$\vec{U}$和$\vec{U}'$是无法区分的，当且仅当$U_i'(x)\ =\phi(U_i(x))\ >\phi(U_j(y))\ =U'_j(y)$ 时则有 $U_i(x)\ >U_i(y)$。

第四个公理，INV－$au+b_i$，准许个人内部和人际效用差别（différences）的比较，但排除人际水平的比较。

最后，公理 INV－$au+b$ 同时准许人际水平和效用差别的比较，但排除其他信息，例如效用比率。这暗含在前面阐述的任何两个公理之中。

在用词上要注意的一点。当 INV－ϕ_i 占优势时，通常称作序数不可比较，当 INV－ϕ 占优势时，称作序数可比较；当 INV－$a_i u+b_i$ 占优势时，称基数不可比较，当 INV－$au+b_i$ 占优势时，称基数可比较。学者们偏好使用这些术语作为公理的数学形式的标记来强调这些公理仅涵盖了所研究领域的微不足道的一部分：我们也可以关注效用比率、效用的明显差别等。更为基本的，如效用差别、水平比较等只是最基本目的的数学表示。例如，句子“对于个体 i 从 x 到 y 的变化较之对于个体 j 从 x 到 z 的变化更重要”习惯上借助于差别表示成：$U_i(y)-U_i(x)>U_j(z)-U_j(x)$；也可以通过比率比较表示为：$U_i(y)/U_i(x)>U_j(z)/U_j(x)$。这属于单纯的惯例不同。也可以严格地保留基数主义的表达方式。例如，上文在句子中解释比较的类型，而不是用一种特殊的数学形式表示这类比较。

明确终结由这些公理描述的信息的限制有多种意义。实际上，可以考虑三种解释。第一种解释：这只是一个简单的信息的可接受性的问题。例如，效用差别的数据被抹去，不再保留效用水平的数据。第二种解释是只有某些信息是有意义的。例如，原则上，我们可以抛弃所有人际比较的观点，或仍考虑用句子解释利益比较的分析，正如前一段中的例子，没有任何意义。① 最后，第三种解释可以同信息的道义上的恰当性联系在一起。尽管效用的数据是可接受的、合理的，但如果我们认为这属于个体责任，而同社会正义无关，那么，还是可以将其忽略。例如，在第十章介绍的经济环境公平模型中的序数主义者被证明有时就是如此。②

---

① 参见 Kolm（1995a）。

② 参见 Fleurbaey & Maniquet（1993）。

功利主义和字典式最小标准

前面列出的最后三个公理可以用来描述字典式最小标准（leximin）和功利主义标准。事先有必要明确某些定义。对于集合 X 中的 x，$1\leqslant k\leqslant n$，断面 $\vec{U}$，排序的函数 $r(x, k)$ 有指标 i 使得$U_i(x)$在个体效用增序中处于第 k 个位置（当不确定两个体间效用相等时，这两个个体的排序可任意选择）。最大最小标准是按照运气最差个体的境况排列备选方案。

最大最小标准：

$$\forall x,y,xRy\Leftrightarrow U_{r(x,1)}(x)\geqslant U_{r(y,1)}(y)$$

这一标准满足弱帕累托公理，但不满足强帕累托公理。为满足强帕累托公理，需要在运气最差的个体是无差别的情况下，对非无差别的个体重复应用最大最小标准。而字典式最小标准是通过那些运气最差的个体的偏好相对于那些运气好的个体有一种字典式的优先权来定义的。

字典式最小标准：

设 x，y 为给定。

若$\exists k$，$U_{r(x,k)}(x) > U_{r(y,k)}(y)$，

且$\forall i<k$，$U_{r(x,i)}(x) = U_{r(y,i)}(y)$ 则 xPy。

若$\forall i\leqslant n$，$U_{r(x,i)}(x) = U_{r(y,i)}(y)$ 则 xIy。

同字典式最小标准恰恰相反，还可定义出字典式最大标准（leximax)，即那些运气好的个体有一种字典式的优先权。

最大最小标准和字典式最小标准同平等主义者在个体福利分配时的选择是一致的，对不同标准的不平等的厌恶程度将在下两章研究。

至于功利主义，有很多个版本，而我们探讨的是比较重要的定理。下面是最典型的：

功利主义：$\forall x, y, xRy \Leftrightarrow \sum_i U_i(x) \geqslant \sum_i U_i(y)$

这一标准满足强帕累托公理。同样的还应该引入下面的公理：

匿名性（A’）：

若对调 $\vec{U}$ 的分量得到 $\vec{U}'$，则 $f(\vec{U}') = f(\vec{U})$。

可分性（S’）：

设 $J \subset N$, $\vec{U}$, $\vec{U} \in D$ 使得：$\forall x, y \in X, \forall i \in J$, $U_i(x) = U_i(y)$ 和 $U_i'(x) = U_i'(y)$ 且 $\forall i \in N \setminus J$, $U_i(x) = U_i'(x)$ 和 $U_i(y) = U_i'(y)$，则 $f(\vec{U}) = f(\vec{U}')$。

匿名性是一个很明显的条件；可以注意到这一条件比非独裁条件更强烈。可分性意味着从 $\vec{U}$ 过渡到 $\vec{U}'$ 保持相同的个体效用水平，而社会序不变，并且这些个体不是完全无差别的。

若我们关注通过函数 f 定义在 R^n 上的序 R^*，并应用福利主义引定理，还可定义出连续性条件：

连续性：$\forall u$, $\{u' \in {}^n \mid u'R^* u\}$ 且 $\{u' \in {}^n \mid uR^* u'\}$ 是封闭的。

功利主义和最大最小标准满足这一条件，但字典式最小标准不满足连续性条件。我们注意到没有哪两个平等主义的标准同时满足强帕累托公理和连续性公理。

现在来说明这些特征。这些证明大部分很长，这里只是给出参考。

命题 1：

若 f 满足公理 DNR’，IANP’，P’，A’ 和 INV－ϕ，那么存在一个排序 k 使得：$\forall \vec{U} \in D$，$\forall x, y \in X$，$U_{r(x,k)}(x) > U_{r(y,k)}(y) \Rightarrow$

xPy。另外，若 f 满足 S'，那么要么是字典式最小标准，要么是字典式最大标准。

证明：参见 Gevers，1979，Th. 4；d'Aspremont & Gevers，1977，Th. 7。

因为用最低公平条件很容易排除字典式最大标准（例如：存在 $\vec{U}$，i，j 和 x，y 使得 $U_i(x)<U_i(y)<U_j(y)<U_j(x)$ 且 yRx），这一定理得到一个主要建立在不变性假设 INV－ϕ 基础上的字典式最小标准的特征。

下一个命题是在公理 INV－$au+b_i$ 基础上的功利主义的描述。

命题 2：

若函数 f 满足公理 DRN'，IANP'，P' 和 INV－$au+b_i$，那么存在一个正数向量（λ_1，…，λ_n），使得：$\forall \vec{U}\in D$，$\forall x$，$y\in X$，$\sum_{i=1}^{n}\lambda_i U_i(x)>\sum_{i=1}^{n}\lambda_i U_i(y)\Rightarrow xPy$。

另外，若 f 满足 A'，那么：$xRy\Leftrightarrow\sum_{i=1}^{n}U_i(x)\geqslant\sum_{i=1}^{n}U_i(y)$。

证明：参见 d'Aspremont，1985，Th. 3. 3. 2 和 Th. 3. 3. 4。

在这种研究方法上，还存在其他类似的结果（特别是参见 d'Aspremont，1985；Roberts，1980a，b）。这里引用的总体上和前两个命题差不多。

命题 3：

若 $n\geqslant 3$ 且 f 满足公理 DNR'，IANP'，P'，A'，S' 和 INV－$au+b$，则要么可得字典式最小标准（或字典式最大标准），要么可得由 $\sum U_i(x)>\sum U_i(y)\Rightarrow xPy$ 定义的弱功利主义。

证明：参见 Deschamps & Gevers，1978，Th. 2。

如果附加上一致性条件，那么可以描述出唯一的新功利主义

(Maskin，1978)。

借助一个稍有不同的模型，命题 1 可以重新列出。假定函数 f 的自变数（L' argument de la fonction）不是个体效用函数断面，而是定义在广义的备选方案（x，i）上的一个序，（x，i）表示在备选方案为 x 时个体 i 的状况。得益于这样的一个序，可以比较备选方案为 x 时个体 i 的状况和备选方案为 y 时个体 j 的状况。将定义在 $X \times N$ 上的这样的序记作 $\tilde{R}$。那么，问题在于构建一个函数 f 使得 f（$\tilde{R}$）成为定义在 X 上的一个序，且满足某些性质。而在这种新的情况下，很容易再次写出公理 DNR'，IANP'，P'，A' 和 S'（参见 Roberts，1980a）。这样，我们得到关于上文阐述的字典式最小标准的相同的定理，因为由序 $\tilde{R}$ 提供的信息实际上等同于由断面 $\vec{U}$ 和公理 INV－ϕ 提供的信息。实际上，如果函数 u 表示序 $\tilde{R}$，可以将其同断面 $\vec{U}$ 联系在一起，使得对于任意 i，$U_i = u(.,\ i)$，而任意函数 $u' = \phi(u)$ 表示的 $\tilde{R}$ 同样也是如此，这意味着，现在假定 f 的自变数为函数 u，f（u'）$= f(u)$。用语言解释断面 $\vec{U}$ 和相联系的 $\vec{U}'$，这只是公理 INV－ϕ 的另一种形式。

在效用方面信息的作用

刚刚阐述的命题表明在效用方面，同信息相关的公理足以区分诸如功利主义和平等主义之间的差别。然而，正如下一章所分析的，这两个标准的伦理内容相去甚远，尤其是有关对不平等的厌恶。我们还要探讨只在给定的信息基础上，在这两个对立的标准间进行选择是否是审慎的。

如果用纯粹偶然的可接受信息来解释含有信息的公理，这是不理性的：不能仅仅向一个功利主义者宣称有关效用差别的数据遗憾地被抹去，而将其转换成平等主义。

如果用大致上具有合理特征的有关效用的信息来解释公理，结果会更恰当，而其结论的负面部分会以一种直接的方式得到。例如，如果我们认为个人内部的或者人际的效用所得的比较没有任何意义，那么，很直观地，功利主义标准本身不具有任何意义，因为其应用正是基于这种比较而进行的。

在这方面，我们要注意不要走这个极端，在文献中，水平的比较同差别的比较相比似乎略有优势，广义的偏好概念（定义在有序对（x，i）上的偏好描述了个体 i 在备选方案为 x 时的状况）在一定程度上提供了需要的信息的基础。同个人内部和人际的效用差别比较的观点相比，阿罗（Arrow，1951，1977）同样更倾向于定义在（x，i）上的广义偏好形式的人际比较。对比温度的测量，阿罗不能确信从 $u=0$ 到 $u=1$ 和从 100 到 101 表示相同的差别是有意义的。同样在科姆（Kolm，1972）[①] 的著作中也可以看到平等主义者使用广义偏好的概念，并提出构建 $\tilde{R}$ 的程序。个体有定义在 X 上的偏好 R_i。偏好差别特别由因子 $\alpha_i \in A$ 来说明。科姆指出将 α_i 融入偏好的对象是为了得到新的偏好，这些新的偏好不再是定义在 X 上，而是定义在 $X \times A$ 上。只要偏好不同，就重复这一程序。当偏好相同时，可得到序 $\tilde{R}$。事实上，这一程序并不简单。为使 R_i 成为偏好的对象，在 α_i 和 R_i 简单的因果关系间需要更多的信息。源于一种教育而懂得对古典音乐的欣赏，对是否偏爱另一种教育的问题不能提供任何信息。另外，解释偏好差别的因子直接影响效用水平。测度这种影响的水

① 而豪尔绍尼试图以不确定性条件下选择的角度，由这些偏好得出功利主义的证明。这些尝试将在下一章说明。

平（为使 R_i 成为偏好的对象）近似等同于个体间效用水平的比较。所以，这一程序没有得到源于偏好的简单的合理分析的比较，而是假定个体已经有能力实施这种偏好的比较，且偏好是基于个体不转移特征形成的。①

最后，如果含有信息的公理用信息的伦理恰当性来解释，则结论和前面的情况相似。例如，如果关于效用水平的信息被认为是不恰当的，那么运用信息的任何标准，如字典式最小标准，都将失去价值。②

无论在信息基础上给出何种解释，不管差别和水平的比较多么合乎情理，为首要的、可能的、合理的且恰当的，这之前描述的结果仍不足以引导选择，而无论如何我们能够保留那种在一个给定的社会中，应基于更深刻的伦理分析的对不平等的厌恶程度的选择的印记(参照下一章)。③

社会选择与正义论

一系列的批判

在探讨关于社会选择和正义间的联系的整体评价之前，来看一下对社会选择理论所做的一些批判。

---

① 参见 Broome（1993），Kolm（1994）。

② 豪尔绍尼指出当人们着手一种分配或再分配行为时，应忽略初始水平，因为实施这种行为的实体对此是没有责任的，因此，我们没有任何义务补偿最初的不平等。

③ 我们同样运用森对豪尔绍尼提出的批评："运用功利主义与否是一个重要的伦理问题，而不能通过谨慎地定义个体效用一次性解决，通过这种方式，唯一有好处的操作是加法。"（Sen，1977b，p. 279）。

第一个批判是抨击运用多种断面的研究方法，以公理的角度看，依据效用断面或偏好断面的变化是很实用的。而在每个集体决策问题中，都从未只面对唯一的一个断面。我们能够赋予这些探讨断面间一致性的公理（如 IANP）怎样的意义？这是特别由萨缪尔森和社会福利函数（叫作伯格森-萨缪尔森函数（fonction de Bergson-Samuelson））的辩护者提出的批判。伯格森-萨缪尔森函数是只依据一个个体效用函数断面的非常简单的社会福利函数。[①] 这样，针对阿罗不可能性在“简单断面”框架中能否有相反的结果的问题又展开争论。答案是肯定的，其方法是在新的分析背景中，用中性条件（condition de neutralité）代替公理 IANP：

简单断面情况下中性条件：

设集合 X 中有 x，y，x'，y'。若对于任意 i，$xR_iy \Leftrightarrow x'R_iy'$ 且 $yR_ix \Leftrightarrow y'R_ix'$，则 $xRy \Leftrightarrow x'Ry'$。

还需要用公理多样性（偏好的结构）来代替公理 DNR’。这一结论不是很令人信服。相反，就简单断面情况下中性公理的价值而展开争论。如果不保留这一公理，那么同帕累托条件并存的所有社会序一开始就是可接受的。

另一批判（Varian，1974；Kolm，1986）是范里安、科姆关于定义在集合 X 上的序的研究，特别是这样的序是在 X 中的任意子集合中进行选择。然而，大部分集体决策问题，尤其是有关社会正义方面的决策问题，备选方案集合是给定的、可认知的（大致上），况且我们只是研究做一个决策，而不是定义在全部可能的备选方案子集上的

① 实际上，学者们通常维护序数主义，我们只应谈个体或社会偏好，而这里只是在伯格森（Bergson，1938）和萨缪尔森（Samuelson，1947）提出这种研究方法时运用函数的概念、序的概念以及由函数表示序的问题被错误领会。

一个决策条件集合。

还有一方面的批判是关于“多种断面”，在阿罗分析形式下，似乎是不必要的。这一批判仅在部分条件下成立，正如我们所提示的，序可以简化地区分公平的或不公平的备选方案。当这种研究方法实际上产生详细序的探讨时，这一批判才是有效的。

总之，阿罗函数 f 容许在任何备选方案集合、任何个体偏好断面中进行选择，但如果我们只是在给定的集合中、给定的个体条件下进行决策，这一目标显得过于宏大。再有，阿罗分析形式下提供的方法是非常贫乏的，特别是动用的信息极少。关于个体偏好的数据信息的介绍，上文已经谈到且还提到集合 X 的结构以及归纳出的偏好的限制。另外，备选方案的本质所起的作用可以独立于所附带的任何主观效用。例如，对于某些个体，在某些选择上，存在赋予的优先权。当我们引入附加信息的这些要素时，决策问题就简化很多，而备选方案的子集一下子呈现得可以接受了。[①] 结论是，阿罗的分析形式在目标上过于宏大，在方法上过于贫乏。

森（Sen，1977a）提出在判断和利益间进行区分。他认为，由于其抽象性和薄弱的信息基础，阿罗的分析形式更适合解决判断的集结问题，而不是寻找利益的妥协。不管怎样，社会选择形式的研究方法无法构建出真实的判断的概括。例如，如果一部分人维护极端自由主义的观点，而一部分人是平等主义者，社会选择理论仅仅是就给定的选择，在对立的偏好间，提出评判的规则，而没有形成综合自由主义和平等主义相关要素的总体一致的设想。

① 参见第七章这类论题的例子。

正义论的作用

采用这种判断和利益的区分，正义论的研究者的目标通常是在个体利益间提出妥协，促使那些有关可接受特征的判断达成一致。根据这一目标，我们如何为社会选择理论的研究方法归类?

如果重要的是要达成利益的妥协，社会选择理论的缺陷是，正如我们刚刚谈到的，过于抽象，不能融入最直接的信息要素。比如，规定餐后分一块蛋糕。在 21 世纪初，在特殊的社会、经济条件下，社会选择理论如何能有助于更多的社会正义的研究？第十章阐述的在经济模型中研究分配的规则，在这方面更胜一筹，尽管其抽象程度还是很高。

如果问题在于判断，正义理论研究者在集结人们观点方面的工作似乎很少，而更多是形成自身的见解，随后证明可达到一致性。若一致性是可以得到的，社会选择的问题就变得很普通，而公理 PF，或一种弱化版本（就可接受性而言），足以定义出一个集结的程序。然而，一致性目标是个乌托邦，而政治体制应在更具争端的条件下实施。这无疑是社会选择理论应用的真正领域，而投票程序的研究是一个非常重要的领域。① 但这一领域的研究不能解释选择的争论，即便这种选择是通过投票得出的。

① 特别参见 Moulin（1988，1994）。

第四章　功利主义与平等主义

引言

前一章已经介绍了功利主义和平等主义标准，并且指出了社会选择理论如何针对有关效用和福利的人际比较的可接受信息，基于标准的选择提出建议。（幸运的是）这不是所要考虑的唯一的辨别因素，本章研究在争论中相对立的另外的论题，功利主义和平等主义。这一争论中，很多论点是出自豪尔绍尼，他为功利主义的热情辩护为这两个领域思想的发展做出了很大贡献。

功利主义和平等主义之争是由其他的争论演化而来，特别是同福利主义密切相关。为更清晰地分析，这里我们试图区分不同的问题，而本章仅限于一个特殊问题的研究，探讨对个体福利不平等的社会厌恶的合理性。功利主义拒绝所有这类社会厌恶，而平等主义倡导对不平等的极大反感。关于功利主义的争论的其他方面将在后面的章节特别是第六章谈到。

所以，这里我们研究下列问题：假定代表个体境况的变量（效用、资源、基本益品等）已得到认同，记作 u，那么应该研究所有的

u_i 平均值还是最大化全部人口的 R 总量？在这种意义上，平等主义更限于 $\forall x$，xRx 的平均值。最近十年，特别是因为罗尔斯的理论，平等主义被直接引用。① 我们将面对的论题实质上有时限制在福利主义分析背景下，变量 u 表示参与人的主观福利。

当然，我们可以概括问题并且关注社会福利函数 $W(u)=W(u_1, \cdots, u_n)$中对不平等的厌恶的“恰当”程度。例如，函数 $W(u)=\sum_{i=1}^{n}\frac{1}{1-\rho}u_i^{1-\rho}$。

如果对不平等的反感为 0（$\rho=0$），则等同于功利主义，如果 ρ 趋于无穷大，则趋于字典式最小标准。首先关注这两个极端形式是很有益的，因为这是最普遍的参照，但大部分批判观点反对这两者中的一个，局限于要么放弃 $\rho=0$，要么放弃 $\rho=+\infty$，通常对 $0<\rho<+\infty$ 的情况没有任何讨论。

下面两节同样介绍了由于对不平等厌恶的极值（零或无穷大）的选择产生的不太理想的结果。在接下来的三节，我们研究在不确定性决策基础上的功利主义的证明。尤其是，在两个著名定理中，豪尔绍尼试图在期望效用理论基础上建立功利主义社会福利函数，并将该理论同尽可能弱的伦理要求相结合。在“公正观察者定理”（théoreme de l'observateur）（J. Harsanyi，1953，1977a；Vickrey，1945）中，公正条件和罗尔斯的理论（初始位置）相似，并添加了期望效用标准来证明功利主义。而“聚合定理”（théorème d'agrégation）（J. Harsanyi，1955），遵循一致性的帕累托条件，起到附加的伦理要求作用。两个定理

① 还有那些无羡慕、平均等价分配、公共财产等直接从平等主义中得到启发的相关著作，但不是简单等于指标 u，这正是第十章的研究目标。

出现在很多著作中，引出很多反对派（参看威马克（Weymark，1991）的著作）。一方面，其数学形式是不明确的，甚至是错误的，要求修正这些结果；另一方面，功利主义薄弱的假设推导出这些结果要求应该准确评价其理论意义。我们这里强调的是第二点。

最后一节介绍耶和巴尔·希勒尔（Yaari & Bar-Hillel，1984）的令人鼓舞的文章，文章通过意见调查，指出按需分配，或按嗜好分配在对不平等厌恶的选择中，有相当的重要性。

厌恶不平等

在引言中，我们已经指出功利主义属于那种不存在厌恶不平等的情况。例如，在社会福利函数中，$\sum_{i=1}^{n}\frac{1}{1-\rho}u_i^{1-\rho}$，$\rho=0$ 时。而功利主义确切地说有平等主义者思想起源的痕迹（兰格（Lange），勒纳（Lerner），庇古……）。原因很简单。如果我们简化假设，所有个体有相同的效用函数，这大致可以在社会总体研究方法中验证，若效用函数是凹的，功利主义的解决方案使边际效用均等，实际上是简单模型中的均等效用水平（给定资源的分配）。然而，这一结果是非常脆弱的，若参与人在效用或生产率上是不同的，则该结果不成立，正如下列两个模型描述的。设一个经济中有 n 个个体，分配给定数量为 w 的某种商品。他们的效用函数由参数 $\alpha\in\mathbb{R}$：u_i（c_i）$=u$（c_i，α_i）确定。我们假定函数 u 是递增的，消费的边际效用用 c 表示是递减的，用 α 表示是递增的：$u_c>0$，$u_\alpha>0$，$u_{cc}<0$，$u_{c\alpha}>0$。如果只是实行平均分配 $c_i=w/n$，参数 α 高的个体是有优势的。

功利主义目标引出下列步骤：

$$\max \sum_i u(c_i, \alpha_i) \qquad \text{s. t.} \sum_i c_i = w$$

一阶条件写成：

$$\forall i,\ u_c\ (c_i,\ \alpha_i)\ =\lambda$$

式中，λ 为拉格朗日乘数。如果 α_i 是相同的，可得到平均的消费。①但假设出了意外，如某些个体的参数 α 较低。为了探讨在功利主义分配中，消费如何按照 α 而变化，我们对一阶条件求微分：

$$u_{cc}\mathrm{d}c+u_{c\alpha}\mathrm{d}\alpha=0$$

从而

$$\frac{\mathrm{d}c}{\mathrm{d}\alpha}=-\frac{u_{c\alpha}}{u_{cc}}>0$$

这意味着参数 α 小的参与人的所得少于其他人：在出意外后，为了其他人的利益我们对受害者的利益实行了转移。这些实际上更类似于消费效用的转换，由于他们的参数 α 较强，功利主义赋予他们更多的资源，即使他们的效用水平同受害者相比已经很高了。图 4—1 中的 a 和 b 描绘了两个个体这种情况的结果。

现在分析第二个模型，借鉴最优征税标准模型（Mirrlees，1971，1974)，设一个经济体中每个个体都是创始人，因而相互是独立的。个体们具有的生产才能是不同的。如果用 s_i 描述个体 i 的才能，而 t_i 表示他付出的工作，我们假定生产结果是 s_it_i。个体们具有相同的效用函数 u （c_i，t_i)，因消费 c_i 而上升，因提供工作 t_i 而下降。假定

① 若人们的效用函数是多样化的，当然如果在只是了解效用函数分布而不是确切地知道个体与个体之间的分配的情况下，功利主义的应用或任意凹的社会福利函数导致选择资源的平等分配。这一结果出自勒纳，在森的著作中出现（Sen，1973，p. 83)。

$U'' = \begin{pmatrix} u_{cc} & u_{ct} \\ u_{ct} & u_{tt} \end{pmatrix}$ 为负（u 为严格凹的）。

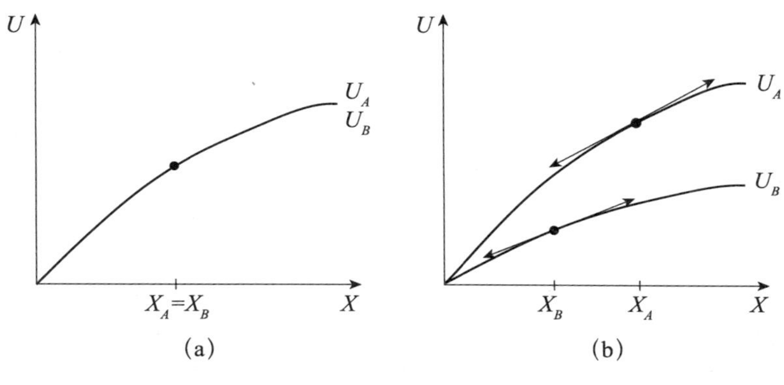

图 4—1

在没有再分配的情况下，每个个体将只是在闲暇和消费间考量，以最大化其效用：max u（s_it_i，t_i）。显然，效用合力是 s_i 的增函数：最具才能的将是受惠的。

在这一模型中，功利主义程序这样表示：

$$\max \sum_i u(c_i, t_i) \quad \text{s. t.} \sum_i c_i = \sum_i s_i t_i$$

一阶条件为：$\forall i$，∇u（c_i，t_i）$=\lambda \begin{pmatrix} 1 \\ -s_i \end{pmatrix}$，其中 λ 为拉格朗日乘数。我们探讨的是，在解决方案当中，如何根据才能分配个体效用。下面对一阶条件进行微分：

$$U'' \begin{pmatrix} \mathrm{d}c_i \\ \mathrm{d}t_i \end{pmatrix} = \lambda \begin{pmatrix} 0 \\ -\mathrm{d}s_i \end{pmatrix}$$

从而

$$\frac{\mathrm{d}u}{\mathrm{d}s_i}=u_c\frac{\mathrm{d}c_i}{\mathrm{d}s_i}+u_t\frac{\mathrm{d}t_i}{\mathrm{d}s_i}=\frac{\lambda}{\det U''}\left[u_c u_{ct}-u_t u_{cc}\right]$$

若闲暇为正常商品，我们证明这一表达式为负，即在程序的解决方案中 t_i 因 B_i 而下降。

$$\max u\ (c_i,\ t_i)\qquad \text{s. t. } c_i=s_i t_i+B_i$$

结果是在这一假设条件下，功利主义目标导致颠覆了效用的顺序，而不利于有才能的人！这实际上促使他们奋力工作来资助那些少有才能的人。①

在功利主义中，不存在对效用不平等的厌恶产生不平等基础上意味深长的结果。功利主义的目标是最大化福利，而不管这种福利归于哪些个体。罗尔斯（Rawls，1971）批判功利主义忽视个体间的差别、个性的界限，正是论证了这种观点。就连边沁也承认这一点近乎荒诞："当在数量相加之后，仍保持同之前一样的不同，那么谈论这种数量相加就是徒劳的，一个人的幸福永远不会是另一个人的幸福，一个人的收益永远不会是另一个人的收益；同样你可以假设将 20 个苹果加到 20 个梨子上"（引自 Arrow，1963，p. 11）。②

这似乎在为对不平等毋庸置疑的厌恶而辩护（Sen，1973）。豪尔

---

① 在实施功利主义的分配时出现这样的问题：如果每位个体的天赋只有其自身了解，对于最有天赋的个体，隐藏其能力将是有利的（再次提到所有参与人都有相同的效用函数，因而，在功利主义的解决方案中，对少有天赋者进行转移以增加其效用）。所以，一个不了解个体天赋的功利主义政府不能实施上文的程序。不过，如果政府只观察 c_i 和 t_i 而不是真实的 s_i（比率 c_i/l 是由个体公布的天赋），可以看出它只能实现平均化个体效用的有效率的分配（Dasgupta & Hammond，1980）。换句话说，在不完全信息的情况下，功利主义政府不得不成为平等主义的政府！这样，最大最小标准比功利主义更容易成为"具体化的"（Maskin，1980）。

② 阿罗是在拒绝人际比较的意义上解释这段引文的，这似乎偏离了原文，而更确切地说，是一个人的幸福不能如功利主义希望的那样简单地补偿另一个人的不幸。

绍尼（J. Harsanyi，1975a）激烈地批判这一观点。他认为对不平等的厌恶已经在个体效用函数的可能的凹性中考虑过了。这在简单模型中恰好导致资源的均等。他还强调试图介绍对效用不平等的厌恶是一个概念上的错误，近似于在期望效用形式下，试图介绍对风险的厌恶，而对风险的厌恶已经在冯·诺依曼-摩根斯坦函数（Von Neumann-Morgenstern function）的凹性中介绍过了。[①]

这一异议引发下列批评：首先，无论如何，只要效用函数是凹的，功利主义确实阐述了对资源不平等的厌恶。相反，若效用函数是凸的，功利主义倡导资源的最大不平等（故效用也是如此）。但不管怎样，这里是指对效用不平等的社会厌恶，是完全不同的两回事。对效用不平等的偏好没有表现出任何概念上的错误。至于类似的对风险的厌恶，是非常引人注意的，但确切地说同豪尔绍尼的理论相对立，我们将在后面几节看到。

过度牺牲

最大最小标准和字典式最小标准的主要缺点是不允许穷人为富人做出任何牺牲，不论是多么小的牺牲，也不论是属于他们的任何利益。[②] 豪尔绍尼给出了几个惊人的例子。假设有一个医生、两个病人。两个病人都得了严重的肺炎，他们唯一的治愈机会是进行抗生素的治疗，但其可用量只能治疗一个人。然而，这两个病人中的一个除了患肺炎，还是癌症晚期患者。对于后者，肺炎的治疗只能延长他几

① 在下文“期望效用”中有关于这些定义的阐述。

② 还要提到字典式最小标准，尽管其对不平等有极大的厌恶，却同任何程度的不平等都是可以并存的。

个月的生命，而另一个病人若接受抗生素治疗却能恢复健康。平等主义却愿意将抗生素用于两个病人中更严重的患者。

第二个例子是关于两个处境相对好的个体，社会要拨给他们一些津贴。有两种选择。第一种选择是用于支付在数学上很有天赋的第一个个体的数学研究，第二种选择是用于给在学习上没有效率的、进步相当缓慢的第二个个体提供继续教育。这里，同样平等主义更偏爱第二种选择，而不管其效率和继续教育的意义。更糟的是，如果有一百万个数学很强的个体，而只有唯一的落后者，也是如此。

罗尔斯（Rawls，1971，1974）争辩道，这些例子呈现的现象关系到微观经济的状况，不能驳斥关乎社会基础制度的通用原则。但显然，关乎社会基础制度的类似的例子也能构建出来，即使现实主义可能无法显示同豪尔绍尼的例子一样极端的情形。

所以，平等主义会导致富人为了穷人的利益做出过度的牺牲，而这可以同上一节描述的功利主义的障碍相对照。在某些情况下，这些标准都不是令人满意的。同样，在增长模型中，为了后辈人具有投资的潜力，功利主义提倡过高的储蓄率，意味着当代人过分的牺牲（Ramsey，1928；Koopmans，1965）。相反，平等主义会妨碍增长，禁止当今一代为后代做出任何牺牲（Arrow，1973b）。

公正观察者和初始位置

这一节和后面两节参照带有客观概率的期望效用理论，而事先对同该理论相关的几个要点进行回顾是有益的。

期望效用

设备选方案的有限集合 $X=\{x_1, \cdots, x_M\}$，$M\geqslant 2$，集合 L 是同 X 相关的彩票集合：

$$L=\{(p_1,\cdots,p_M)\in \mathbb{R}_+^M \mid \sum_{m=1}^{M} p_m=1\}$$

所以一张彩票是定义在集合 X 上的概率的向量。我们将备选方案 x_m 看作某一彩票 $e^m=(e_1^m, \cdots, e_M^m)$，其中，若 $k=m$ 则 $e_k^m=1$，否则 $e_k^m=0$。

设完全序 R 描述定义在集合 L 上的偏好。同 R 相结合的严格偏好关系和无差异偏好关系，记作 P 和 I。

下面两个公理是期望效用理论的核心公理。

连续性：

L 中的任意一个 p，集合 $\{q\in L \mid qRp\}$ 和 $\{q\in L \mid pRq\}$ 都是关闭的。

独立性：

L 中的任意一个 p，q 和 r，任意的 $0\leqslant\lambda\leqslant 1$，$pRq$ 意味着

$$[\lambda p+(1-\lambda)r]\ R\ [\lambda q+(1-\lambda)r]$$

满足这两个公理的偏好关系可以以一种非常特殊的形式出现，正如期望效用定理：

如果偏好 y 满足一致性公理和独立性公理，存在表示 x 的函数 x (叫作冯·诺依曼-摩根斯坦函数，或 VNM) 且满足：

$$U(p)=\sum_{m=1}^{M} p_m U(x_m)$$

另外，若 V 是代表 R 的另一个 VNM 函数，V 必须是 U 的正仿射转换：$V=\alpha U+\beta$，$\alpha>0$。

这里应该指出的关键一点是，该定理没有说明所有 R 的表示都是 VNM 函数，若 U 是表示 R 的 VNM 函数，而如果 ϕ 是任何一个严格递增的函数，函数 $V(p)=\phi(U(p))=\phi(\sum_{m=1}^{M}p_mU(x_m))$ 表示同 R 一样的偏好。

这一事实特别导致 VNM 函数的构建无法给出偏好强度的测度，相反，几位学者（特别是豪尔绍尼）似乎深信不疑。我们指出，若有

$$U(p)-U(q)>U(r)-U(s)$$

这对所有 U 的正仿射转换都成立。因此，如果偏好 R 的 VNM 表示满足这种不等式，所有 VNM 表示同样都满足这一不等式。然而，这一点也不妨碍其他的表示 $V=\phi$（U）有反过来的不等式。这样，VNM 函数的构建没有给出任何关于偏好强度的信息。①

假设有允许效用差别比较的个体效用函数 $\tilde{U}$ 且可以在伦理决策中充当参照。如果这一个体满足连续性公理和独立性公理，那么存在 VNM 函数 U 符合上述定理的形式。因为 U 和 $\tilde{U}$ 描述相同的偏好，存在一个 $U=\phi$（$\tilde{U}$）这样的严格递增函数 ϕ。这意味着不是 $\sum_m p_m\tilde{U}$（x_m）代表不确定时个体的偏好，而是函数 ϕ 提供了一个除了基数函数 $\tilde{U}$ 以外的、特殊的风险厌恶概念。

公正观察者定理

公正观察者最初是以论题的形式出现的（Vickrey，1945；J. Harsanyi，1953），而不是一个定理。首先来回顾一下这一论题。公正观察者比较简单社会状态 x，y，…并借助于均等机会彩票的方

① 参照 Bouyssou & Vansnick（1990）。

式，考虑无论是社会中的谁会处于这样的社会状态。其中个体 i 在社会状态 x 的效用被假定等于个体 i 在这一社会状态的效用：$\widetilde{U}_i(x)$。如果公正观察者是贝叶斯式的，即运用期望效用标准，那么，根据维克里和豪尔绍尼的观点，其选择应该属于 $(1/n)\sum_{i=1}^{n}\widetilde{U}_i(x)$。所以，公正观察者必须是功利主义者。

随后，豪尔绍尼和威马克（J. Harsanyi，1977a；Weymark，1991）提出了这一论题的定理形式。这里我们要说明的是区分该定理的两个有意义的版本。首先要明确分析框架和几个符号表示。

假定社会中有 n 个个体和一个确定社会状态（备选方案）集合 $X=\{x_1, \cdots, x_M\}$。将定义在 X 上的彩票集合记作 L。我们也将关注扩展备选方案的集合 $X'=X\times\{1, \cdots, n\}$。其中 (x, i) 表示个体 i 在简单社会状态 x 时的情况。我们将定义在 X' 上的彩票集合记作 L'：

$$L'=\left\{\pi\in\mathbb{R}_{+}^{nM}\ \middle|\ \sum_{i=1}^{n}\sum_{m=1}^{M}\pi_{im}=1\right\}$$

为了便于分析，我们将 L' 的某一确定彩票记作 (x, i)，并这样定义：若 $j=i$，$x_m=x$，则 $\pi_{jm}=1$，否则 $\pi_{jm}=0$。将 L' 的某一彩票记作 (p, i)，并这样定义：若 $j=i$，则 $\pi_{jm}=p_m$，否则 $\pi_{jm}=0$。

每一个体 i 都被赋予定义在 L 上的偏好 R_i，由基数效用函数 $\widetilde{U}_i$ 表示，该函数可以按照功利主义标准运用。换句话说，功利主义旨在在这一框架内最大化总量 $\sum_i\widetilde{U}_i$。我们由 R_i 推导出定义在 X 上的偏好，同样记作 R_i，也可以由 $\widetilde{U}_i$ 推导出定义在 X 上的基数效用函数，同样记作 $\widetilde{U}_i$。

对于观察者来说，赋予它定义在 L' 上的偏好关系，记作 R（也可以直接推导出定义在 X' 上的偏好 R）。这样就能比较个体 i 在社会状态 x 时的状况和个体 j 在社会状态 y 时的状况，并能够评价这种定义在广义社会状态上的彩票。在上一章，我们看到定义在 X' 上的偏好能用于定义和表示平等主义字典式最小标准的特征，但对功利主义不适用。然而，在不确定情况下，定义在 L' 上的偏好，豪尔绍尼认为能够适用于功利主义。

这里的意图在于从定义在社会状态上的 R 推出一个序 $\bar{R}$，而我们可以考虑在 X（确定社会状态集合）上定义此序，或在 L（不确定社会状态集合）上定义此序。在这两种情况下，公正性条件的定义明确使人认可：观察者应该赋予作为社会中的任何个体均是相等概率的情况。这种程序的证明同罗尔斯的“无知之幕”相似：作为观察者没有任何理由突然出现在某一个体的位置上，而非处于其他个体的位置。特别是，如果观察者是相关个体之一，那么，要完全抽象掉这一信息。豪尔绍尼认为，理性不足的原则适用，且观察者应赋予作为这一或那一个体的等概率可能性。根据定义在 X 或 L 上的 $\bar{R}$，可得下列两个公正性条件：

集合 X 的公正性：

$$\forall x_m, x_k \in X,\ x_m \bar{R} x_k \Leftrightarrow \frac{1}{n}(e^m, \cdots, e^m) R \frac{1}{n}(e^k, \cdots, e^k)$$

集合 L 的公正性：

$$\forall p, q \in L,\ p \bar{R} q \Leftrightarrow \frac{1}{n}(p, \cdots, p) R \frac{1}{n}(q, \cdots, q)$$

根据这一条件很容易证明，若 R 为定义在集合 L' 上的一个完全的序，那么 $\bar{R}$ 为定义在集合 X 或 L 上的一个完全序。在维克里—豪尔绍尼论题的最早的概述中，假设观察者在社会状态（x，i）的效用和个体 i 在社会状态 x 的效用间有一致性。这里还是要区分根据集合 X 或是集合 L 而推出的 $\bar{R}$。

集合 X 的福利一致性（IDENTITÉ DU BIEN-ÊTRE SUR X）：

存在一个定义在 L' 上的表示 R 的函数 $\widetilde{U}$ 使得：

$$\forall i,\ \forall x \in X,\ \widetilde{U}(x,\ i) = \widetilde{U}_i(x)$$

集合 L 的福利一致性（IDENTITÉ DU BIEN-ÊTRE SUR L）：

存在一个定义在 L' 上的代表 R 的函数 $\widetilde{U}$ 使得：

$$\forall i,\ \forall p \in L,\ \widetilde{U}(p,\ i) = \widetilde{U}_i(p)$$

现在来说明两个版本的公正观察者定理。

公正观察者定理（修正后）：

如果序 R 满足连续性公理和独立性公理，若序 R 和 $\bar{R}$ 满足集合 X 的公正性公理，若序 R 和函数 $\widetilde{U}_i$（$i=1,\ \cdots,\ n$）满足集合 X 的福利一致性公理，那么序 $\bar{R}$ 可以由定义在 X 上的一个函数 V 表示，使得：

$$V(x) = \sum_{i=1}^{n} \phi(\widetilde{U}_i(x))$$

其中，ϕ 是一种递增的转换形式。若 $\bar{R}$ 是定义在 L 上构建得出，并有公正性公理和集合 L 的福利一致性，那么 $\bar{R}$ 可由函数 V 来表示，使得：

$$V(p) = \sum_{i=1}^{n} \phi(\widetilde{U}_i(p))$$

其中，ϕ（$\widetilde{U}_i$）是集合 L 的表示 R_i 的 VNM 函数。

证明：

根据期望效用定理，R 可由 VNM 函数 U 表示：

$$U(\pi) = \sum_{m=1}^{M} \sum_{i=1}^{n} \pi_{mi} U(x_m, i)$$

因此，根据集合 X 的公正性公理：

$$x_m \bar{R} x_k \Leftrightarrow \frac{1}{n}\sum_{i=1}^{n} U(x_m, i) \geqslant \frac{1}{n}\sum_{i=1}^{n} U(x_k, i)$$

所以，函数 $V(x)=\sum_i U(x, i)$ 表示定义在集合 X 上的 $\bar{R}$。根据集合 L 的一致性公理，存在递增的 ϕ 使得 $U=\phi(\widetilde{U})$，且在一致性原理中同时给出 $\widetilde{U}$ 的定义。

若 $\bar{R}$ 是由集合 L 推出，那么正如上文所阐述的，函数 $V(p)=\sum_i U(p, i)$ 表示 $\bar{R}$。根据集合 L 的一致性公理，存在一个递增的转换形式 ϕ，使得 $U=\phi(\widetilde{U})$，其中 $\widetilde{U}$ 是在一致性公理中定义的函数。另外，$U(., i)$ 是 R_i 的 VNM 表示，因为 $U(p,i)=\sum_m p_m U(x_m, i)$。

该定理的严格形式（在其两个版本中）表明，在任何情况下①，都无法得到功利主义标准 $\sum_i \widetilde{U}_i$。维克里-豪尔绍尼的论题是似是而非的，他们随意地假定函数 $\widetilde{U}_i$ 同观察者的 VNM 函数相吻合，这意味着在 $\bar{R}$ 是由集合 L 推导得出的情况下，假设 $\widetilde{U}_i$ 函数是个体的 VNM 函数。没有任何基于理性决策的伦理命题能够证明这两个假设。

另外，我们注意到当 $\bar{R}$ 是根据集合 X 而推出，若以恰当的方法选择 R 得出的也是同平等主义相似的标准。实际上，没有任何限制能够对函数 ϕ 产生影响（除了其递增性）。只有当 R 是由集合 L 得出，并符合福利一致性公理时，对不平等的厌恶程度由函数 $\widetilde{U}_i$ 和偏好 R_i 而固定，因为 $\phi(\widetilde{U}_i)$ 必须是代表 R_i 的 VNM 函数。如果我们

① 我们注意到由威马克（Weymark，1991）提出的福利一致性公理（axiomes d'identité du bien-etre）比豪尔绍尼（Harsanyi，1997a）提出的“协调原则”（principe d'accord）更有效。根据定义在 X 上的协调原则，如 $\forall i$，$\forall x$，$y \in X$，$(x, i) R (y, i) \Leftrightarrow x R_i y$，可以验证在两个版本中，相较于福利一致性公理，协调原则无法保证将同一个函数 ϕ 应用到所有个体上。

更改 R，那么只是更改了个体各自的权重。

初始位置与正义

罗尔斯的理论同样是基于一种公正性原则，是将个体置于一种初始位置上，这同公正观察者定理相似，但它包含一种更具限制性的信息（人们的偏好是不被知晓的）。如果我们忽略这一差别，就是试图简化罗尔斯和豪尔绍尼之间关于期望效用或最大最小标准是否处于初始位置时的恰当决策标准的争论。我们刚刚说明期望效用的应用不能一定得到功利主义，且对不平等厌恶的可能性在某些版本中同我们期望的一样强烈（但有限）。然而，显然在无知之幕之后的决策和平常生活不确定条件下的选择是有很大差别的。后者通常只关注个体位置的微小变化和那些通常是可逆的结果。相反，一旦社会制度做出选择且个体身份被确定，个体应该在这种环境中度过一生。所以，在初始位置所做的决策具有一种特别例外的严重性和不可逆性的特征。那么考虑一般个体在这一背景下，对风险有相当强烈的厌恶是合乎情理的(Rawls，1974)。

至于最大最小标准，在完全不知晓概率的选择理论中拥有重要地位（Maskin，1979），但它也呈现出严重的缺陷。正如豪尔绍尼所描绘的："如果你要严格地遵循最大最小标准，那么你将永远不能穿过马路（毕竟，你有可能被汽车撞到），你将永远不能驱车过桥（毕竟，它可能坍塌），你将永远不会结婚（毕竟，它可能因灾难而终结），等等。如果有谁果真按照这种方式采取行动，他将很快进入精神病院。"（J. Harsanyi，1975a，p. 40）正如豪尔绍尼所指出的，仅仅把决策建立在明确不可能的不利社会状态上是极端不理性的。

还有一种反对公正观察者方法的可能性。即使无知之幕保证其公正性，社会决策从面对风险的个体的个人态度做出也是很不易的(Kolm，1995a；Barry，1989)。当某一个体权衡成为残疾人的风险时，他可能准备在这种偶然性下，以其处境的微小牺牲来获得在其他的偶然性下更有利、更有必要的情形。据此我们得出人口中的少数残疾人愿意合理地为其余人的利益而牺牲是令人怀疑的。为不大可能发生的未来状态而冒风险，不等同于将已处于这一状态的实际个体置于危险的境地。

聚合定理

公理和定理

回到简单社会状态集合 X 及与之相联系的彩票集合 L 上来。给定个体偏好断面（R_1，…，R_n）和社会偏好序 $\bar{R}$，都是定义在集 L 上，是完全的。需要说明的是，在聚合定理中出现的伦理条件遵循一致性的帕累托条件，其中要考虑以下两种形式：

帕累托无差别：

$$\forall p, q \in L, \forall i, pI_iq \Rightarrow p\bar{I}q$$

强帕累托：

$$\forall p, q \in L, \forall i, pR_iq \Rightarrow p\bar{R}q$$

$$\forall i, pR_iq \text{ 且 } \exists i, pP_iq \Rightarrow p\bar{P}q$$

现在来说明这一定理。

聚合定理：

假设 R_i，$i=1$，…，n 且 $\bar{R}$ 满足一致性公理和独立性公理，以及帕累托无差别条件。设 U_i 为表示 R_i（$i=1$，…，n）的 VNM 函数。那么存在实数 a_1，…，a_n 使得函数 $\overline{U}$ 这样定义：

$$\overline{U}(p)=\sum_{i=1}^{n}a_iU_i(p)$$

表示 R。若满足强帕累托条件，可得严格正的 a_i。

证明：

设 V 是表示 $\bar{R}$ 的 VNM 函数。我们记作 $\vec{U}(p)=(U_1(p),\cdots,U_n(p))$。帕累托无差别条件意味着存在函数 f 使得 $V(p)=f(\vec{U}(p))$。f 定义在 $\vec{U}(L)$ 上，因为 L 是凸的，所以 f 是凸的，而 U_i 是线性的。

另外，任意 $\vec{U}(L)$ 中的 a，b，且 $0\leqslant\lambda\leqslant1$，若假设 $a=\vec{U}(p)$，$b=\vec{U}(q)$ 得：

$$\begin{aligned}f(\lambda a+(1-\lambda)b)&=f(\vec{U}(\lambda p+(1-\lambda)q))\\&=V(\lambda p+(1-\lambda)q)\\&=\lambda V(p)+(1-\lambda)V(q)\\&=\lambda f(a)+(1-\lambda)f(b)\end{aligned}$$

这样，定理可以由下面的引定理推出。

引定理（Coulhon & Mongin，1989）：

设 K 为 $\mathbb{R}^n$ 的一个凸子集，而 u 为 $\mathbb{R}$ 中 K 的一个函数。下面两个性质是等价的：

$$\forall x,y\in K,\forall\lambda\in[0,1],u(\lambda x+(1-\lambda)y)$$
$$=\lambda u(x)+(1-\lambda)u(y)$$

$$\exists(a_1,\cdots,a_n)\in\mathbb{R}^n,\exists b\in\mathbb{R},\forall x\in K,u(x)=\sum_{i=1}^{n}a_ix_i+b$$

需要强调指出的是，实数 a_1，…，a_n 通常不是唯一的，而即使在强帕累托条件下，负数 a_i 有时可以是适合的。为了获得唯一性(倍增系数)，需要做出下面的补充假设（豪尔绍尼另外做出这一假设，使得定理的证明得到简化)：对于任意个体 i，在 L 中存在 p 和 q，使得 pP_iq，且对于任意 $j\neq i$ 有 pI_jq。

聚合定理的含义

显然，该定理的给定条件是纯序数的，不可能根据此定理得出功利主义类型的基数结论或其他类型的结论。正如前面所阐述的，该定理指出序 R 的线性可加性表示的可能性。假定我们选择其他函数 V_1，…，V_n 来表示 R_1，…，R_n，可知存在递增的转换形式 ϕ_1，…，ϕ_n 使得

$$\forall i, V_i=\phi_i\ (U_i)$$

根据定理，$\bar{R}$ 可由下列等式表示：

$$\bar{U}\ (p)\ =\sum_{i=1}^{n}a_iU_i(p)$$

可以推出 $\bar{R}$ 也可由函数 $\sum_{i=1}^{n}a_i\phi_i^{-1}\ (V_i\ (p))$ 表示。

为重新提出严格形式定理，需要像公正观察者定理一样，给出个体的基数效用函数 $\widetilde{U}_i$（$i=1$，…，n)。这些函数出现在功利主义标准 $\sum_i\widetilde{U}_i$ 中，且不一定是 VNM 函数，即使其也可以表示偏好 R_i。这样，可得出下列定理：

聚合定理（修正后)：

若序 $\bar{R}$ 和 R_i 满足连续性公理和独立性公理，以及帕累托无差别条件，那么序 $\bar{R}$ 可以由这样的函数 V 表示：

$$V(p)=\sum_{i=1}^{n}\phi_i(\widetilde{U}_i(p))$$

其中，对于任意 i，ϕ_i 是单调转换形式且 ϕ_i（$\widetilde{U}_i$）是 VNM 函数。在强帕累托条件下，ϕ_i 是严格递增的。

证明：

根据聚合定理，我们可以用 $\sum_{i=1}^{n}a_iU_i(p)$ 的形式表示 $\bar{R}$。其中，对于任意 i，U_i 表示 R_i 的 VNM 函数。所以存在一个递增的转换形式 ψ_i，使得 $U_i=\psi_i$（$\widetilde{U}_i$）。我们假设 $\phi_i=a_i\psi_i$。

我们知道非线性可加性的社会福利函数，我们可以尽可能地接近所希望达到的平等主义。然而，这里不确定我们能有同样的自由，正如公正观察者定理“L”版本，由修正后的聚合定理推导出的限制条件是不容忽视的。函数 ϕ_i（$\widetilde{U}_i$）是 VNM 函数，是唯一的仿射转换形式。所以，当我们改变 $\bar{R}$ 时，唯一可能变化的是个体变量的权重。结论是，如果我们将给定的恰当的伦理基数函数加到聚合定理上，不一定能得到功利主义，这同豪尔绍尼的直觉相反，而我们也不能不再选择我们所希望的平等主义的社会序。

要注意的非常重要的一点是，在之前的框架中，如果那些恰当的函数 $\widetilde{U}_i$ 不是 VNM 函数，那么由 $\sum_{i=1}^{n}\widetilde{U}_i(p)$ 表示的功利主义社会序，不遵守独立性公理也不能由 VNM 函数来表示。字典式最小标准不再遵循独立性公理，但是同通常的结论相反，功利主义不再总是不遵循独立性公理。

更通常的情况是，从聚合定理中可以读出负面的信息。假定社会偏好总应参照个体的 VNM 函数由某一线性函数表示，该定理排除所有以效用水平向量（$\widetilde{U}_1$，…，$\widetilde{U}_n$）为前提的以给定函数 W 为基础的社会福利偏好。因为根据函数 $\widetilde{U}_i$ 是否为 VNM 函数，相应地，偏好将参照个体的 VNM 函数是否为线性。我们甚至可以更准确地指出福利主义研究方法违背的公理。如果我们按照事前研究方法运用函数 W，也就是

$$p\bar{R}q \Leftrightarrow W(\widetilde{U}_1(p),\cdots,\widetilde{U}_n(p)) \geqslant W(\widetilde{U}_1(q),\cdots,\widetilde{U}_n(q))$$

通常序 $\bar{R}$ 不遵循的是独立性公理。如果我们按照事后研究方法运用函数 W，即

$$p\bar{R}q \Leftrightarrow \sum_m p_m W(\widetilde{U}_1(x_m),\cdots,\widetilde{U}_n(x_m)) \geqslant \sum_m q_m W(\widetilde{U}_1(x_m),\cdots,\widetilde{U}_n(x_m))$$

在所有情况下[①]，均不满足帕累托无差别条件。

最后是聚合定理在应用到主观概率情况下遇到的问题，这些问题在第二章已经阐述过。

独立性公理和人际比较

这是最后一个要认真研究解释的重要问题。豪尔绍尼几次断言聚合定理由序数产生基数。他认为，独立性公理应用到社会序必然产生个体间效用强度的比较。同样，这使每个给定个体，通过期望效用定理，必然要比较效用差别。我们看到后面这一观点是错误的，第一个观点也是如此。前面的详述已经说明得很清楚了。然而值得一提的是，该论题又有了一种改进形式（Mongin，1994）。一方面，因为该形式处于一种多种断面的框架中，值得尽快介绍；另一方面，它同前一章介绍的信息建立了一种纽带。

① 事前研究方法和事后研究方法之间的区别将在下一节有更详尽的介绍。

设有 n 个个体，且 $M\geqslant 3$。假定给定的基础是他们的可能的效用函数集合（不是他们的偏好）。断面即定义在 L 上的函数向量 $\vec{U}=(U_1, \cdots, U_n)$。我们探讨对于每个断面 $\vec{U}$，定义在社会序 $f(\vec{U})$ 上的社会偏好的泛函 f。我们将运用下列公理：

定义域：若所有函数 U_i，$i=1, \cdots, n$ 是 VNM 函数，断面 $\vec{U}$ 属于定义域 D。

非相关方案的独立性：

$$\forall \vec{U},\vec{U}' \in D, \forall p,q \in L,$$

$$\left.\begin{aligned}\vec{U}(p) &= \vec{U}'(p)\\ \vec{U}(q) &= \vec{U}'(q)\end{aligned}\right\} \Rightarrow [pf(\vec{U})q \Leftrightarrow pf(\vec{U}')q]$$

强帕累托：

对于 D 中的任意断面 $\vec{U}$，$\forall p, q\in L$，$\forall i$，$U_i(p) \geqslant U_i(q) \Rightarrow pRq$

$$\forall i, U_i(p) \geqslant U_i(q) \text{ 且 } \exists i, U_i(p) > U_i(q) \Rightarrow pPq$$

独立性：

对于 D 中的任意断面 $\vec{U}$，L 中的任意 p，q 和 r，对于任意$0<\lambda<1$，当且仅当 $[\lambda p+(1-\lambda)r]\ f(\vec{U})\ [\lambda q+(1-\lambda)r]$ 时，有 $pf(\vec{U})q$。

注意该公理比前文定义的期望效用定理中的独立性公理要有效一些。它包含在期望效用定理和连续性公理中（实际上它暗含在期望效用的公式中）。

INV$-au+b_i$：

$$\forall \vec{U} \in D, \forall a > 0, \forall \vec{b} \in \mathbb{R}^n, f(\vec{U}) = f(a\vec{U}+\vec{b})$$

这最后一个公理在同信息基础相关的带有功利主义特征的定理中有重要作用（参照前一章）。可得出下列结果：

命题 1：

假定满足定义域公理、非相关方案独立性公理，以及强帕累托公理。那么，存在定义在$\mathbb{R}^n$上的序R^*：

$$uR^*v\Leftrightarrow\exists p,q\in L,\exists\vec{U}\in D,\vec{U}(p)=u,\vec{U}(q)=v,\ pf(\vec{U})q$$

而独立性公理和 INV$-au+b_i$ 公理分别暗含下列两个等价的性质：

$$\forall u,v,w\in\mathbb{R}^n,0<\lambda<1,uR^*v\Leftrightarrow\lambda u+(1-\lambda)wR^*\lambda v+(1-\lambda)w$$

$$\forall u,v\in\mathbb{R}^n,\forall a>0,\vec{b}\in\mathbb{R}^n,uR^*v\Leftrightarrow au+\vec{b}R^*av+\vec{b}$$

证明：

第一部分是福利主义的引定理（参照前一章），且其证明是规范的，某些细节似乎可归于特殊领域（参见 Mongin，1994，引定理 1 和 2）。

我们来考虑第二个部分，确认第一个性质。设 u，v，w，并有 uR^*v。可找到$\vec{U}$，p，q，r，使得$\vec{U}$（p）$=u$，$\vec{U}$（q）$=v$，$\vec{U}$（r）$=w$（因为 $M>2$）。由独立性公理得：

$$pf(\vec{U})q\Leftrightarrow\lambda p+(1-\lambda)rf(\vec{U})\lambda q+(1-\lambda)r$$

因为函数U_i为 VNM 函数，$\vec{U}$（$\lambda p+$（$1-\lambda$）r）$=\lambda u+$（$1-\lambda$）w。根据等式中R^*的定义，可得出所研究的性质。

第二个性质，设 u，v，并有 uR^*v，可得$\vec{U}$，p，q，使得$\vec{U}(p)=u$，$\vec{U}$（q）$=v$。注意$\vec{V}=a\vec{U}+b$。根据公理 INV$-au+b_i$，得

$$pf(\vec{U})q\Leftrightarrow pf(\vec{V})q$$

这样根据R^*的定义，可直接得出所研究的性质。

显然，第二个性质暗含第一个性质。可以相互证明。将第一个性质应用到 u，v，0 上，可得：

$$\forall a < 1, uR^* v \Leftrightarrow auR^* av$$

当 $a>1$ 时，可直接推导得出。而后，对于任意 u，v，w 可得

$$uR^* v \Leftrightarrow (u+w)/2R^*(v+w)/2 \Leftrightarrow u+w R^* v+w$$

所研究的性质可直接推出。

这一命题似乎确认独立性公理在某些条件下，等价于公理 INV$-au+b_i$，从而得出基数效用的可比性，明确符合功利主义的需要。所以一个理性的、纯序数公理“产生”基数。

这种解释是夸大的，该命题仅是表明在福利主义的引定理条件下，用 VNM 效用函数、独立性公理可归出同公理 INV$-au+b_i$ 相同的线性性质。但它在两个公理间没有建立任何直接的等价性。特别是，如果定义域包括非 VNM 函数，那么独立性公理总是可能不再必然导致所分析的两个性质中的第一个性质。

另外，还要提到不是由公理提供信息，而是由效用函数带来信息，且像 INV$-au+b_i$ 这样的公理仅仅是使效用函数中包含的部分信息被禁止使用。独立性公理仅导致同福利主义相结合的类似的限制，并且仅仅是对于 VNM 函数。

除了一些技术上的细节以外，该命题的公理能够构建出具有多种断面的聚合定理。所以，在应用到多种断面（效用函数的）豪尔绍尼公理体系和基于信息基础的公理体系间有一种等价性。但在豪尔绍尼的研究方法中，VNM 函数的定义域限制似乎必然停留在一种假设上且随意性强。

独立性公理的批判

戴蒙德（P. Diamond，1967）提出反对聚合定理，指出不确定条

件下，选择的独立性公理不在社会选择方面应用，这同个体选择有所不同。他运用下面的例子进行说明。社会中有两个个体，且政府考虑政策 x 和 y。第一个政策产生确定结果（1，0），而第二个政策结果为向量（1，0）和（0，1）两者之一，其概率各为 1/2。换句话说，政策 x 必定使参与人 1 受益，而政策 y 给予他们同等机会的结果。戴蒙德认为，从社会角度看，y 相对于 x，被严格偏好，而独立性公理要将两个政策视为无差别（如果，按照惯用的匿名性条件，（1，0）和（0，1）被视为无差别）。

豪尔绍尼（J. Harsanyi，1975b）从两点做出回答。首先，如果独立性公理是建议在个体选择中出现，为什么社会选择能够回答更弱的标准？在给定博弈中决策重要性的情况下，似乎相反，要规定出更严格的标准。

豪尔绍尼的第二个观点是政策 y 使个体依赖于随机的碰运气的命运，并没有比政策 x 更理想。豪尔绍尼举了由政府自身实施博彩的例子，且表明这种博彩并没有比政策 x 使个体 1 受惠的“自然”的博彩（例如源于遗传特征或社会成分等）更公平。同样，想象一下尚未满月的婴儿在家庭间盲目地再分配的情景，这样丝毫没有改变社会境况的最终再分配，而使个体福利的期望事前均等，这能说是合乎愿望的吗？弊病在于豪尔绍尼的这些例子太过极端。因为这些例子使人领悟到政府的博彩尚不如自然的博彩更公平，这样独立性公理意味着完全无差别。

这一观点引起“结果论”的问题，根据该观点，所有恰当的结果都被（1，0）等数据捕捉到。若果真如此，那么在戴蒙德的例子中一定存在一种幻觉，政策 y 说明匿名性肯定给出一种同政策 x 一样不公平的境况，且同政策 x 的结果是等价的。那么我们怎么能认为 y 比 x 更公平或者更理想呢？如果我们认为政府博彩 y 优于自然博彩 x，这意味着博彩的选择不是无差别的，所以（1，0）等数据不代表恰当结果的全部空间。这样戴蒙德的批判引发聚集所有恰当的结果和纯概率的空间分离可能存在困难的有趣问题。最大限度下，如果博彩的自然状态总是强调人们或者决策者的眼光，那么由于缺乏纯概率，不确定情况下的选择理论将无法应用。相反，如果明确鉴别出恰当的结果，戴蒙德的批判似乎是无效的。在这两种状态下涉及的并不是独立性公理本身。

时间上的一致性

通常认为在出现不确定性条件下，功利主义显示出在时间诱导一致政策上的优势，这和平等主义相反。

为了以一般的方式研究这一问题，运用较为复杂的决策树的形式更为合适。这里借助于一个例子来概括要点。我们来分析图 4—2 中的决策树。标有 D 的节点是决定政策（x，y，x'，…）的节点，而标有 N 的节点属于偶然性（“自然”）参与确定一种状态（等概率状态 r 或 s）能够影响政策的结果。这些结果用树的终点表示以成对形式表示居民中的两个个体（A 和 B）所获得的效用。一个方案是记作（a；b，c）的三元组合，$a\in\{x,y\}$，b，$c\in\{x',y'\}$。这意味着我们首先采纳第一个节点政策 a 后，若 r 占优势则采纳 b，若 s 占优势则采纳 c。这些方案可能产生的个体期望效用如表 4—1 所示。

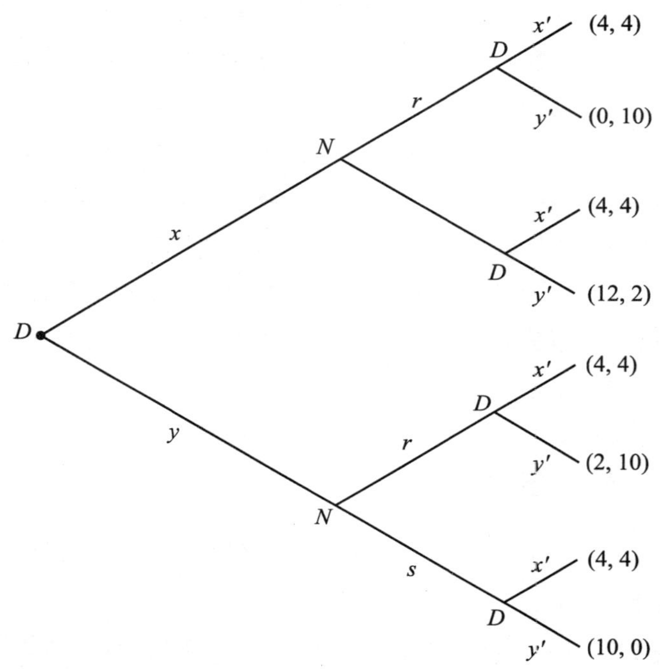

图 4—2

表 4—1

SD 方案	Eu_A，Eu_B
$(x;\ x',\ x')$	(4，4)
$(x;\ x',\ y')$	(8，3)
$(x;\ y',\ x')$	(2，7)
$(x;\ y',\ y')$	(6，6)
$(y;\ x',\ x')$	(4，4)
$(y;\ x',\ y')$	(7，2)
$(y;\ y',\ x')$	(3，7)
$(y;\ y',\ y')$	(6，5)

考虑到功利主义社会福利函数 W_u（u_A，u_B）$=u_A+u_B$，平等主义函数 W_e（u_A，u_B）$=\min\{u_A, u_B\}$。若应用表 4—1 中的期望效用，即若计算 W_u（E_{u_A}，E_{u_B}）和 W_e（E_{u_A}，E_{u_B}），这两者都会采纳最大值方案，（x；y'，y'）为所选方案。假定我们实际上选择 x，按照最终效用再考虑决策的第二节点决策。无论哪种自然状态，W_u 都主张 y'，这符合最初的方案。相反，根据 W_e，在两种可能状态下，将选择 x'，这同根据同一社会福利函数定义得出的最初方案相矛盾。

这个例子可以推广，而且似乎指出功利主义在决策时间的一致性方面对于平等主义（实际上是对于所有对不平等有正厌恶的社会福利函数）拥有重要的优势。

实际上，本例中两个完全不同的内容混在一起：一方面是决策的时间上的一致性问题；另一方面是事前研究方法和事后研究方法的重合。后者意味着什么呢？事前研究方法是在给定的节点上，应用该节点上个体的期望效用函数 W 作决策。这是本例中采纳的研究方法。事后研究方法是首先计算不同可能最终状态的 W 值，而后计算所考虑的每个方案的 W 的期望值。[①] 将第二种研究方法应用到上例中（见表 4—2）。

表 4—2

方案	EW_u	EW_e
（x；x'，x'）	8	4
（x；x'，y'）	11	3
（x；y'，x'）	9	2
（x；y'，y'）	12	1
（y；x'，x'）	8	4

① 这些定义同第二章给出的事前效率和事后效率是一致的。

续前表

方案	EW_u	EW_e
$(y;\ x',\ y')$	9	2
$(y;\ y',\ x')$	10	3
$(y;\ y',\ y')$	11	1

根据 W_u，还将选择方案 $(x;\ y',\ y')$，且已知此方案在时间上是一致的。根据 W_e，这次将选择 $(x;\ x',\ x')$ 或 $(y;\ x',\ x')$，并且我们验证这两个方案对于函数 W_e 在时间上是一致的；在决策的第二节点，将选择 x'（无论哪种自然状态）。

推广这一结果（Hammond，1981，1983）：事后研究方法保证所采纳决策的时间上的一致性。这是相当直观的，因为如果一个方案最大化 W 的期望，它尤其在所有子树上要最大化 W 的期望，这明确意味着一致性。

因此，一个具有和我们所希望的一样强烈的对不平等的厌恶的函数 W 有在时间上的一致性是可能的，而没有给出特别支持功利主义的观点。

相反，如果我们关注事前研究方法和事后研究方法的重合，情况就略有不同。这种重合的意义来自结合事后研究方法并考虑个体的事前偏好协调时间上的一致性的要求。实际上，在上例中，按照事后研究方法，根据标准 W_e 选择的方案 $(x;\ x',\ x')$ 被个体一致认为劣于方案 $(x;\ y',\ y')$（其综合的期望效用为 6，而另一方案为 4）。①

① 事前效率的问题在第二章已经谈到，梅尔森（Myerson，1981）给出另一个例子描述这个问题。一位钱财有限的父亲为了支付两个儿子的学费，只有两种可能：要么支付两个儿子都成为小学教师的学费；要么资助一个儿子从事医学的学业，而另一个儿子中学会考后就去工作。在后一种情况下，他将用抓阄的方法决定哪一个儿子受益于进行医学学业。平等主义的事后研究方法推荐第一个选择，但假定两个儿子都偏好事前的抓阄，很难认为我们应该忽略这种一致偏好。

可以看出，接下来的论证和聚合定理相似，这里再次得出同豪尔绍尼定理完全相似的结论：事前研究方法和事后研究方法的重合意味着社会福利函数是个体的 VNM 函数的仿射函数（不一定是确切的基数函数）。再次提到，没有任何一个按照基数效用函数 $\widetilde{U}_i$（独立于它们的 VNM 特征之外）唯一方法定义的社会福利函数能够满足这一条件。

偏好与需要

耶和巴尔·希勒尔（Yaari & Bar-Hillel，1984）为测试在哪些条件下，人们偏爱这样或这种分配标准进行调查。其结果给我们的论题带来启发。在给定资源的情况下，考虑在两个事先对这些资源没有任何权利的个体间进行分配。他们提出以下九个标准：

（1）功利主义；

（2）最大最小标准；

（3）具有相同禀赋的竞争均衡；

（4）等分作为现状纳什解（参阅第八章）；

（5）零作为现状纳什解；

（6）特定资源作为现状纳什解（这意味着在讨价还价没有达到一致的情况下，每个参与人只接受对其他参与人没有任何效用的资源）；

（7）等分（参阅第八章）作为现状卡莱-史默若丁斯基解；

（8）零作为现状卡莱-史默若丁斯基解；

（9）特定资源作为现状卡莱-史默若丁斯基解。

下面是提出的第一个问题：

问题一：12 个柚子和 12 个鳄梨将在琼斯（分配方案中以“J”表

示）和史密斯（分配方案中以“S”表示）间进行分配。下面是这两个人都了解的信息：

——琼斯的新陈代谢能够从一个柚子中获得100mg的维生素F，而从一个鳄梨中得到0mg；

——对于史密斯，相应的数字分别为50mg和50mg；

——这两个人在消费柚子和鳄梨时只考虑维生素F（而不是偏好、卡路里等）；

——分配后不可能有任何交换。

什么样的分配是公平的？

得到的回答安排如下（我们通过表4—3中的数字来说明解决方案）：

表4—3

分配 柚子—鳄梨	效用 琼斯，史密斯	相对应的 解决方案	回答的百分比
J：6—6，S：6—6	600，600	（无）	8
J：6—0，S：6—12	600，900	6，9	0
J：8—0，S：4—12	800，800	2，8	82
J：9—0，S：3—12	900，750	4，7	8
J：12—0，S：0—12	1 200，600	1，3，5	2

这些回答中占上风的两个解决方案是最大最小标准和卡莱-史默若丁斯基（零作为现状）的解决方案。通过改变数据，可以在这两个方案间进行区分。

问题二：同样的问题，除了第二个破折号变成：

——对于史密斯，相应的数字分别是20mg和20mg。

相应的解决方案见表4—4。

表 4—4

分配 柚子—鳄梨	效用 琼斯，史密斯	相对应的 解决方案	回答的百分比
J：6—6，S：6—6	600，240	（无）	4
J：6—0，S：6—12	600，360	6，9	4
J：4—0，S：8—12	400，400	2	82
J：8—0，S：4—12	800，320	8	7
J：12—0，S：0—12	1 200，240	1，3，5	3

在这类问题的回答中，最大最小标准占了上风。我们看到为考虑新陈代谢效率低的史密斯而同意由琼斯做出牺牲是很重要的（通过减少维生素的数量），而当我们还在强调现象时，这种牺牲总是作为考虑的依据是值得怀疑的。

问题三：同样的问题，除了第二个破折号变成：

——对于史密斯，相应的数字分别是 9.1mg 和 9.1mg。

相应的解决方案见表 4—5。

表 4—5

分配 柚子—鳄梨	效用 琼斯，史密斯	相对应的解决方案	回答的百分比
J：6—6，S：6—6	600，109	（无）	17
J：6—0，S：6—12	600，164	6，9	27
J：2—0，S：10—12	200，200	2	38
J：8—0，S：4—12	800，145	8	6
J：12—0，S：0—12	1 200，109	1，3，5	12

最大最小标准还是占多数，但已经很不明显。回答分布在第三或第四个解决方案之间似乎说明，要么是受访者对于平等—总量困境的一种混乱（尤其是第一行占人数很大百分比的提议，明显对应的是劣于帕累托的一种分配），要么是重要意见的分歧。

其他问题的规定引发不再按照需要而是按照嗜好分配的问题。

问题四：12个柚子和12个鳄梨在琼斯和史密斯间进行分配。下面是两个人都了解的信息：

——琼斯爱吃柚子，并准备为每个柚子支付10法郎，但不喜欢鳄梨；

——史密斯很愿意为每个柚子支付5法郎，同鳄梨一样；

——琼斯和史密斯的收入属于同一档税率；

——分配后不可能有任何交换。

什么样的分配是公平的？相应的解决方案见表4—6。

表4—6

分配 柚子—鳄梨	效用 琼斯，史密斯	相对应的解决方案	回答的百分比
J：6—6，S：6—6	60，60	（无）	9
J：6—0，S：6—12	60，90	6，9	4
J：8—0，S：4—12	80，80	2，8	28
J：9—0，S：3—12	90，75	4，7	24
J：12—0，S：0—12	120，60	1，3，5	35

形式上，这个问题同问题一相同，但回答却有很大的差别。

遗憾的是，作者没有再进行详细的测试来探讨是功利主义还是均等禀赋均衡引致了最后一行的强烈反应。相反，他们观察到在新的情况下，如果我们提出和问题二相同的问题，会发生什么。

问题五：同问题四相同，除了第二个破折号变成：

——史密斯很愿意为每个柚子支付2法郎，同鳄梨一样。

相应的解决方案见表4—7。

表 4—7

分配 柚子—鳄梨	效用 琼斯，史密斯	相对应的解决方案	回答的百分比
J：6—6，S：6—6	60，24	（无）	12
J：6—0，S：6—12	60，36	6，9	7
J：4—0，S：8—12	40，40	2	6
J：8—0，S：4—12	80，32	8	28
J：12—0，S：0—12	120，24	1，3，5	47

平等主义似乎失去了全部优势，安排给史密斯最低效用的百分比由44%上升到59%。在这种情况下，中间的受访者因为史密斯较弱的边际效用，所以安排让史密斯受损失，这符合功利主义的观点，然而在根据维生素需求的情况下，压倒多数的回答是要补偿史密斯，因为他新陈代谢的能力一般。

因此，这些结果暗示在按照需求分配的问题中，平等主义似乎是最受欢迎的标准，而功利主义（或讨价还价交易?）在按照偏好分配的问题中赢得更多选票。显然，第一个启示是不可能在所有情况下应用同一个标准。更特别的是，所分配商品的本质或个体的需求是一个重要的信息。第二个启示是区分偏好和需求实践中缺乏相应的经济理论，需要更多的关注，且有利于功利主义和平等主义的选择标准的研究。

第五章　测度不平等

不平等的指标及其定义域

本章的研究目的是对包含有限数量（$i=1$，…，n）的群体进行不平等的测度，赋予每一个体一个实数x_i，表示其福利（可能是其收入、效用、成就或机会的指标等）。$x=(x_1, \cdots, x_n) \in \mathbb{R}^n$是福利的分配，$\bar{x}=(1/n)\ \sum_i x_i$是福利的平均水平。向量（1，…，1）$\in \mathbb{R}^n$记作$e$，$\tilde{x}=(\tilde{x}_1, \cdots, \tilde{x}_n)$是$x$的分量按递增顺序排列的对调变换形式。

通常我们借助数量指标I（x）$\in \mathbb{R}_+$来探讨不平等的测度，I（$\bar{x}.e$）$=0$被视为标准，对于数量的指标似乎要满足下面这个最低限度的性质：

匿名性：若x'是x的对调变换形式，则$I(x')=I(x)$。

本章中要验证I的这些假定的性质。

在查克瓦提（Chakravarty，1990）、福斯特（Foster，1985）、科姆（Kolm，1976，1993b）和森（Sen，1973）的著作中有关于测度不平等理论的综合阐述。

不平等的相关著作主要是将收入分配作为典型的应用，并依赖所运用的假定的概念，假设个体的x_i为正值。如果我们关注由指标 x 测度的更为一般的福利分配问题，这是一个无益且不足的限制。指标 x 可以用很多方式构成，特别是可根据所测度量纲的类型（效用、资源、成就等）构成，而没有理由在任何情况下都将 $\mathbb{R}_+^n$ 作为其变动的定义域。

另一方面，不平等测度的一般理论要独立于 x 的定义域的观点是有些虚幻的，在一定程度上，计算不平等指标的方法及其适当的性质，可能取决于这一定义域。因此最好是判断所出现的不同情形。这里我们研究以下四种情况：

情况 1：$x \geqslant x_m$。x_m是所有可能的分配的最低界限。收入标准的例子属于这一类，并有$x_m=0$。更一般地，此情况表示这样一种情形，x 为一种可分配的资源，且其中每个参与人都应得到数量为正或为零的一份资源。

情况 2：$x \leqslant x_M$。在这种情况下，x_M表示个体无法达到的福利的最大值。例如，效用函数 $u(c) = -c^{-1/2}$，效用水平总是负的，而当 c 趋近于无穷大时，效用水平趋近于零。

情况 3：$x \in \mathbb{R}$。x 的变动没有任何界限的限制。尤其在剩余分配的情形中，这种情况具有代表性，其中一些参与人奉献（$x<0$）而另一些参与人得到（$x>0$）。

情况 4：$x_m \leqslant 0 \leqslant x_M$。个体的福利介于可能的最小值和最大值之间。通常这样处理这种情况：若$x_m \geqslant 0$，如情况 1，若$x_M \leqslant 0$，如情况 2；若$x_m < 0 < x_M$，如情况 3。

下面，我们将按照上文的编号，将这四种情况作为参照。

通常我们关注两种类型的指数：一方面是绝对指数I^a，其测度的单位和$\bar{x}$相同，且在$\mathbb{R}_+$范围内变动；另一方面是相对指数I^r，它是无维量纲，且通常在［0，1］范围内变动。任何一个绝对值指数I^a都可以对应一个相对指数，例如借助于公式$I^r=I^a/(\bar{x}-x_m)$（情况1，情况4也有可能），$I^r=I^a/(x_M-\bar{x})$（情况2，情况4也有可能），反之亦然。对于情况3，相对指数的构成是未有定论的，尤其是当$\bar{x}=0$时。

在两个参与人的群体中，最常见的绝对指数是$I^a_{(2)}(x)=|x_1-x_2|/2$。只有两个人的群体的简单情况暗含着下面的公理，即要求这些群体正常行为的任意指数同$I^a_{(2)}(x)$相一致：

$$\text{若 } n=2 \text{ 且} \bar{x}'=\bar{x},$$

$$I(x')\geqslant I(x)\Leftrightarrow I^a_{(2)}(x')\geqslant I^a_{(2)}(x)$$

不平等的测度和社会福利函数

在前面的章节中，我们看到可通过社会福利函数$W(x_1,\cdots,x_n)$，同时考虑重视平等也关注效率，进行社会状态的比较，并用相当精确的方式在群体中判断x的分配。当我们运用这样一种手段时，我们要探讨同其他问题分开研究不平等的测度是否是很有效的，特别是由唯一的数据I概括不平等的测度是否是合适的，而W能够考虑全部的分配特征，且在其中进行评判。

这说明本章在社会福利函数和不平等指数间存在一种近似一一对应的关系。设Ψ为定义在$\mathbb{R}_+$上的$\mathbb{R}\times\mathbb{R}\times N$的函数集合，在第一个自变量上是严格递减的。

若给出不平等指数I和函数$\psi_1\in\Psi$，那么公式

$$W(x)=\psi_1(I(x),\bar{x},n) \tag{1}$$

定义了一个社会福利函数。这样，一种分配 x 的总体评价只取决于其量纲、平均水平及不平等指数。但反过来，若给出函数 W 和函数 $\psi_2 \in \Psi$，那么公式

$$I(x) = \psi_2(W(x), \bar{x}, n) \tag{2}$$

要在某些条件下定义一个不平等指数。

因此，社会福利函数可由公式（2）定义一个指数 I，且将等式倒过来可以分解成公式（1）的形式。这样，所构建的指数 I 概括了不同于平均水平 $\bar{x}$ 的 W 的分配的全部恰当特征。

关系（1）和关系（2）已经确保在 W 的基本性质和 I 的基本性质之间的一种一致性。

要点 1： 若 I（$\bar{x}.e$）$=0$，当且仅当在平均值相同的情况下，同一个不平等的分配相比，W 总是稍微倾向于一个平等的分配时，I 为正数或零。当且仅当在平均值相同的情况下，同任意一个不平等的分配相比，W 严格偏好一个平等的分配时，I 为严格正值。

要点 2： 当且仅当函数 W 在其变量上是对称的，指数 I 满足匿名性。

除了这些基本性质，还有关于定义了某些适当性质和一些标准函数形式的社会福利函数的研究。另外，还有关于不平等指数的研究，同样也关注这些指数的适当的性质，且特别参照五或六个常用指数。考虑关系（1）和（2），允许探讨这两类研究间的一致性，并研究通过这种方法，将函数 W 的性质带到派生指数 I 中，且反之亦然。下面是关于这一问题的几点说明。

社会福利函数 W 和不平等指数 I 之间的关系通常要借助于简单函数 ψ 来解释说明。考虑情况 1（$x_m=0$），且假定有一对不平等指数

I^a和$I^r = I^a/\bar{x}$。可以简单构建出由这两个指数派生的一个社会福利函数，具体公式如下：

$$W_I(x) = \bar{x} - I^a(x) = \bar{x}(1 - I^r(x)) \tag{3}$$

因此构成的函数为W（$\bar{x}.e$）$=\bar{x}$。

反过来，任何函数W都可以通过采用下列等式定义的“平均等价”E_W（x）被标准化为：

$$W(E_W(x).e) = W(x)$$

E_W（x）是均等分配的个体福利水平，它确保同分配x（相同的个体数量n）相同的社会福利。因此，它满足关系$E_W(\bar{x}.e)$ $=\bar{x}$。对于固定的n，E_W在序数上等价于W，即表示相同的社会偏好。

将等式（3）倒过来，可这样定义绝对指数和相对指数：

$$I_W^a(x) = \bar{x} - E_W(x) \tag{4a}$$

$$I_W^r(x) = 1 - \frac{E_W(x)}{\bar{x}} \tag{4b}$$

在其他情况下（$x_m \neq 0$和情况2、情况3，也可能情况4），关系到相对指标时，这些关系应该稍有变动。

不平等指数和社会福利函数之间的关系通常以略有不同的方式出现。在文献中，我们称之为不平等的“伦理测度”，参照有关收入分配$r=(r_1, \cdots, r_n)$的不平等指数的构建，根据公式（4），源于W（u_1（r_1），…，u_n（r_n））类型的社会福利函数，其中u_i是个体i的效用函数。在r的分配中，不平等的测度不仅仅源于W的形式，还源于个体效用的函数形式u_i。这种研究方法，尤其是在收入分配的研究中运用，在数学方法上等价于这里所介绍的直接运用社会福利函数的缩略形式。然而，在概念上，这种“伦理”的研究方法有些迷惑人，因为它没有提供收入不平等的直接的测度，而只是关于群体效用的收入分配的影响的测度，这是完全不同的（Sen，1982）。为看到这种差别，需要假定个体有不同的效用函数。在这种情况下，所派生的不平等指数同样不满足匿名性条件，且给定的最大化 W 的总体的收入分配没有任何理由成为平均分配 $\bar{r}.e$。因此，最好是得出唯一的福利 x 的不平等测度的 $W(x)$，即同 W 的恰当的自变量相关。

在不平等指数理论和不确定情况下选择理论中有很多类似的形式。上文中的公式（4）就是一个例子。同彩票相对应的分配 x 给出 $\frac{1}{n}$概率的收益为x_i。$W(x)$ 是彩票给决策者带来的效用，而$E_W(x)$ 是确定情况下其等价形式，即给决策者带来同彩票 x 相同效用的确定收益。$I_W^a(x)$ 为风险的保险费，而$I_W^r(x)$ 为成比例的风险保险费（Pratt，1964）。当然，这些类似的形式可以让我们联想到第四章分析的无知之幕的情景。

常用的不平等指数

熟悉几个常用的不平等指标是有益的。这里我们只是给出定义及其直接解释，而其性质的研究将在下面几节介绍每个指标的性质时进行概括的介绍。大部分指数都被设想成是情况 1，且$x_m=0$。但我们可以推出在其他情况下采用的不同指数。

分位数比率指数（rapport inter-quantile）：

$$IQ_q(x)=1-\frac{\sum_{i\leqslant qn}\widetilde{x}_i}{\sum_{i\geqslant(1-q)n+1}\widetilde{x}_i}$$

这一指数是相对指数，测度群体中运气最差的 q 部分人的总体福利和运气最好的 q 部分人的总体福利之间的关系。

标准差及变异系数（ecart-type et coefficient de variation）：

$$\sigma(x)=\sqrt{\frac{1}{n}\sum_i (x_i-\bar{x})^2}$$

$$CV(x)=\sigma(x)/\bar{x}$$

标准差是绝对指数，而变异系数是相应的相对指数。

库兹涅茨指数（Kuznets）：

$$K(x)=\frac{1}{2n}\sum_i\left|1-\frac{x_i}{\bar{x}}\right|$$

这个相对指数的意义是显而易见的。

泰尔指数（Theil）：

$$T(x)=\frac{1}{n}\sum_i\frac{x_i}{\bar{x}}\ln\frac{x_i}{\bar{x}}$$

这一相对指数借鉴于熵的度量标准。由概率为 p_i 的事件 i 所提供的信息的数量通过 ln（$1/p_i$）来测度（事件越是可能发生，其相关信息越弱），不确定情况下的熵通过下面的指数测度：

$$H(p)=\sum_i p_i\ln(1/p_i)$$

概率均等情况下，熵是最强的（$\ln n$）。若 $p_i=x_i/n\bar{x}$，泰尔指数为：

$$T(p)=\ln n-H(p)$$

科姆-阿特金森指数（Kolm，1968，1976；Atkinson，1970）：

$$KA_\varepsilon(x)=1-\left[\frac{1}{n}\sum_i\left(\frac{x_i}{\bar{x}}\right)^{1-\varepsilon}\right]^{\frac{1}{1-\varepsilon}}\qquad \varepsilon>0,\ \varepsilon\neq1$$

$$KA_1(x)=1-\left[\prod_i\frac{x_i}{\bar{x}}\right]^{\frac{1}{n}}\qquad \varepsilon=1$$

这个相对指数受到公式（4b）的启发，且相应的社会福利函数为：

$$W(x) = \sum_i \frac{1}{1-\varepsilon} x_i^{1-\varepsilon} \qquad \varepsilon>0,\ \varepsilon\neq 1$$

$$W(x) = \prod_i x_i \qquad \varepsilon=1$$

变异系数、泰尔指数和科姆-阿特金森指数同之后的一系列指数联系在一起（Shorrocks，1980，1984）。

广义熵指数：

$$EG_c(x) = \frac{1}{n}\frac{1}{c(c-1)}\sum_i\left[(\frac{x_i}{\bar{x}})^c - 1\right] \qquad 若\ c\neq 0，1$$

$$EG_1(x) = \frac{1}{n}\sum_i \frac{x_i}{\bar{x}}\ln(\frac{x_i}{\bar{x}}) \qquad c=1$$

$$EG_0(x) = \frac{1}{n}\sum_i \ln(\frac{\bar{x}}{x_i}) \qquad c=0$$

若 $c=2$，$EG_2(x)=CV(x)^2/2$。若 $c=1$，$EG_1(x)=T(x)$。而若 $c<1$，$EG_c(x)=\frac{1}{c(c-1)}[(1-KA_{1-c}(x))^c-1]$（若 $c=0$，这个公式变成 $EG_0(x)=-\ln(1-KA_1(x))$）。

科姆-普拉克指数（Kolm-Pollak index）（Kolm，1968，1976）：

$$KP_\alpha(x) = \frac{1}{\alpha}\ln\left[\frac{1}{n}\sum_i e^{-\alpha(x_i-\bar{x})}\right](\alpha>0)$$

这个指数是绝对指数且同样应用到情况 3 当中。

基尼指数（Gini index）：

$$G(x) = \frac{2}{\bar{x}}\frac{1}{n^2}\sum_i(i\bar{x} - \sum_{k\leqslant i}\tilde{x}_k)$$

$$= 1 - \frac{1}{n^2\bar{x}}(\sum_i(2(n-i)+1)\tilde{x}_i)$$

$$= \frac{1}{2n^2\bar{x}}\sum_{i,j}|x_i - x_j|$$

这个相对指数可以用多种方法来解释，这里用三个等价公式加以说明。第一个公式是计算等分线和洛伦兹曲线间的面积的 2 倍。第二个公式由公式（4b）得出，对于线性社会福利函数，赋予按照福利递增顺序排列的个体以权数 $2n-1$，$2n-3$，…，1。最后，第三个公式表明基尼指数同时也是在所有成对个体间的绝对均差的$\frac{1}{2}$。

这个指数也可以推广为下列一类指数（Donaldson & Weymark，1980）。

广义基尼指数（Gini généralisé）：

$$GG_{\delta}(x)=1-\frac{1}{n^{\delta}\bar{x}}\left(\sum_{i}\left[(n-i+1)^{\delta}-(n-i)^{\delta}\right]\tilde{x}_{i}\right)(\delta>1)$$

基尼指数对应的是 $\delta=2$ 时的情形。δ 越大，对应的福利函数的厌恶不平等程度越高。最大限度下，若 δ 趋近于无穷，$W(x)=\min_i\{x_i/1\leqslant i\leqslant n\}$。

可以注意到，所有这些指数都满足同 $I^{a}_{(2)}$ 相一致的公理。

一致性和可分性

在介绍了不平等指数的定义和几个常用指数后，现在我们将探讨通常被认为测度不平等的合适的性质，以及研究这些性质引起的同指数形式相关的限制。这里我们研究这些性质中的三种类型：同人口子集（sous-populations）相比的一致性，同福利的同样提高或成比例提高相比的不变性，以及对再分配转移的敏感性。这一节主要研究一致性。

假定指数 I 被用于测度欧洲的不平等，且根据 I 的测度，在某一国家福利的再分配减少了不平等（其他国家没有任何改变）。那么我们应由此推出整个欧洲人口的不平等程度也下降了吗？如果指数 I 在这一意义上能够解决，我们说它是一致的。任何人口子集的不平等的变化都反映到整个人口的不平等当中。

所有常用指数都不满足这一性质，尤其是基尼指数，分位数比率指数和库兹涅茨指数也同样。

由苏尔克斯（Shorrocks，1984）得出的结果表明一致性意味着指数 I 的一种分解形式。而首先要定义一致性。若 x 是一种分配，且 $K\subset\{1,\cdots,n\}$，x 的子向量记作 x_K，其分量来自 K，而 x_N 是补充的子向量。

一致性：设 $K\subset\{1,\cdots,n\}$，x 和 y 为 $\mathbb{R}^n$ 的两种分配使得 $\bar{x}=\bar{y}$ 和 $x_N=y_N$。则有：$I(x)\leqslant I(y)\Leftrightarrow I(x_K)\leqslant I(y_K)$。

命题 1：

设 I 为 x 的一个连续指数，当且仅当 $x=\bar{x}.e$ 时，$I(x)=0$。那么，当且仅当 $I(x)=\psi(\sum_i\varphi(x_i),\bar{x},n)$ 时，I 是一致的。和它的前两个自变量相比，$\psi\in\Psi$ 是连续的，且 φ 为连续函数。

证明：

参见 Shorrocks（1984），Th. 4。我们可以验证对于一个连续指数，一致性等价于苏尔克斯运用的可分解性条件。

这个结果并不令人惊讶，因为一致性意味着在 $\bar{x}$ 和 n 一定的情况下，对于函数 I，x 的任意子向量都是可分离的。这个命题也可以用下面的方法解释：当且仅当 I 是由公式（2）从可加的、可分离的社会福利函数中导出时，（满足假设条件的）指数 I 是一致的。这并不意味着能推导出 I 的所有社会福利函数都是可分的、可加的。

如果我们以只考虑有两个参与人的人口子集的方式来削弱一致性

公理，那么以下命题不再成立：

成对一致性：设 $K\subset\{1,\cdots,n\}$，且 $|K|=2$。设 x 和 y 是 $\mathbb{R}^n$ 的两种分配使得 $\bar{x}=\bar{y}$，且 $x_N=y_N$。则

$$I(x)\leqslant I(y)\Leftrightarrow I(x_K)\leqslant I(y_K)$$

分位数比率指数和库兹涅茨指数不再满足这个公理。当然，这次基尼指数满足成对一致性公理。

不变性公理

分配 x 的变化是否不影响不平等？我们尤其可以想到两类变化：福利的均等增加和福利的成比例增加。

实际上，通常在文献中，不变性公理 $I(\lambda x)=I(x)$，$\lambda>0$ 在定义上同样被纳入不平等指数的概念中。因此，x 的成比例变化并不改变不平等程度。鉴于这里分析的大量情况（情况 1 至情况 4)，并考虑绝对指数同相对指数的比较，有必要进行概括。另外，不变性性质的适当特征远远谈不上是明显的和普适的。

首先我们分析情况 1$(x\geqslant x_m)$。在所有可能的不变性公理中，有两个公理值得研究。第一个对应于福利的成比例增加。

λ 不变性： $\forall\lambda>0$，$I(x_m.e+\lambda(x-x_m.e))=I(x)$

当我们认为只需要推导出个体们获得的总蛋糕的部分，而同蛋糕大小无关时，这个公理尤为有道理。这里我们建议将这个公理应用到相对指标而不是绝对指标上。如果将其应用到绝对指标上，实际上将遭遇到一个重要的障碍：分析（x_m，x_m+1）和（x_m，x_m+100）得到相同的绝对不平等程度。

人们试图说明这个公理暗示变量 x 可能的单位的变化，不应该影

响对不平等的认识。这种解释是似是而非的，因为单位的变化无须具有这种形式，特别是由旧法郎到新法郎丝毫不能等价于将法国人的收入除以 100：新法郎不影响不平等不意味着实际收入的同样缩减。[①]

在前面介绍的常用指数中，所有相对指数，且只有它们满足 λ 不变性。

下面是不变性的第二个性质：

μ 不变性： $\forall \mu>0$，$I(x+\mu . e)=I(x)$

这个公理可以应用到相对指数上，同样也可以应用到绝对指数上。然而，如果相对指数 I^r 是通过公式 $I^r(x)=I^a(x)/\bar{x}$ 由绝对指数推出，且满足 μ 不变性，则有 $\lim_{\mu\to+\infty} I^a(x+\mu . e)=+\infty$，在 x_i 之间的差距保持不变的范围内，这个结果有些奇怪。通常我们也认为 μ 不变性这个性质确切地说是同绝对指数相关。

在前面介绍的常用指数中，两个绝对指数（标准差和科姆-普拉克），且只有它们满足 μ 不变性。

有一点需要注意。有时在文献中相对指数（绝对指数）同样由 λ 不变性（μ 不变性）这个性质定义。最好是对这些概念做出区分。确实，λ 不变性（μ 不变性）确切地说同相对指数（绝对指数）相关，但也有可能对于某个相对指数，即无量纲的指数，不满足 λ 不变性。同样，某个绝对指数可能不满足 μ 不变性。例如，明显的例外是标准差和变异系数构成的这一对，库兹涅茨指数和基尼指数，以及在前面介绍的常用的由相对指数（绝对指数）推出的绝对指数（相对指数）不满足 μ 不变性（λ 不变性）。

---

① 按度量单位或尺寸解释不变性性质差别的例子，参见 J. Aczél & Z. Moszner (1994)。

在情况 2 时，这两个公理以对称的方法应用（在解释 λ 不变性时只是用 x_M 代替 x_m，而在解释 μ 不变性时，只是用 $\mu<0$ 代替 $\mu>0$）。

在情况 3 时，我们分析 $x_m=-\infty$，而 λ 不变性归入 μ 不变性。实际上，λ 不变性是建立在由 $x_m.e$ 点出发的一种位似变换的基础上。当这点趋于负无穷大时，这个转换成为沿着 e 方向的轴的平移。若 $\lambda=1-(\mu/x_m)$，则有 $x_m.e+\lambda(x-x_m.e)=\mu.e+\lambda.x$，当 x_m 趋向 $-\infty$ 时，其值趋向 $x+\mu.e$。因此，在情况 3 时，同时对于相对指数和绝对指数研究性质 μ 不变性似乎是符合逻辑的。

在情况 4 时，λ 不变性分成两个范围，事先强调 x_m 和 x_M 的范围。

这里将研究不变性公理的几个结论。限于情况 1，$x_m=0$，是在文献中唯一真正探讨的情况。扩展到 $x_m\neq 0$ 的情况，以及情况 2，是直接的。同 μ 不变性相关的结果没有变化地应用到情况 3 上。

后面的第一个命题说明结合不平等指数的不变性、可分性，可得到指数的相当明确的规定。

命题 2：

假定指数 I 是可分的，即它可以写成下面的形式：

$$I(x)=\psi\left(\sum_i\varphi(x_i,\bar{x},n)\right)$$

和它的前两个自变量相比，$\psi\in\Psi$ 是连续的，且 φ 为连续函数。那么

(i) 若它满足 λ 不变性，

$$I(x)=G(EG_c(x),n)$$

函数 G，在其第一个自变量上连续，严格单调，且 c 为实数。

(ii) 若它满足 u 不变性，

$$I(x)=G\left[(1/n)\sum_i e^{c(x_i-\bar{x})},n\right]$$

函数 G，在其第一个自变量上连续，严格单调，且 c 为实数。

证明：

对于（i），参见 Shorrocks（1984），Th. 5。推导出结果（ii）的各方面的论证和（i）的证明相似。

这个命题的结果（ii）提出科姆-普拉克指数的推广，这个指数可以这样定义，允许使绝对指数标准化：

$$KPG_c(x)=\frac{1}{|c|}\ln\left(\frac{1}{n}\sum_i e^{-c(x_i-\bar{x})}\right)\qquad(c\neq 0)$$

另外，我们可以研究源于社会福利函数的不平等指数的不变性的结果。由于这很大程度上取决于所运用的函数使一个概念过渡到另一个概念，这里只限于前面一节阐述的简单公式（3）。

命题 3：

（i）当且仅当社会福利函数 $W(x)=\bar{x}(1-I(x))$ 满足下面的性质 $W(x)=W(y)\Leftrightarrow W(\lambda x)=W(\lambda y)$ 时，I 满足 λ 不变性；

（ii）当且仅当社会福利函数 $W(x)=\bar{x}-I(x)$ 满足下面的性质 $W(x)=W(y)\Leftrightarrow W(x+\mu.e)=W(y+\mu.e)$ 时，I 满足 μ 不变性。

这个证明很容易。但这个命题产生一个令人不安的结果。只有当 W 这样定义

$$\forall\alpha\in[0,1],W(\alpha x+(1-\alpha)Ew(x)\cdot e)=W(x)$$

时，我们才能从同一函数 W，通过前面的简单公式（4a，b）推导出一个相对指数满足 λ 不变性和一个绝对指数满足 μ 不变性，这很有限制性。例如，$W(x)=\bar{x}-\sigma(x)$，当 $n=2$ 时，同最小值重合（但若 $n>2$ 则违背弱帕累托）。另外一个例子是同基尼指数（广义）相结合

的函数。但没有一个可分函数 W 能满足这两个性质，正如下面命题所要说明的那样。

最后一个命题，在不变性的结果这一研究中，可以说实际上结合前面两个命题，并假定社会福利函数自身是可分的，$W(x)=\sum_i\varphi(x_i)$，并通过类型（4）的公式从社会福利函数中推导出 I。另外假定 φ 是严格凹的来反映对平等的偏好。

命题 4：

假定 $W(x)=\sum_i\varphi(x_i)$，其中 φ 为连续的、严格递增的和严格凹的函数。

(i) 如果在定义域 $\mathbb{R}^n_{++}$，指数 $I(x)=1-E_W(x)/\bar{x}$ 满足 λ 不变性（$x_m=0$），则 $\varepsilon>0$ 时，$I(x)=KA_\varepsilon(x)$；

(ii) 如果在定义域 $\mathbb{R}^n$（或 $\mathbb{R}^n_+$），指数 $I(x)=\bar{x}-E_W(x)$ 满足 μ 不变性，则 $\alpha>0$ 时，$I(x)=KP_\alpha(x)$。

证明：

参见 Kolm（1976），sect. IIb。

不变性性质的适当特征很难评价，且很大程度上取决于应用的背景。例如，当关系到 λ 不变性时，在戴尔顿（Dalton，1920）的著作中，提出收入的等比例增加会缩减不平等，而在科姆（Kolm，1976）的著作中提出相反的论点。两个学者在增加同样的收入缩减不平等的观点上达成一致，而这同 μ 不变性相矛盾。

我们可以设想一种中间的不变性的性质，由下面的公式这样定义：

$$\forall\alpha>0, I(x+\alpha[\beta\cdot(x-x_m\cdot e)+(1-\beta)e])=I(x)$$

给定的参数 $\beta\in[0,1]$。若 $\beta=0$，可得 u 不变性；若 $\beta=1$，可得 λ 不变性。这个公式实际上又回到从处于 $x_m.e$ 下面的一点出发，沿着 e

方向的直线实施的位似变换。它实际上可以写成：

$$I(x'_m \cdot e + (1+\alpha\beta)(x - x'_m \cdot e)) = I(x)$$

并且 $x'_m = x_m - \frac{1-\beta}{\beta}$。当 $\beta=1$ 时，我们发现 $x'_m = x_m$；当 $\beta=0$ 时，x'_m 为负无穷。

下面的命题参照下面一节介绍的转移原则。这个原则只意味着当福利由某一个体转移到另一个福利较高的个体那里时，不平等指数提高。将这一原则同中间不变性相结合，下面的命题表明 λ 不变性和 u 不变性在这个确切意义上是相违背的。

命题 5：

若 I 满足转换原则和中间不变性性质，$\beta \in [0, 1]$，那么

(i) $I(x_m + \lambda(x - x_m)) > I(x)$，$\lambda > 1$；

(ii) $I(x + \mu . e) < I(x)$，$\mu > 0$。

证明：

参阅 Chakrạvarty（1990），Th. 2. 5，Kolm（1976）。

很容易构建出满足中间不变性性质的指数。设 I 为情况 1 情形下定义的任何指数，且 $x_m = 0$，并满足 λ 不变性：$I(\lambda x) = I(x)$。那么由 $J(x) = I(x - x'_m \cdot e)$ 定义的指数 J 满足中间不变性（如上文，$x'_m = x_m - \frac{1-\beta}{\beta}$）。实际上，$J(x'_m \cdot e + \lambda(x - x'_m \cdot e)) = I(\lambda(x - x'_m \cdot e)) = I(x - x'_m \cdot e)) = J(x)$。这一过程的应用出现在科姆（Kolm，1976）的著作中，他从科姆-阿特金森指数出发，构建了一个满足中间不变性的指数。

这一节主要研究同定义在 $\mathbb{R}^n$ 上的分配 x 的移动相比，不变性的性质。还应该说明另一个不变性公理，它在不同人口规模的不平等比

较中很有用。

人口原则： 如果将相同的人口相连接，不平等程度不变，即：

$$I(x,x,\cdots)=I(x)$$

同上文提到的不变性公理相反，这个公理受到的批评很少（参见 Kolm，1993b），且可以结合本章的不同结果来排除限制，据此可以比较同一量纲的分配。这个练习简单而枯燥，留给读者来做。

所有常用指数均满足人口原则。

转移原则，控制和洛伦兹曲线

通常认为，如果一个指数不满足庇古-戴尔顿转移原则，那么这个指数很难确定测度不平等。根据这一原则，当由富人向穷人实行转移时（不改变其相对排序），所测度的不平等缩减；相反，在另一种意义上转移时，所测度的不平等提高。[①]

转移原则： 若存在 i，j 使得 $x_i<x'_i\leqslant x'_j<x_j$，$x'_i-x_i=x_j-x'_j$，且 $x'_k=x_k\ \forall k\neq i,\ j$，则 $I(x')<I(x)$。

同样，很明显分位数比率指数和库兹涅茨指数都不满足这个公理。然而，这些指数满足上文所提出的弱的形式 $I(x')\leqslant I(x)$。过去，x 的对数方差也是一个常用指数，但后来因为它同样不满足转移原则的弱的形式而被放弃（参照 Dasgupta，Sen & Starrett，1973）。前面介绍的所有其他指数都满足这个原则。

为了理解这一原则的含义，有必要指出它等价于同 $I^a_{(2)}$ 一致性公理和成对一致性公理的结合（Kolm，1993b）。不过，这两个公理中，

① 我们说第一种情况是进步的转移，第二种情况是倒退的转移。

只有第一个是明确没有争议的。同样很明显的是，第二个公理不具有伦理的价值。当一个指数仅仅是因为它不满足成对一致性公理（这就是上文引用的三个例子的情况）而违背转移原则时，并不能确定这个指数就自然为无效的。因此，转移原则并非如通常所说的那样无可争议。

对于可分的指数，这个原则有明确的结果。实际上，设 $I(x)=\psi(\sum_i\varphi(x_i), \bar{x}, n)$，且 $\psi\in\Psi$。假设 φ 为可导的。对于 $x_i<x_j$ 且 $\delta<(x_j-x_i)/2$，意味着

$$\varphi(x_i+\delta)+\varphi(x_j-\delta)>\varphi(x_i)+\varphi(x_j)$$

这表明 $\varphi'(x_i)\geqslant\varphi'(x_j)$：$\varphi'$应为递减的（且实际上我们看到应为严格的）。反之，若 φ 为严格凹的，那么 I 满足转移原则。

大部分指数符合转移原则，转移原则显示出相当少的区别性。而这种弱的区别能力的对立面是围绕这种转移能缩减不平等达成广泛一致的论断。这就导致关注序的概念，通过这种转移，使得互相联系的分配之间可以比较。当一个不平等指数 I 提供一个完全序时，能够比较所有的分配，建立在转移基础上的序只是部分的，但却是少有争议的。

这个序，记作$\gtrsim$，可以用下面的方法定义：当且仅当如转移原则定义，$\tilde{x}'$是通过有限数量的转移，由 $\tilde{x}$ 推出时，$x'>x$ 当且仅当 $\tilde{x}'=\tilde{x}$ 时，$x'\sim x$。

这里将哈迪（Hardy）、利特尔伍德（Littlewood）和波利亚(Polya) 得出的一个重要结果作为定理。这个定理将双随机矩阵作为参照。双随机矩阵即为每行或每列分量总和等于 1 的矩阵。置换矩阵是分量为 0 或 1（每行或每列只包括一个 1）的双随机矩阵。

定理 1：

设 x，$y\in\mathbb{R}^n$，下列四个条件是等价的：

(i) 对于一个双随机矩阵 Q，$y=Qx$，Q 不是一个置换矩阵；

(ii) $\bar{y}=\bar{x}$ 且 $\forall k$，$\sum_{i\leqslant k}\tilde{y}_i\geqslant\sum_{i\leqslant k}\tilde{x}_i$，且至少对于 k 为严格不等式；

(iii) 按照转移原则的定义，通过有限数量的转换，$\bar{y}$ 可由 $\tilde{x}$ 推导得到；

(iv) 对于任意一个定义在 $\mathbb{R}$ 上的严格凹的函数 g，$\bar{y}=\bar{x}$ 且 $\sum_i g(y_i)>\sum_i g(x_i)$。

证明：

参见 Hardy，Littlewood & Polya（1952），定理 2，p. 47，th. 2. 20，p. 49 和 th. 108，p. 89。为得到（iv）中的严格不等式，应介绍几个微小的变动。菲尔兹和费景汉（Fields & Fei，1978）提供了（ii）和（iii）中的同样的证明。

这个定理使序≥同其他定义联系起来。这里我们将关注其中的三个。第一，通过序得出的分配的排列实际上可以借助简单的分配比较方法来验证，这同洛伦兹曲线的比较相似。第二，同特征相对应的序明确了相应的社会福利函数。第三，不确定条件下类似的决策再次被动用，而这里确切地说是随机控制的概念。

我们从第一点开始，在下面的命题中直接解释，提出一种简单的方法来验证通过序而进行的两个分配的排列。

命题 6：

当且仅当 $\bar{x}'=\bar{x}$ 且 $\forall k$，$\sum_{i\leqslant k}\bar{x}'_i\geqslant\sum_{i\leqslant k}\tilde{x}_i$，并至少对于 k，为严格的不等式时，有 $x'>x$。

证明：

由≿的定义和定理 1 可直接得出结果。

这个计算规则同洛伦兹曲线的计算方法非常相似。若分配是正的，我们实际上可以构建出它们的洛伦兹曲线。对于分配 x，这条曲线可以通过在坐标系上的点（k/n，$\sum_{i\leqslant k}\widetilde{x}_i/$（$n\bar{x}$））间实施线性内推法在$[0，1]^2$ 中得出。同样所得出的曲线总是位于等分线的下方。当平等时，同等分线重合；当不平等程度上升时，远离等分线。这就是产生测度这条曲线同等分线之间的面积得出（一半的）基尼指数的观点。由这条曲线还提出其他的类似的不平等指数，例如该曲线的长度。

不过，序≿，正如命题指出的，再来比较洛伦兹曲线（对于相同量纲和相同平均值的正的分配），洛伦兹曲线一直处于上方表明其分配更平均（至少在一点为严格不等式）。当两个分配的洛伦兹曲线相交时，序无法应用。

第二点将序≿和社会福利函数相联系。运用需要事先定义的 Schur-凹性的概念。若对于任意一个双随机矩阵 Q，有 f（Qx）$\geqslant f$（x），并且若 Q 不是置换矩阵为严格不等式，那么函数 f 为严格 Schur-凹的。

命题 7：

当且仅当 $\bar{x}'=\bar{x}$ 且下列等价的论点之一成立时，$x'\succ x$：

(i) 对于任意一个严格 Schur-凹的函数 W，W（x'）$>W$（x）；

(ii) 对于任意一个对称的且严格拟-凹的函数 W，W（x'）$>W$（x）；

(iii) 对于任意一个对称的且严格凹的函数 W，W（x'）$>W$（x）；

(iv) 对于任意一个严格凹的函数 g，$\sum_i g\ (x'_i)\ >\sum_i g\ (x_i)$。

证明：

我们注意到若 g 为严格凹的，$W\ (x)\ =\sum_i g\ (x_i)$ 为对称的且严格凹的，严格凹的 W 必然是严格拟-凹的，对称而又严格拟-凹的 W 必然是严格 Schur -凹的。那么可由定理 1 直接推出结果。

这个结果说明根据前面一节描述的方法，构建的任何一个源于至少为严格 Schur -凹的社会福利函数的不平等指数必然满足转移原则。反之，任意一个满足转移原则的指数 I 必然给出一个严格 Schur -凹的社会福利函数（但不一定是拟-凹的）。

第三点是序 $\succsim$ 和随机控制概念之间的关系。我们可以像定义随机变量 X 的概率原则那样分析福利 x 的任意分配。

$$\text{Prob}\{X = x_i\} = |\{j: x_j = x_i\}|/n$$

设 F_X 为相应的分配函数：

$$F_X(z) = |\{i: x_i \leqslant z\}|/n$$

随后通过下面的等式定义 $F_X^{(m)}$：

$$F_X^{(1)}(z) = F_X(z)$$

$$F_X^{(m)}(z) = \int_{u\leqslant z} F_X^{(m-1)}(u)\mathrm{d}u \qquad m>1$$

设 X 和 Y 为两个随机变量，数量 B 为其上界。若

$$\forall k < m, F_X^{(k)}(B) \leqslant F_Y^{(k)}(B)$$

$$\forall z \leqslant B, F_X^{(m)}(z) \leqslant F_Y^{(m)}(z)$$

且至少对于 z 为严格不等式时，我们就说在 m 阶 X 控制 Y（Arnold, 1987）。

n 阶上的控制意味着 $n+1$ 阶上的控制，随后同理。夸张地说，这里我们将控制的概念应用到分配本身（而不是相应的随机变量）。

在我们这里涉及的离散型变量的情况中，一阶随机控制只是意味着 $\tilde{x} \geqslant \tilde{y}$ 和 $\tilde{x} \neq \tilde{y}$，这同匿名的帕累托—控制相对应（或者还有：在每个前提下，对于任意一个对称的且严格递增的函数 W，有 $W(x) > W(y)$）。

现在来分析两个相同平均值的分配 x 和 y，使得在二阶条件下 x 控制 y。第一个条件 $F_X(B) = F_Y(B)$ 总能被满足（这两项等于1）。第二个条件，由 $\tilde{x}_j \leqslant z < \tilde{x}_{j+1}$ 和 $\tilde{y}_k \leqslant z < \tilde{y}_{k+1}$ 定义 j 和 k（不等式两边乘以 n）：

$$\sum_{i<j} (\tilde{x}_{i+1} - \tilde{x}_i) i + (z - \tilde{x}_j) j \leqslant \sum_{i<k} (\tilde{y}_{i+1} - \tilde{y}_i) i + (z - \tilde{y}_k) k$$

简化为，

$$- \sum_{i \leqslant j} \tilde{x} i + zj \leqslant - \sum_{i \leqslant k} \tilde{y}_i + zk$$

或者还假定 $t^+ = \max\{t, 0\}$

$$\sum_i (z - x_i)^+ \leqslant \sum_i (z - y_i)^+$$

回顾每一步骤，不等式对于 z 都成立，并且至少对于 z 为严格不等式。还要注意到函数 $f(z) = \sum_i (z - x_i)^+$ 有其经济意义，即需要为所有处于 z 水平以下的分配带来福利总量。这些计算之后，就接近下面的命题。

命题 8：

当且仅当 $\bar{x}' = \bar{x}$ 且 x' 在二阶条件下控制 x 时，$x' > x$。

证明：

设 $x' > x$。根据命题 7，对于任意一个严格凹的函数 g，$\sum_i g(x'_i) > \sum_i g(x_i)$。所以，对于任意一个凸函数 f，有 $\sum_i f(x'_i) \leqslant \sum_i f(x_i)$。而对于给定的 z，函数 $(z - x)^+$ 是凸的。所以对于任意 z

有$\sum_i (z-x'_i)^+ \leqslant \sum_i (z-x_i)^+$。至少对于 z，应为严格不等式，因为很容易验证若对于任意 z，有$\sum_i (z-x'_i)^+ = \sum_i (z-x_i)^+$，则有$\tilde{x}'=\tilde{x}$。

反之，假设对于任意 z，有$\sum_i (z-x'_i)^+ \leqslant \sum_i (z-x_i)^+$，且对于 z_0 为严格不等式。设任何一个 z 和 k，使得 $x_k \leqslant z \leqslant x_{k+1}$，则有 $kz-\sum_{i\leqslant k}\tilde{x}'_i \leqslant \sum_{i\leqslant k} (z-\tilde{x}'_i)^+ \leqslant \sum_i (z-x'_i)^+ \leqslant \sum_i (z-x_i)^+ = \sum_{i\leqslant k}(z-\tilde{x}_i) = kz-\sum_{i\leqslant k}\tilde{x}_i$，其中$\sum_{i\leqslant k}\tilde{x}_i' \geqslant \sum_{i\leqslant k}\tilde{x}_i$。当 $z=z_0$ 时可得严格不等式。

我们可以借助于图 5—1 直观地理解这个结果，图 5—1 表示由正分配 x 派生出的分配函数 F。二阶随机控制由这个函数的积分定义。但如果是在纵轴上对这个函数积分，而不是横轴，我们得到变量的变形①：

$$\int_o^p F^{-1}(t)\mathrm{d}t = \int_o^{F^{-1}(p)} u\mathrm{d}F(u)$$

这只是洛伦兹曲线的另一定义（更确切地说，应将这项除以 $\bar{x}$，得到洛伦兹曲线的表达式）。而对于两个分配 x 和 y，下面两个论断是等价的：

$$\forall z, \int_0^z F_X(u)\mathrm{d}u \leqslant \int_0^z F_Y(u)\mathrm{d}u$$

$$\forall p, \int_0^p F_X^{-1}(t)\mathrm{d}t \geqslant \int_0^p F_Y^{-1}(t)\mathrm{d}t$$

沿着横轴面积的比较等价于沿着纵轴面积相反的比较。第一个对应的是二阶控制，而第二个对应的是洛伦兹曲线的比较。

---

① 在离散分配的情况下，F 不是双映射，但为了积分的需要，我们能很容易定义出一个合适的函数 F^{-1}。

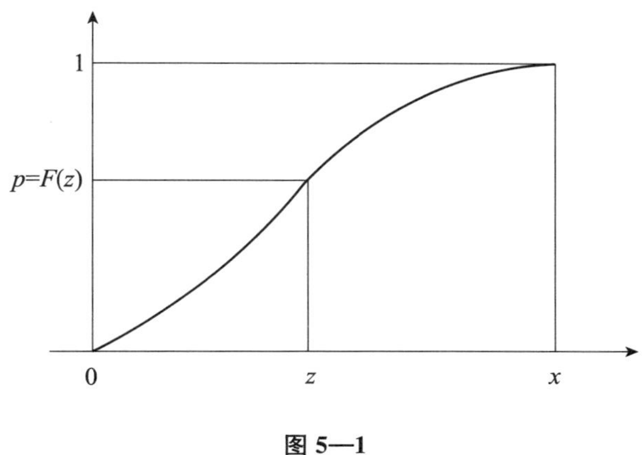

图 5—1

关于序≿还要做几点补充。实际上这确实是一个部分的序，因为它只能比较相同量纲（相同个体数量）和相同平均值的分配。很自然地要寻求扩展。

首先，如果我们放弃不平等的特定研究且如果我们探求更广泛的福利函数的一般标准，可以将≿和帕累托—控制关系相结合，通过这样定义，得到序$\succsim^*$：当且仅当存在 $y\geqslant x$，使得 $x'\succsim y$ 时，$x'\succsim^* x$。任何社会福利函数在它的每个自变量上都是严格递增的，且对于平均值相同的分配同≿是并存的，那么同$\succsim^*$是并存的。

如果仍然在不平等领域分析，若采纳人口原则（如果要比较 $x\in\mathbb{R}^n$和 $y\in\mathbb{R}^m$，则需要比较 $x'\in\mathbb{R}^{nm}$和 $y'\in\mathbb{R}^{nm}$，其中 x'为 x 的 m—复制，y'为 y 的 n—复制），能够扩展任何量纲的分配的序。而如果采纳不变性原则（λ，u，或中间不变性），序也可以扩展任何平均值的分配。例如，对于正分配（情况 1，且 $x_m=0$），人口原则和 λ 不变性公理的采纳使得序≿在分配集合中（无论任何量纲和平均值）等价于分配的洛伦兹曲线的排列。对于任何分配，人口原则的采纳使得序$\succsim_*$在分配集合中（无论任何量纲和平均值）等价于分配的“广义洛伦兹曲线”的排列（Shorrocks，1983）。广义洛伦兹曲线只是通过点来定义（k/n，$\sum_{i\leqslant k}\tilde{x}_i$）。

这完成了第一个转移原则的研究。还存在第二个转移原则，补充到第一个转移原则上，明确地使分配的排列能够更精确。而第一个转移原则局限于解释在进步的转移中，会缩减不平等，我们可以认为因为转移有可能随转移特征而变化，所以使不平等程度下降。

不过，转移有三个特征：转移的数额，相关参与人之间的差距，相关参与人的地位。直觉上，似乎一个恰当的不平等指数应按照数额（数额大的转移更能缩减不平等）和差距（差距大的参与人之间的转移更具效率）测度不平等程度的下降和上升，以及按照地位（给予贫穷的参与人的转移更具重要性）测度不平等程度的下降。不过，因为同一个参照转移相比，更高级或相距更远的转移可以分解为包括参照转移在内的几个转移，所以转移的第一个原则本身保证按照总额和差距上升。

然而，转移的第一个原则丝毫不能保证一个给定的转移因为干预分配的排列而更能减少不平等。因此，这里提供第二个原则，可以这样定义：

递减的转移原则：若存在 y，i，j，k，l 和$\delta>0$，使得：

$$x_i = y_i+\delta, x_j = y_j-\delta, x_s = y_s\ \forall s\neq i,j;$$

$$x'_k = y_k+\delta, x'_l = y_l-\delta, x'_s = y_s\ \forall s\neq k,l;$$

$$y_j-y_i = y_l-y_k>2\delta, y_k<y_i\ ,$$

则 $I(x')<I(x)$

在这个定义中，x 和x'都是通过相同数额和相同差距的转换由 y

得出。但在 x' 中，相关参与人拥有的福利水平更低时，会导致对 x' 的不平等程度更低。

分位数比率指数和库兹涅茨指数（不满足第一个原则）不满足这个原则，而标准差指数、变异系数和基尼指数也不满足这个原则，但它们满足第一个原则。当且仅当 $c<2$ 时，广义熵指数 EG_c 满足这个原则（因此，泰尔指数和科姆-阿特金森指数也满足这个原则）；当且仅当 $c>0$ 时，广义科姆-普拉克指数 KPG_c 满足这个原则（因此，科姆-普拉克指数也满足这个原则）。

这里我们还要研究这个原则给可分性指数带来的结果。实际上，设 $I(x)=\psi(\sum_i\varphi(x_i, \bar{x}, n))$，且 $\psi\in\Psi$。而 φ 二次求导。再用定义的符号表示，递减的转移原则意味着：

$$\varphi(y_i)+\varphi(y_j)+\varphi(y_k+\delta)+\varphi(y_l-\delta)>\varphi(y_i+\delta)+\varphi(y_j-\delta)$$
$$+\varphi(y_k)+\varphi(y_l)$$

其中　$\varphi'(y_j)-\varphi'(y_i)\leqslant\varphi'(y_l)-\varphi'(y_k)$

当且仅当 φ' 是递减的，因为 $y_j-y_i=y_l-y_k>0$，且 $y_k<y_i$，所以 $\varphi''(y_k)\leqslant\varphi''(y_i)$：$\varphi''$ 和 φ 应反方向变化。

另一种介绍 x 和 x' 之间关系的方法是由 x 推导出 x'，通过两个相同总额的转移，一个进步转移从 j 向 i，一个倒退转移从 k 到 l。我们注意到这种混合转移保留方差：

$$\begin{aligned}\sigma^2(x')-\sigma^2(x)&=(2\delta/n)(x_i-x'_j-x'_k+x_l)\\&=(2\delta/n)(y_i+\delta-y_j-y_k-\delta+y_l)\\&=0\end{aligned}$$

而分析保留方差的混合转移一般等级是有益的。也就是说，x 变形为 x' 的转移，使得

$$x'_i = x_i + \delta, x'_j = x_j - \delta;$$

$$x'_k = x_k - \delta', x'_l = x_l + \delta';$$

$$x'_s = x_s \forall s \neq i, j, k, l;$$

$$x_i < x_j \leqslant x_k \leqslant x_l, x'_i \leqslant x'_j \leqslant x'_k < x'_l$$

$$\sigma(x') = \sigma(x)$$

实际上，可得下面的命题。

命题 9：

设 x 和 x' 为 $\mathbb{R}^n$ 的两个分配。下面的两个论断是等价的：

(i) 借助于保留方差的有限数量的进步转移和/或混合转移，$\tilde{x}'$ 可由 $\tilde{x}$ 推导得出；

(ii) x' 三阶控制 x。

证明：

参见 Shorrocks & Foster（1987），Th. 2。

这个命题的直接结果是任何满足两个转移原则的不平等指数和相同平均值分配之间的三阶随机控制是并存的。

我们可以构建一条同洛伦兹曲线类似的曲线来分析三阶控制，但这样意义有限。在洛伦兹曲线本身的形状和三阶控制之间并不存在简单的联系。对于只相交一次的曲线，我们有下面的命题。

命题 10：

设 x 和 x' 为两个相同量纲和相同平均值的分配，使得 x' 的洛伦兹曲线只和 x 的洛伦兹曲线从上面相交一次。则下面的两个论断是等价的：

(i) x' 三阶控制 x；

(ii) $\sigma(x') \leqslant \sigma(x)$。

证明：

参见 Shorrocks & Foster（1987），Th. 3。

结论是，两条洛伦兹曲线只相交一次不足以保证三阶控制，另外还需方差以恰当顺序排列。

第六章　福利与机会

引言

本章单独研究第一章已经介绍的两个问题：一是个体属性的恰当选择，尤其是个体福利的主观概念和客观概念之间的选择；二是所给予的福利在何种形式下选择“结果”或“可能性”。

然而，同时阐述这两个问题更为方便。实际上，关于福利主义和论题“什么的平等?”的争论中援引的论据引发福利主义研究方法的选择，这些方法要么是关于第一个问题，倡导福利的客观概念；要么是关乎第二个问题，提出关注可能性而不是结果。另外，我们发现这些研究方法在对第二个问题的回答中，强调“手段”（罗尔斯、德沃金），这在第一个问题的回答中相当少，不必在细节上明确制定以哪种个体属性分配资源为成就的手段。更为简单的是，复原这些争论的主要概念，保留两个问题的联系。分开阐述未免过于造作且强加一些无用的冗词赘句。

“什么的平等?”的争论还将问题引向第三个问题，关系到属性划分的原则。直接的选择平等分配有时是作为一种任务的假设来介绍，而不是在讨论中处于重要地位。但我们要质疑这个问题的可以忽略的特征。一方面，信息问题有可能干扰分配原则的选择，正如第三章已经指出的。例如，同总量相比，更容易设想选择个体们总体的平等。另一方面，所研究的平等原则可能部分地规定关系到两个首要问题的不同论点的恰当性。无论如何，这里我们承认，初步估计，平等原则是一个方便的惯例，而随后，我们同样地将采纳这个原则。

这里我们叙述在“什么的平等?”的争论中出现的主要观点和主要理论。首先，叙述福利经济学传统的福利主义研究方法，而对此可以整理列出大量异议。其中有些由福利主义的辩护者重新分析、考虑，并构建出精确形式的福利主义。其次，要介绍罗尔斯的理论，至少介绍与这一争论直接有关的理论，特别是基本善（biens primaires)[①] 的定义。德沃金的理论，同前一理论类似，在下面一节中分析。最后概括阐述的是阿内逊、科恩和森的理论。罗尔斯和德沃金的理论建立在“手段”的基础上，这三个学者在前面提到的“机会”上达成一致，但在主观福利还是客观福利上观点对立。

效用

三个学者在主观福利还是客观福利的观点上是对立的，德沃金很好地概括了通过主观效用测度福利的吸引力：

> 就“平等是重要的”这一观点而言，有一种直接的吸引力，

① biens primaires 英文为 primary goods，何怀宏等在《正义论》中译为“基本的善”；刘莘在《当代政治学》中译为“基本益品”。本书采用“基本善”这一译法，并备注即为“基本益品”。—— 译者注

它最终一定是重要福利的平等。因为提出福利概念或至少采纳这概念是用来准确描述生活中的根本而不是描述那些仅仅是有助于生活的。实际上，采纳这个概念是为了提供一个规定资源恰当价值的公制：只要资源能够创造福利，它就是有价值的。如果我们决定平等，但却根据不相关资源，带来的福利定义平等，那么，我们似乎是将手段误以为目的，并满足于那些我们本应视为手段的令人迷惑的魅力。如果我们想要真正地平等待人（或似乎是如此），那么我们必须设法使生活对他们来讲同样令人满意，或给予他们能够这样的手段，而不仅是使其银行账号的数字相同。(Dworkin，1981a，pp. 188 - 189)

个体福利的概念，如效用属于福利主义。效用有两个不同的词义。我们可以设想效用为幸福、愉快，而这正是边沁的观点，在其“幸福的计算”中，可以加上愉快，减去痛苦。但自从经济理论强调其与偏好相关后，我们可以转而设想效用用以测度愿望或偏好的满足程度。[①] 按照德沃金的观点（Dworkin，1981a)，效用即幸福加上愿望的满足程度。直接享乐的满足程度（愉快、痛苦、欢乐等）不是通过和愿望的满足相比。区别在于，假如我们设想尽管愿望都实现时，仍是不幸的，其较之这些更为深刻（这种情况是可以接受的，特别是假定一定程度的悲观对幸福而言是必要的)。[②]

后面我们将探讨一系列对福利即效用的概念的批判，这些批判也

① 有时我们在这一概念和将效用视作纯粹的选择行为的表示的理念间进行区分，后者避免了同心理基础相关的任何假设。

② 莱布尼茨（Leibniz）指出：“担忧对于人类的幸福是必不可少的。”伯特兰德·罗塞尔（Bertrand Russell）指出：“欲求得不到满足是幸福一个不可缺少的组成部分。”(Elster，1983，pp. 136 - 138)

可以应用到效用即满足或幸福的概念上。其中主要分为两类。第一类观点是福利指标也应考虑同效用并不直接相关的因素；相反，第二类观点认为某些同效用相关的因素并不恰当。

首先，我们分析除效用之外恰当的信息的因素。除属于个体效用之外，还有人们希望看到的被遵守的权利。从集体的角度来看，这个线索是不可信的，因为如果我们独立于所带来的效用之外评价一个社会给予的权利，那么可能为了某些令人怀疑的机构的利益而提出天赋或神权。这正是边沁对权利定义的批判，尤其是对人权定义的批判。从个体的角度来看，却可以考虑遵守某些不可触犯的权利，即使对于受益者的直接效用是很小的，甚至是负面的。

除效用外的第二个因素应该考虑到涵盖个体的实际成就。德沃金（Dworkin，1981a）和科恩（Cohen，1989）提出了小丁姆的例子，他身体重度残疾，却生来幸福而满足。① 如果遵循效用，不应为其利益做出任何转移。然而，同他自身的主观评价无关，直觉上要为其残障要求一种补偿。例如，摩尔（Moore，1912）提出，个体福利不仅包括精神状态，还有“理想的物品”，比如知识。而这里我们似乎还不能逃避最后的辩护：为什么我们将残障认为是一种不幸，而不是一种恩惠。另外，残疾的定义因文化而变化（精神病、失明、白化病……）。因此，如果不追寻某些个体（尤其是相关个体）对于这个

① 转引自段忠桥：小丁姆是狄更斯小说《圣诞颂歌》中的一个残疾孩子，他虽然严重残疾，但因受到父母和哥哥姐姐的关爱而精神快乐和心满意足（［英］查尔斯·狄更斯：《圣诞颂歌》，“第三节歌”，上海，上海译文出版社，2010）。德沃金在其著作中谈到残疾问题时曾以小丁姆为例，认为他比《圣诞颂歌》一书中另一人物——资本家、吝啬鬼斯克鲁奇更幸福（［美］罗纳德·德沃金：《至上的美德》，55页，南京，江苏人民出版社，2008）。——译者注

人或那个人的残疾的主观评价是合理的，那么，是否有一个无论参照哪个“标准”效用函数，都是周围社会的标准？斯坎伦（Scanlon，1975）指出，我们所做的福利的判断通常是客观的，在这个意义上，我们评估偏好或愿望的“紧迫性”不是同主观强度相比，而是同愿望实现的过程中追求的目标相比。并且安排一定比例的优先权或在相关目标空间上安排相对重要性：例如，健康位于居住条件舒适之前，也位于融入劳动力市场之前，等等。而斯坎伦承认这一比例因论题而定，且取决于周围的社会和文化。

第二个因素是效用领域的范围：重要的是效用的起源。在一定心理条件下或大规模广告宣传条件下形成的偏好同深思熟虑的偏好不能有相同的权重。我们紧接着汇聚不恰当效用因素的情况，这是要解释第二类观点。

在这第二类中，要区分大量的情形。首先是那些“昂贵嗜好”。德沃金（Dworkin，1981a）提出路易斯的情形，他毫不犹豫地着手培养对昂贵物品的嗜好。他的收入和另一个体相同，却从此以后得到的效用要少：他有理由因此而得到补偿吗？昂贵嗜好的问题带来个体们在效用和偏好方面的责任问题。个体们按照自己的生活理念选择发展某些欲望。德沃金看到一个基本水平，人们不一定选择他的生活理念，或是以这种理念为基础的信仰，但他认为个体们掌控运用这些信仰和理念。“路易斯有一个选择。他可以选择保有现有的同等资源，认可现有的生活和享乐，但他没有实现他想要的偏好或夙愿。或者他可以保有现有的资源且认可一种他认为在各方面都比现在更成功的生活，但乐趣较少。要是他有第三种选择是非常不公平的，那就是他能够以其他人的损失为代价，引领一种比其他人更昂贵的生活，且没有牺牲自己的任何乐趣，只是因为他理所当然地认为，他会过一种生活，一种比其他两种选择在各方面都更成功的生活。”（p. 237）近来，德沃金放弃了因选择承担责任的观点，而是以区分手段和愿望的观点为依据。每位个体都能区分他的愿望和以其才能使之实现的手段：不过，人们可以因缺乏手段，而不是因为愿望高要求补偿。然而这种区分是很困难的，因为手段和愿望是相结合的。

第二种情形是实现非个人目标的效用。假定平等主义应用在一个生活着少数功利主义者的社会中。这样存在一种满足的赤字，同平等主义者相比，功利主义者所倾向的标准没有被应用。这是否就有理由为了让他们也同样同意，在其他条件不变的情况下，人们要给他们一些补充的资源来补偿这种不利？这似乎是一笔乱账，且会导致那些荒唐的情况（因为没有驱逐外国人而应补偿排外者等）。继森的悖论后[①]，在相关文献中经常会提到非个人偏好的特殊情况，正是这种偏好侵占了其他人的私人领域。

第三种情形是指那些反常偏好。而森（Sen，1979）提供了下面的例子。一个有两位个体的社会。两个可供选择的备选方案 x 和 y 分别给他们带来的效用是（10，4）和（8，7）。我们给出下列补充的信息：第一个个体富有，另一个贫穷，且备选方案 x 是一种自由放任政策，而通过 y 可实施一种收入的再分配。考虑到这些因素，人们或许会趋向选择 y。但假定上面的补充信息换成是这样：第一个个体是自行车运动者，第二个是步行者。在 x 中，自行车运动者超过了步行者，而在 y 中，就在他超越时，跌了一跤，这让步行者很高兴。我们

① 参见第七章。

应该总认为 y 优于 x 吗？这个例子虽然滑稽，但实际上指出来自这种或那种效用水平或满足的情感，不值得有完全相同的关怀。

第四个障碍是偏好和效用同样受备选方案的影响，而这些方案又被认为是借助于这些偏好来评价。最经常援引的情况（Sen，1992a；Elster，1983）是那些自适应偏好，它们使个体们通过一个减少认识不一致的类似的过程，趋向适应其可能性的愿望。这样，在穷人和富人之间的效用或满足的差别可能就很小（有时甚至相反，因为朴素的智慧）。例如，对于一个中间地位的个体，变富和变穷的效用差别。

最后一点涉及源于错误相信的偏好。似乎很难接受它们和知情偏好具有同样的重要性。甚至经常是，个体们自身更愿意不考虑错误相信。我们考虑下面两个备选方案。第一个是，你实施某个行动，其结果救了数以百计的生命，但你从不知道。第二个是，你以为你的行动救了数以百计的生命，而事实并非如此。那么，你更倾向哪个呢？耶和巴尔-希勒尔（Yaari & Bar-Hillel，1984）对错误相信会给决策者带来的困境给出一个有趣的说明。就下面的情况，他们访问了 62 个人。

> 问题：
>
> 老雅各布去世了，并留下两条遗嘱。首先，他将所有财产留给两个儿子，瑞本和西蒙。其次，他的老朋友拉班决定在两个儿子间进行分配。拉班做了些研究，得出下列信息：
>
> ——遗产的价值为 1 000 美元；
>
> ——瑞本确信遗产价值绝对有 1 200 美元；
>
> ——西蒙确信遗产价值绝对有 800 美元；

——兄弟两个没有再联系，且谁都不会知道另一个得到多少。

拉班该怎样分配呢？

两个解决方案。分配（500，500）对应于实际的平均分配，而分配（600，400）使兄弟中的每一个都认为是得到了一半。受访者是这样分配的：52%的人支持第一个解决方案，而48%的人支持第二个解决方案。

近来在主观效用基础上形成的研究方法，在相当程度上考虑到了这些障碍（Gibbard，1986；Arneson，1990）。充当个体福利评价参照的偏好不应该是现在的即刻的偏好，而应是其所具有的偏好。

——只考虑其个人利益；

——完全掌握情况；

——进行完全理性的协商；

——不是简单地参照偏好，而是衡量对他而言什么是最好的；

——经过某一程序，形成其认可的偏好；

——在其一生中，其偏好固定不变。

这最后一点同勃兰特（Brandt，1978）提出的问题相联系。如果个体偏好在其生活过程中发生改变，如何来评价效用？依据人们采纳的这种或那种偏好为参照，判断将非常不同。为避开偏好固定不变这一条，阿内逊（Arneson，1990）提出了一个简单的集结程序：用即时偏好评价个体效用的每个瞬间，并应用到整个人生中，而后对于整个人生将其相加（这是双重求和）。换言之，若 r 是描述人生 $[0, T]$ 中个体的长期成就，而 $u(t, r(\tau))$ 是由即时偏好 t 评价的即时 τ 的成就效用，阿内逊的表达式为：

$$\int_0^T \int_0^T u(t, r(\tau)) \mathrm{d}\tau \mathrm{d}t$$

更通常的情况是，如果函数 u 在时间上不是分离的，且如果根据 t 的偏好，总的长期 r 的效用是 u (t, r)，表达式就变成

$$\int_0^T u(t, r) \mathrm{d}t$$

然而，这个程序在个体评价其不同人生阶段时，很容易使自身感到矛盾。①

主观主义辩护者的这种阐述同某些客观主义者的理论呈现出相当惊人的趋同，特别是同斯坎伦的理论非常相似。实际上，阿内逊提出的很多理性协商和完全掌握情况的推断与斯坎伦提出的一般优先级的建立非常相似。借助于这种一般优先级，并考虑到个人境况（才能、残疾、本人的遭遇），个体能够确定其个人偏好。这个观点同样能用相当简单的形式说明。如果 ψ_i 为根据个体 i 外部资源 x 和内部资源 y_i 确定个体 i 的成就的函数，且若 u_i 为定义在个人成就集合上并源于其福利的理念的效用函数，那么，对于 y_i 给定在外部资源上，i 的偏好可以由函数这样表示

$$v_i(x) = u_i(\psi_i(x, y_i))$$

当基于福利的不同理念，所有完全理性都可能在同一社会并存时，这两种研究方法之间的差别是不可约减的。斯坎伦只是倡导一致性的研究，认为在关系到社会基础体系的非个人的分析中，要比涉及个体生活计划时，这种一致更合理。应该承认一种客观的研究方法不会是完全客观的，且必然要以主观评价为基础，这种评价是集体的、

① 这种完全知情和深思熟虑的偏好的假设，并不适用于见习生的偏好变化，而她给出了个体贬低其过去偏好的恰当的例子。这里强调这一假设的果断的特征。

一致的。类似的方式，一种主观的研究方法，只有在它倡导一种同样尽可能客观的措施时才能被接受，并从问题的某一方面定义福利的理念和归纳偏好。因此，主观主义和客观主义之间的差别问题不再深入，而是要探讨在社会中福利的理念的唯一性或多元性的问题。然而，正如罗尔斯理论中描述的，在正义方面，不能肯定接纳多元性与主观主义齐头并进。

基本善（基本益品）

实际上，这是指罗尔斯基于自己的思考，明确提出善的理念（或良善生活）可能多元性的观点，而驳斥了福利主义的研究方法。批判之一，他指出以效用概念为基础的福利经济学是建立在善的一元理念基础之上的，而非善的多元理念：唯有个体效用是被看重的。诚然，这为个体间偏好差别敞开了一片领域，但这不是中性的，按照罗尔斯的观点，应就良善生活的不同理念而分析。

罗尔斯（Rawls，1982）更为精确地分析了扩展偏好的定义，允许成对（x，i）间的比较，并认为字典式最小标准根据这些偏好最大化最弱者的效用，这个标准没有认识到个体们的自主道德准则，而是将其看作可以有任何善的理念的抽象的人（bare persons）来分析，并假设人们有这样或那样的偏好和善的理念，在其可能达到的效用水平间进行比较。罗尔斯认为这样的比较是荒谬的，不是因为效用是不可计量的，而是因为善的理念和良善生活是不可计量的，而且我们不应将社会正义建立在这样的理念的假设的交换基础之上。一位个体作为有道德的人而自重并自有一种善的理念，不能也不应判断从另一位个体善的理念出发的这另一个体的处境。

因此，按照罗尔斯的观点，应该从可能形成和修正善的理念的作为道德的人的理念出发，并且在原初位置上，在多种善的理念共存的情况下，个体们努力设想允许自由的、精神同等的人们合作的制度。因为人们无法在多种善的理念的实现的基础上达成一致，就要以其擅长的方式为基础，即基于中性资源、条件的平等分配，允许每个人追求想要的善的理念。这种观点产生了“基本善”的定义，甚至更确切地说，对应这个目标列出了基本善的内容：

基本的自由，因为这对自由体系和各种善理念的自由操作是必需的（除非这些理念反对自由）；

职业选择和变动的自由，有进入不同职位的机会，这是基于个人生活目标的修正和操作的角度；

岗位职责的权力和特权使得社会责任和自主能力自由发挥；

收入和财富，使得个体通过交换能够追求多种多样的目标；

尊重自我的社会基础，使得个体能够作为自主的有道德的人，有充分的信心去生活。

罗尔斯表明将最后一条基本善考虑作为最重要的一条之一，而前两条在正义原则中具有绝对优先权。

在罗尔斯的著作中，考虑到基本善还有另一个观点，是基于昂贵嗜好的。个体们对于其欲望和愿望不是被动地承受，而是实施一定的克制。在他们能同样承受其意图和偏好的责任范围内，财富的分配不应取决于这方面个体们的特殊性。因此，公平的制度在社会和个体之间建立一种责任的分配。社会确保给每个人财富与基本善的公平分配，和个体们接受培训，及其特殊意图的实现和修正。“责任的分配，取决于个人为其目标承担责任的能力，以及依据基本善的运用，约束他们对社会制度的要求的能力。公民对自由、机会和通用手段的要求不是其他的无理要求。”(Rawls，1982，p. 170)

罗尔斯说，还要就问题本身考虑特定的需要。当关系到圣诞礼物时，应是个体愿望确定选择。在医疗方面，是疾病和健康的问题。以此类推。在基础社会正义方面，是基本资源的需要，自由、机会和财富为恰当的变量而不是愿望。个体们的意图不在公共制度管辖范围内，且不关乎社会正义。“欲望和需要无论多么强烈，在公平方面，都不是单独的理由。实际上，我们因无法抗拒的欲望而不去争论其满足的适当性，就如同因强烈的信仰而不去主张真理一样。”(Rawls，1982，p. 171)

效用问题从门内被驱逐出去，但还是从窗子回来。若基本善的多元性存在，就存在一个平衡的问题。诚然，在上文的列表中，前两条对于后面的几条具有绝对优先权。但后面还有三条，罗尔斯承认应该寻求一种平衡，即使他认为这种平衡不应绝对固定在原初位置上，但可以用一种更偶然的方式，且取决于文化的特殊性和社会的进程。

罗尔斯总要忽视个体的不同需要的问题，忽视其特定的不利条件，他说这个问题很重要但很棘手，而应仅仅着手于在正常体质且需求相同的个体间研究公平。这个观点受到森(Sen，1992a)的强烈质疑，而阿罗举了一个例子：“考虑血友病患者每年需要大约 4 000 美元的凝血治疗，同那些正常人相比，才能避免流血，达到一种安全状态。均等收入就意味着平等吗？如果不是，那么，为了前后一致，罗尔斯将不得不把健康加到基本善的列表中，但那样在健康和财富之间就有一种权衡，这包含了所有不同于效用函数的概念问题。”(Arrow，1973b，p. 254)

罗尔斯不想谋求解决需求问题的原因之一可能是这个问题不只是增加了恰当量纲的数量和按指数计算的困难，而是产生指数计算不再以外在资源为基础，而以人类成就为基础（健康、教育等）的问题，这就以一种更明显的方式再次引入意图的问题。

广泛资源

德沃金（Dworkin，1981b）试图停留在资源层面着手研究需求和才能差别的问题。其意图只是在于对个人一定的、多种多样的资源的种类进行划分，这在追求个体目标时同外在手段起类似的作用。因为，在个体间所涉及的均等的数量是广泛资源的数量，即“外在资源”加上“内在资源”。

关于广泛资源本身的测度和表示，德沃金没有做更多阐述。划分个人变量作为内在资源和不被列为资源的界限被认为来自个体自身在其目标（“抱负”）和其手段（“境况”）之间进行的主观区别。例如，一个人有抱负要成为一名钢琴家，但没有足够细长的双手。因此他无法同时在其特定的愿望（成为钢琴家）和其身体条件的情况下得到满足。但这两个因素所起的作用并不相同，因为个体本身不会将其抱负列到阻止其得到满足所缺乏的手段中。

这个例子引起两个问题。一方面，外在手段或内在手段，都具有一种取决于愿望的价值：细长的手指并非对所有人生计划都很重要。即使要撇开抱负而均等分配资源，难道不应该根据抱负而增值么？第二个问题是至少从动态上看，很难区分手段和抱负，即使是对于相关个体而言。在一定范围内，抱负是受个体的社会环境影响的，有没有其抱负的某一方面能摆脱这些影响呢?① 如果成为钢琴家的抱负是因为其出身于演奏家的家庭，个体不自认为是残障，如果不是由于自身抱负的原因，至少是那些激起这种抱负的什么原因。

德沃金特别地要谋求解决第一个问题，并考虑运用两种机制来均等分配资源。第一种机制，我们可以称之为“均等分配”，是同等收入竞争均衡，且将其应用到广泛资源的情形，并把内在资源同样也放到市场上。个体们得到收入的均等配置，且能够高价竞买外在资源和其自己的内在资源。然而这种机制并不令人满意。一方面，它可能不包括个体们接受重新购买自己天赋情况下的均衡（Fleurbaey，1994a)；另一方面，在生产经济中，我们可以将其看作与潘扎尔和史迈德勒（Pazner & Schmeidler，1978a）提出的“全公平收入”的解决方案类似，这将导致德沃金命名的“有天赋者的奴隶制”：有天赋的个体因为其时间以更有效率的方式使用时有很高的市场价值而被迫去工作（参见第十章)。

第二种机制，是基本保险制度。② 德沃金认为其更适合内在资源。这种制度让人联想到罗尔斯的原初位置的某些特点。我们假定在一种理论状态下，个体们了解其抱负但不了解其手段，特别是对其天赋不了解。③ 但他们可以为有天赋低的风险而保险，在这种理论状态下，没有实施任何支付，但在真实世界中，保险费是以税收的形式支

① 另外，德沃金承认，用和斯坎伦（Scanlon，1986）相似的方法提出使个体们的补偿取决于对其抱负的主观参与程度。

② 科姆（Kolm，1985）的表述。

③ 这关系到“厚”的“无知之幕”。与之相对比，德沃金还运用“薄”幕，即假定人们熟知其天赋和偏好，但不知道天赋的市场价值。这一观点意义不大，因为大多数残障者可以列为没有涉及市场工资。注意，罗尔斯的“无知之幕”还是很厚的，因为人们同样不知晓偏好。

付的，而赔偿金是以公共援助的形式支付给那些运气不好的人。换句话说，财政的再分配要实现的任务也和这种理论上的保险制度尽可能地接近。

这样，理论上，弹钢琴的学员可以为有一双不适合的手的风险而投保，从而在需要时得到一份赔偿金。通过这种制度能避免“有天赋者的奴隶制”吗？正如罗默（Roemer，1985）指出的那样，肯定是一点都不能。再次选用莫里斯（参见第四章）的简单模型，设有天赋的工匠为 s_i，能够生产的商品的数量为 s_it_i，工作为 t_i。再次假设个体们有相同的效用函数 u（c，t）。考虑任何一位个体。若其天赋为 s_i，他若支付一份保险金 p，有权得到赔偿金 v_i。期望保险均衡要求：$p=(1/n)\ \sum_i v_i$。若个体为贝叶式的，将选择最大化其期望效用的保险金：

$$\max \frac{1}{n} \sum_{i} {}_{u}(s_it_i - p + v_i, t_i)$$

$$\text{s. t. } np = \sum_i v_i$$

不过，后面的约束条件等价于 $\sum_i$（$p-v_i$）$=0$，或者 $\sum_i$（$s_it_i-c_i$）$=0$。我们发现这个问题与单纯的功利主义程序相一致。然而，我们看到这种程序导致这样的情况，如果闲暇是一种正常商品，那么它给予有天赋者的效用要比没有天赋者的效用低。这一现象本来就很少强调，更何况个体对风险的厌恶，因而在最大限度下，得到最大最小标准的程序（德沃金似乎头脑中有这些；参见 van Parijs，1990）。

罗默（Roemer，1985）同样指出在有残障者消费的情况下（天赋低者），这种保险制度导致如同功利主义那样的反补偿：赔偿金对于有天赋个体在消费上是有利的，而对残障者则是不利的（参见第四章）。

冯·巴赫基斯（van Parijs，1990，1995）提出了资源平等的另一版本，是以羡慕检验[①]（参见第十章）为依据，同德沃金提出的第一种机制很相似，这种观点是按照没有任何一位个体被一致认为是处于不利地位的方法实行资源的转移。如果对于社会中全部个体的偏好而言，一位个体同另一位个体相比被一致认为是不利的，那么其广泛资源的分配同另一位个体相比，是不太好的。同德沃金提出的机制相比，这种解决方法是借助于其同胞们的偏好：只要有一个人赏识一位流浪者的音乐天赋，他就不能受益于任何转移。而从某些方面纠正这一不足是可能的（参见 Fleurbaey，1994）。

福利的机会

这里探讨的最后一种研究方法是在社会中应确保个体福利的机会平等。这一观点的主要辩护者是阿内逊（Arneson，1989，1990）、科恩（Cohen，1989，1990）、罗默（Roemer，1993）和森（Sen，1985，1988，1992a）。后三位学者更倾向于福利的一种客观的测度，阿内逊则主张一种主观的研究方法。而考虑使之聚集在一起的，是强调机会或机遇，而不是最终结果。

按照这些学者的观点，罗尔斯采纳的研究方法过于“资源主义”，他所考虑的不是外在资源，而是那些使个体能够成为或做到的东西。由德沃金倡导的机制并不能令人满意，其对抱负和境况所作的区分也

① 即嫉妒检验。

无法令人信服。从机会出发的研究方法考虑区分哪些是个体应承担责任的，哪些是可以不去克制的恰当的界限。

这样，应为除个人意志之外影响机会的所有外部因素而补偿个体，以便提供给他们在同等条件下获得一组结果的可能性。简言之，不需要每位个体都达到相同的结果，而是通过相同的努力，或者相同“特征的能力”就能够实现。

和罗尔斯与德沃金孤立地看待偏好和善的理念的观点相比，嗜好超越了哪些是受克制的和哪些不是同完全横向的相符合的界限。这里重要的不再是因为昂贵嗜好拒绝所有的补偿要求，而只是回应那些在这些嗜好的培养过程中，确实由于外在因素参与而产生的合理需求。诚然，重要的不单是补贴这些嗜好，而通常是补贴教育和适应的过程，使之能够发展不昂贵的嗜好。实际上，即使是在这些嗜好完全是由外部因素引起的情况下，大多数情况下个体们能够为有这样的嗜好而承担责任，且致力于改变。

因此，科恩（Cohen，1989）批判罗尔斯研究努力的补偿问题而拒绝这种情况下功绩的奖赏的任何观点，这种观点争辩说个体的责任只是部分的，然而当涉及偏好时，却都推给个体自己，尤其是因为他们对其培育和修正是负有部分责任的。在这两种情况下，作为论据的是个体的部分责任，但科恩讽刺道，在努力的情形中为0%的责任，而在偏好的情形中为100%的责任。因此，机会平等的支持者声称明确尊重个体责任的范围，且与之更一致。

科恩和森更倾向于不是主观效用的机会平等，而是“优势”或成就（森将成就命名为“functionings”，成就的机会命名为“capabilities”）的机会均等。小丁姆的例子以重要的方式介入到他们的理念中。尽管小丁姆身体上重度残疾，但他却如此随和，和其他人相比，他拥有更多的效用机会或幸福的机会。所以按照阿内逊的研究方法，没有理由因为他的残障而给予补贴。然而另两位学者说，撇开他自己对自身境况的主观评价，他有权享有。这种客观的研究方法再次提出的问题是平衡的问题。因此，威廉姆斯对森提出质疑：购买一种新品牌的洗衣粉的能力和自由走动的能力相比，不一定同样重要。在这方面，似乎尚未提出一个令人满意的理论。值得注意的是，森和科恩承认主观效用有一定的地位，正如成就或优势属于其中。

机会平等的研究方法是在"什么的平等?"的争论中，新近提出的。但这一争论远没有完结。一方面，对于这种研究方法同样有很多的异议和批判（特别参见 Fleurbaey，1995a）；另一方面，其倡导者要超越罗尔斯和德沃金的意图颇有些自以为是。实际上，如果我们假定个体从根本上不是有责任的，这种研究方法就变为单纯的结果的平等（例如，若人们是决定论者和不相容论者，也就是说如果我们认为个体选择的合理决定可以使其摆脱全部责任）。然而，尽管有些模糊，罗尔斯的理论似乎同决定论者的哲学完全相容。不管个体在多大程度上拥有自由意志，其倡导的在资源分配中社会和个体间劳动的分配以及人生计划的管理都显得合乎情理（参见 Scanlon，1988）。机会平等理论没有认识到这一点。

今后很可能还有其他的研究方法来丰富这一争论。例如，弗勒拜伊（Fleurbaey，1995a）提出的个体的基础成就平等。同罗尔斯的理论相似，但这种研究方法偏向不是关注"基本善"，而是个体取得的"基本结果"，也就是以社会条件的角度判断的重要结果。这就能够考虑天赋和残障，因为这些是结果而不是简单地考虑所获得的资源，没有触及评价的困难。同机会平等的理论相反，从正义的角度来看，纯粹私人利益的个体结果的判断（例如主观满足）可以被忽略，而同个体对这些结果的控制程度无关。如果基础成就的定义是充分限制的，抛开基本的私人领域，这种研究方法同罗尔斯倡导的理论相似，在社会和个体间建立一种劳动的分配。

形成责任

在罗尔斯、德沃金、阿内逊、科恩和森的理论中，个体责任都具有重要的地位，让个体们任意使用所给予的资源，或者任意利用提供给他们的机遇。由于福利主义在经济学方面的影响，责任这一主题在很长时间内在经济正义论中是空缺的。事实上，经济理论的某些概念可以用责任一词来解释。特别是在无羡慕定义中（参见第十章）。近来，一项直接从责任这一主题获得启示的研究有了进展①，通过相应的研究，个体对其天赋和残障的补偿是没有责任的。这里我们描述一些基本概念。

整个这一节我们都将在一个很简单的模型的框架下进行推理，其中个体成就由一个数量指数 u_i 测度，且由三个变量确定：将通过社会制度转移的资源记作x_i，天赋和残障记作t_i，而个人的“努力” e_i 表示那些被认为是个体有责任的东西。另外，假定资源x_i是一维的，且确定u_i的函数采取一种拟线性的形式：$u_i = x_i + f(t_i, e_i)$。我们可

① 参见 Roemer（1985，1986a，1993），Bossert（1995a），Bossert & Fleurbaey（1994），Fleurbaey（1994a，b；1995a，b，c，e），Fleurbaey & Maniquet（1993，1994），Iturbe & Nieto（1992），Maniquet（1994b），Sprumont（1995）。弗勒拜伊（Fleurbaey，1995d）对近年相关研究的进展做了综述。

以将$f_i = f\ (t_i,\ e_i)$解释为测度个体i的"转移前的成就"。某种经济为$(t,\ e)$给定，其中$t=(t_1,\ \cdots,\ t_n)$为天赋的断面（profil de talents），而$e=(e_1,\ \cdots,\ e_n)$为努力的断面（profil d'effort），有n个个体。某种分配规则为对于每个经济$(t,\ e)$定义一个转移向量$x\ (t,\ e)$的函数x。我们假定始终是匿名的，即天赋和努力相同的个体接受相同的转移。

首先从悖论开始。考虑在一个社会中天赋和努力只有两个值，0或1。这个社会将由四类个体构成：有天赋有成绩的人$(t_i,\ e_i)=(1,\ 1)$；有天赋无成绩的人（1，0）；无天赋有成绩的人（0，1）；无天赋无成绩的人（0，0）。假定转移前的成就对应下面的值：$f\ (1,\ 1)=4$；$f\ (1,\ 0)=2$；$f\ (0,\ 1)=3$；$f\ (0,\ 0)=0$。有两个转移政策被提出，A和B。其结果和暗含的转移在表6—1中介绍。

表6—1

种类	成就 A	转移 A	成就 B	转移 B
有天赋有成绩者	3	−1	3	−1
有天赋无成绩者	1	−1	1	−1
无天赋有成绩者	3	+0	3	+0
无天赋无成绩者	1	+1	0	+0

政策A确保有成绩的个体成就指数为3，而无成绩者的指数为1，不管初始天赋如何。这是令人欣赏的，因为个体对其天赋是不承担责任的，因此，不应承受其后果。但政策A实施了有利于无天赋无成绩者的转移，这对于得到更少资源的有成绩者似乎是不公平的。政策B避免了这一不足，在每类天赋中，转移都是不变的。弊端在于，在无成绩者中，有天赋者得到的成就更高：因天赋产生的优势没有被

抵消。

我们很容易证明没有一个政策能同时避免这两种不足，而为了得到这样的政策，通常的一种方法是函数 f 应为分开相加的：$f(t_i, e_i) = g(t_i) + h(e_i)$。如果不是这样，我们发现会面临一种两难困境。

这个悖论实际上反映出两个一般原则之间的矛盾。第一个原则意味着个体对其拥有的天赋是不承担责任的，在一定方式下[①]考虑作为集体资源，并且天赋对个体成就的影响被抵消。我们将这一原则叫作“补偿原则”。第二个原则意味着社会不修正且不改变责任变量对个体成就的影响，几乎是自然而然地循着这一水平的进展。我们把这一原则叫作“自然奖赏原则”。

补偿原则可以用两类公理解释。根据第一类公理，个体应以相互关联的方式共同承受天赋断面的变化。例如：

相对于天赋的相互关联性，有

$$\forall t, t', e, \forall i, j, x_i(t', e) + f(t'_i, e_i) - (x_i(t, e) + f(t_i, e_i))$$
$$= x_j(t', e) + f(t'_j, e_j) - (x_i(t, e) + f(t_j, e_j))$$

第二类公理解释中和天赋的思想。例如：

同等努力，同等成就：

$$\forall t, e, \forall i, j, [e_i = e_j \Rightarrow x_i(t, e) + f(t_i, e_i) = x_j(t, e) + f(t_j + e_j)]$$

同样努力，同样成就：

$$\forall t, e, [\forall i, j, e_i = e_j] \Rightarrow [\forall i, j, x_i(t, e) + f(t_i, e_i)$$

① 也就是说不否认人的完整性，从而避免“有天赋者的奴隶制”。

$$= x_j(t,e) + f(t_j, e_j)]$$

我们很容易看出，对于一个匿名性规则，相对于天赋的相互关联性公理意味着“同等努力，同等成就”（同样意味着“同样努力，同样成就”）。

自然奖赏原则通过两类公理，以补充的方式同样解释这一点。根据第一类公理，转移不应取决于努力的断面，例如：

努力的独立性：$\forall t, e, e', x(t, e) = x(t, e')$

第二类公理说明相同的思想，但以个体间比较的方式说明，例如：

同等天赋，同等转移：

$$\forall t, e, \forall i, j, [t_i = t_j \Rightarrow x_i(t,e) = x_j(t,e)]$$

同样天赋，同样转移：

$$\forall t, e, [\forall i, j, t_i = t_j] \Rightarrow [\forall i, j, x_i(t,e) = x_j(t,e)]$$

很直接地，可以看出，对于一个匿名性规则，努力的独立性公理意味着“同等天赋，同等转移”。前面叙述的两难困境可以表述为下面的命题。

命题 1：

除非函数 f 为分开相加的，否则不存在一种分配规则满足下列公理中的任意一对：相对于天赋的相互关联性和“同样天赋，同样转移”；“同等努力，同等成就”和“同等天赋，同等转移”；“同样努力，同样成就”和努力的独立性。

证明：

对于不存在同时满足第一对公理或第三对公理的规则的证明参见 Bossert（1995a）。而对于不存在满足第二对公理的规则的证明，

需要说明如果 f 不是分开相加的，则有值 t'，t'' 和 e'，e''，使得 $f(t', e') - f(t', e'') \neq f(t'', e') - f(t'', e'')$。正如上文所分析的例子。略。

我们来分析下面两个分配规则。

$\tilde{t}$—平均等价：$x(t, e)$ 是这样的：

$$\exists \tilde{x}, \forall i, x_i(t,e) + f(t_i, e_i) = \tilde{x} + f(\tilde{t}, e_i)$$

$\tilde{e}$—条件平等：$x(t, e)$ 是这样的：

$$\exists \tilde{u}, \forall i, x_i(t,e) + f(t_i + \tilde{e}) = \tilde{u}$$

运用平均等价规则，每个人的成就都等于在同样天赋和转移的理论经济中所得到的。运用条件平等规则，在有一个参照的努力水平的条件下，每个人都能得到一个参照的成就水平。如果我们知道经济的总的资源限制，就能够更准确地计算出每个规则所主张的转移。例如，若这种约束为 $\sum_i x_i(t, e)$，则有

平均等价：$x_i(t, e) = f(\tilde{t}, e_i) - f(t_i, e_i) - \frac{1}{n}\sum_{j=1}^{n} [f(\tilde{t}, e_j) - f(t_j - e_j)$

条件平等：$x_i(t,e) = \frac{1}{n}\sum_{j=1}^{n} f(t_j, \tilde{e}) - f(t_i, \tilde{e})$

我们很容易验证平均等价规则是唯一的满足相对于天赋的相互关联性和所有天赋值为 $\tilde{t}$ 时实施同样转移的规则。对应地，条件平等规则是唯一的满足努力独立性和所有努力值为 $\tilde{e}$ 时成就均等的规则。因此，第一个规则在补偿方面比较好，而在自然奖赏方面很一般。第二个规则刚好相反。在两个原则的满足程度上，我们可以构建出中间的解决方案，用取决于断面的参照参数 $\tilde{t}$ 或 $\tilde{e}$ 表示。这样，若 $\tilde{t}$ 不是固定的，而是与经济中平均天赋水平一致，例如，平均等价方法不再满

足相对于天赋的相互关联性（只是“同等努力，同等成就”），但另一方面满足“同样天赋，同样转移”。同样，若 $\tilde{e}$ 算作个体的平均努力水平，条件平等的方法不再满足努力的独立性（只是“同等天赋，同等转移”），但满足“同样努力，同样成就”。

作为这一节的结论，我们指出这种责任的分析或许对第四章描述的理解耶和巴尔-希勒尔的调查表的回应有所帮助。实际上，我们可以假定个体有这样的效用函数：$u(a_i, p_i, t_i, e_i)=a_i+t_ie_ip_i$，其中$a_i$和$p_i$是消费鳄梨和柚子的数量，且产品$t_ie_i$起到偏好的参数的作用，其中个体通过$e_i$承担部分责任。在涉及维生素需求的情况下，我们可以考虑个体对其差别是不承担责任的，因此仅仅通过参数t_i进行区别。补偿原则，更确切的是“同等努力，同等成就”，在这种情况下，倡导效用的平等，这同调查表的回应相一致。在涉及偏好而不是维生素的情况下，我们可以考虑个体对其差别是有责任的，因此通过参数e_i进行区别。自然奖赏原则，更确切的是“同等天赋，同等资源”，这种情况叫作资源平等，这可以解释成当存在多种商品时竞争均衡中的收入平等，而这还是同调查表的回应相一致。我们注意到，因为耶和巴尔-希勒尔提出的例子中只包括两位个体，补偿原则和自然奖赏原则之间的矛盾显得没有本节开始给出的例子那样直接。

第七章　权利和自由

传统的福利经济学很少提到公民的个体权利。虽然确实存在对公民在不同制度选择方面从个体主观福利角度的零零散散的一些研究，但都没有直面个体权利。而政治哲学则注重判断一些基于功利主义社会目标的强硬权利是否正当，并由此让功利主义者采纳通过一种缓和折中的形式使之协调于更加宽泛的个体权利。然而，对于功利主义者来说，如何表达个体权利存在无法自圆其说的难点。比如，假定有一个富人借钱给穷人。一旦穷人借到了钱，从功利主义者的角度来看，穷人最好不要还钱给债主，因为这些欠款带给穷人的效用远大于带给其债主的。因此该怎么制定一些规则让承诺成立，让债主的权利得到保障呢？功利主义者对这个问题的答案是必须将注意力集中在一般行为的规范上，而不是如上文所述的那些特殊情况上。不过，对于理性程度比较高的功利主义者来说，还是很容易认可契约精神的建立，因为一个富人能借钱给穷人的社会要优于由于承诺失效而不存在信贷的社会。

前文介绍的后现代福利主义的分析方法倒是可以很好地处理个体

权利和自主性的关系。不过它的方法是将多数人的利益放在一起衡量。当然，也存在一些确实是将个人权利作为中心讨论的研究，比如对产权的分析。

本章的主要目的是从伦理道德的角度，第一时间审查那些捍卫经济自由的理论。这样，有关权利概念的一些方面将被探讨。另外在章节的末尾将介绍社会选择理论中有关权利的概念。

自由主义的工具和基础

所有的自由主义者通常情况下都捍卫市场、财产权私有以及资本主义。这些经济自由主义倡导者之间存在一些细微的差异，主要体现在他们对政府干涉的立场上。比较中庸的那些只是要求政府对市场少一些干预，而那些极端的无政府主义者则力主取消一切公共机构。后一种就是所谓的“自由意志主义者”(libertarian)。① 但本章的主要目的并不是讨论这些区分。

本书一直致力于定义经济学和社会学的各种伦理目标，对这种特定体系的研究确实有助于实现各种理念在其自身框架下的目标。不过，很大一部分自由主义者的理据是工具性质的，也就是说自由主义者拥护资本主义制度是因为其通常被认为是最有效率的，或对整体福利来说是最优的。因此，这类理据严格意义上说处于正义论的下游。与此相反的是，另一种类型的理据属于正义论的领域，它们强调市场经济和资本主义是唯一尊重某些个体权利和自由的体制。对于第一种

① 这种英语特有的表达方式能够区分极端自由主义流派，极端自由主义流派出现在 20 世纪 60 年代末的美国，绝对自由主义或左派无政府主义的起源和主张都大不相同。

而言，其伦理目标相当平庸（比如效率），并且建立在经验性的推论上，比如某些机构的建立会带来怎样的结果。在第二种情况下，伦理目标甚至连其要辩护的制度本身——物权、自由交易等都被包含在要推导的表达式中（即已经设定好了）。而所有的（或几乎所有的）经验的元素，都不在论据中出现。

“自由意志主义者”是第二种理据的捍卫者。但如果认为自由主义者们在为自身理念辩护的时候有意对两种辩护手段进行区分就太天真了。事实上，他们中的大部分都在同时应用这两种手段，只不过侧重有所不同而已。

很容易理解为什么没有人只使用第二种理据来捍卫市场经济。假如市场经济将所有人都带入饥荒，又假如适度的国家干预可以使经济情况好转，那么显然很难让那些遵循自由放任绝对优先原则的个体配合救市。罗斯巴德（M. Rothbard，1973）声称自由是引领自由主义原则的唯一价值判断，因此他在著作中力图表明大部分的经济问题都可以通过私有化来解决（参见弗里德曼（D. Friedman）的理论）。一般来说，伦理理论将某一个有绝对优先权的价值判断凌驾于其他原则之上，这本身就不可信。他的论断仅限于那些经验性的结论能够保证不存在对私权优先有非常不利的决断上。也就是说，人们可以确信不可能通过牺牲一些微小的私权来使得整体有大的跃进。

我们将在下一节详细讨论这些理据。这里，我们先定义几个与个体权利相关的概念并对它们进行区分。

霍菲尔德（Hohfeld，1919）从法律的角度，提出非常经典的从四个方面（相互并存）区分权利的定义：（1）“特权”，或不被节制（个体不被强迫做某个特定行为）；（2）“要求权”，或对他人的义务

(我们应该做特定的事)；（3）“权力”，或改变某种法律关系的能力(某人可以出售某商品)；（4）一种“豁免”，或禁止保护任何人改变一种合法的状况。前两种定义说明了权利与义务之间的关系。我们一般认为第二种含义普遍适用于哲学伦理领域。

德沃金（Dworkin，1979）认为，对权利和义务进行区分在研究伦理理论的本质时是非常必要的。一种理论可以放在之前最初的方法上，要么是权利，要么是义务。并且从权利和义务推导出来的仅仅是派生的特点。这种区分是很重要的。当我们研究在权利间仲裁的问题，如果我们有理由将一种看法建立在权利基础上，假如必须仲裁五个人和一个人之间的生命权，我们以一定程度的功利主义权利思想做出第一种选择（即保护五个人的生命）；但是如果我们改变观点，以义务为基础，如果问题是事实上选择杀与不杀一个人是因为他将杀死另外五个人（例如，他的危险行为危及五个人的生命安全），第二种选择可能更好。① 为了全面，一定要注意的是除了基于权利和基于义务的研究，德沃金的研究基于目的，而目的一般是具有集体本质的(例如总效用)。②

哈特（Hart，1955）曾以霍菲尔德意义上的“要求”为权利的概念辩护。他指出权利是为了拥有自由的人引出他人对其的义务。这里有两个结论要讨论：一个是排除那些永久和普遍存在的权利，这些是所有人都有义务保护和拥有的（例如，不被杀害的权利、不沦为奴隶

① 这里的第二种选择是指依据这一观点，不杀那个人，因为每个人都有生存的权利，每个人都有不杀人的义务。——译者注

② 这里，我们再次发现伦理学研究方法和目的论研究方法的区别（例如，参见Broome，1983）。

的权利等)；另一个权利也不应该被无责任能力的主体拥有（如儿童、动物)。

同样，哈特的权利理论受到了权利保护自由选择理论的批评。根据一个更为宽泛的理论，存在一种权利假设，权利的持有者拥有一种特殊的利益，这种利益引出的义务是受到别人尊重和服从的权利。沃尔顿（Waldron，1984，1988）指出，当利益问题足够重要的时候，为了证明其被考虑引入义务，权利就更加特殊。

这样就产生一个证明权利和义务的问题，那些自由主义者一般不关心自由和所有权的优先性问题，而是专注于这些优先性的内涵。然而思考这些权利可能存在的理由也是有指导意义的。前面提到的一种合理的证明方式是依据相关个体的特别重要的利益。利益满足的重要性对于建立其他人的义务的目的来说已经足够了。根据康德的观点，权利建立在对普遍最大化的要求上，表现出另外一种派生形式，它实际上在任何义务之前提出。(关于这种最大程度的自愿可以同时相当于普遍性的立法原则。）这种观点同葛维茨（Gewirth）的观点相似(同样，在一定程度上，罗尔斯的研究角度也是这样)，包括他对相关个体提出证明企业行为的要求（参见 Gewirth 1982；Waldron，1984)。如果我们的行为损害了别人的利益，至少我们要有能力解释该行为，并且他能够理解和评估这一解释。我们确定这一假设的条件是人们存在精神上的自治，这些条件表现出个体利益在任何情况下的不可牺牲并以此定义了个人权利（自由、安全、最低生存权)。

一些自由主义者断言一些权利只产生消极义务（不限制、不违背)，一些权利带来积极义务（接受权、获取资源的权利或者获取服务的权利)，而在第二种情况下我们谈论权利是错误的。如果这种区分在一定情况下有益①，那么反过来很难理解为什么在第二种情况下权利的概念是错误的。对那些可能的权利的辩护（在自由选择权、利益或精神自主方面）似乎对消极权利和其他权利同样适用。

我们知道的最后一项区分是对特殊权利与普通权利的区分（哈特)。普通权利是让全体个体同样受益，并且要求全体个体承担义务。有时它也限制受益人的群体（人类、成人、自由人等)，但是原则普遍适用。相反，特殊权利是一个权利对一个人（或一个法人)。如果该权利仅针对一个人（权利人外的人承担义务）或法人，这就是对人权；如果该权利要求所有人承担义务，这就是对物权。特殊权利往往出现在某些偶然事件之后，并因此具有条件性。而普通权利则相反，具有无条件性的本质，它的适用无条件并使整个群体受益。看几个例子。自由思想权是普通权利，查看债务人（或承诺人）遵守承诺的权利是特殊的对人权。使用市场上获得的物的权利是特殊的对物权。正如我们将看到的，自由主义者的愿望是为个人私有财产权作为特殊的对物权进行辩护。

自由意志主义者的挑战

最早的自由意志主义的观点可以追溯到洛克（Locke)。他对私有财产权的辩护主要是针对菲尔默（Filmer）和普芬道夫（Pufendorf)。菲尔默认为只有国王拥有这个世界所有物品的最终物权，因为国王是亚当的直系后裔，其权利是上帝赋予的。这个观点证明了君主对私人

① 积极义务和消极义务的区分很大程度上是语言上的：当我让路的时候，我应该说是避免阻碍行人的通过（消极义务)，还是我使行人有足够的空间通过（积极义务)?

领域的任何裁决和干预都是有效的。而普芬道夫指出，财产权在继承和协议中显现出来，所以财产权有一个基本特点是协议（契约）性，并且这些权利能够同时在现实中支持裁判和修正错误。洛克批判了王权绝对主义和契约主义，他在 1690 年的论文中指出财产权是有自然属性的，在一定程度上存在于王权和法律产生之前，并且王权和法律同时在功能和存在理由上是在现实中对财产权进行保护，这也是它们的历史使命。①

诺齐克著作（Nozick，1974）中的观点更接近纯粹的基本理由，他的观点有着巨大的影响。他的目标是寻找一个能够完全尊重个人财产权的正义原则。诺齐克没能提出一个完整的理论，在许多情况下，他只是局限在自由主义框架内进行研究，没有提出新的内容。但他的著作仍然代表了自由主意志义者思想的重大进步。

根据诺齐克的观点，世界上大部分物品都应该负载着私人所有权，如果我们尊重所有权，也就是所有权人能够自由地利用和转让他们的权利，那么任何再分配的目标都是徒劳的：没有任何物品可供重新分配。倘若所有权的实施足以完全确定资源配置，那么功利主义和罗尔斯的正义理论及社会选择理论就都没有什么用处。这个问题也是自由主义理论对传统正义论提出的真正挑战。他们不是站在自己的立场提出其他的分配标准，而只是断言没有什么再分配要实施。

因此，从这个角度上看，按最终状态定义的正义原则应该让位于历史原则。它所确定的配给公正与否的特征不是依据它们的瞬间状态，而是依据其产生的一系列的事件。根据诺齐克的观点，也必须放

① 有关洛克理论讨论的细节，参见 Waldron（1988），ch. 6。

弃这类总体原则（依据……属于某人，依据……分给某人）。这样的一个原则在人们能够自由交换他们的所有物并以分散的方式进行的情况下，是不能持续地被遵守的。用著名的威尔特·张伯伦的例子来说明这个观点。假定在某个特定时刻，满足总体原则（或最终原则），如果人们可以自由地付钱去看威尔特·张伯伦的篮球表演赛，他很快就会非常富有，我们可以肯定所采纳的公平原则会因自愿交换产生的配给而被迅速违背。自由意志主义理论在总体原则形式下形成的唯一方法是："属于每个人选择的分给每个被选择的。"

完整的自由意志主义理论由三大原则构成：(1) 关于占有的正义原则；(2) 关于转让的原则；(3) 关于补偿的原则。我们简要地验证这三点。

从转让原则开始是最容易的。当所有资源以私人财产权的形式存在时，人们在赠与和交易时就能够变更物的所有权。既然他们就变动物权达成一致，自由主义的观点只是简单地主张完全自由地进行操作。个别学者（如弗里德曼、哈耶克（Hayek））会有更进一步的要求：如合同当事人之间应是相互知情的（如标的的品质），以及他们同处于一个竞争的大环境中。

为了证明私人财产权存在于资源之上，一定要有最初的占有存在。关于产品资源，当它们还只是处于计划状态时，就已服从于所有权的安排。而契约自由和资源的使用权足够限定它们的占有条件。对于那些非产品资源——自然资源，相反要有一个真正的原始占有存在，并要限定一些公平的条件。诺齐克并没有提出一个详细的理论，但他批判了洛克的理论。根据该理论，某个体在自然资源上进行劳动（如耕一块地），此个体就可以成为这块土地的所有权人。我们不理解这是为什么。实际上，占有在这种情况下不能局限于通过劳动添加价值，而应该延伸至资源本身。① 关于最初占有的正义原则还有其他难点，我们将在下一节谈及。

自由意志主义理论的第三个原则涉及补偿。在这一理论中，如果一种配给是同决定交易的正义原则相符合的一系列占有和转让的结果，那么这种配给就是公平的。但是如果一些交易是在不公平的条件下进行的，那么现行的配给本身也会受到非正义的玷污，必须进行纠正或为受损害人的利益进行补偿。这里，诺齐克仍然没有给出确定公平补偿的方法，而且大家也认识到，在实践中，找到那种同正义原则相符合的占有和转让交易产生的配给通常是不可能的。

诺齐克的贡献有足够的理由被看作是最忠于自由主义者意图的。同样值得一提的还有哈耶克的理论和科姆提出的“自由社会契约”理念。哈耶克（Hayek，1944，1960，1973—1979）试图在认识论的层面为市场经济辩护。对他而言，社会正义的概念不仅缺乏对象，正如诺齐克的观点，而且含义空洞。正义的观点建立在错误的概念上，这一概念是以神人同性的方式将论述蓄意附加在那些完全客观的过程上。个人的行为可能公平也可能不公平。但社会资源分配是分散交易作布朗运动的结果，不能被判定为非正义。这一理由显然是在循环论证：正义理论非常清晰地假定了集中在一起的组织能够定义经济规则并且可能会引导资源分配在它们希望的方向上进行。若使这些理论不犯下哈耶克所批评的概念上的错误，那么唯一的办法是不做上述的假

① 根据洛克的观点，在没有所有权的资源上介入劳动的情况，可以使某人成为所有权人。正如诺齐克讽刺的那样，这是否意味着将一杯自己的番茄汁倒入大海，就可以占有它呢？

设。但哈耶克同时也提出了第二个辩护理由：人们不可能有意识地引导资源分配的方向，对经济的集中的干预从来都是不能掌控的并且会导致与预想相反的结果，而且相关公共权力的必要信息一向是不可得的。这又折回到弗里德曼（M. Frideman，1962，1979）的辩护理由上了。对我们来说需在此注明这一辩护理据是建立在经验因素上的，因此是属于工具性的理据而不是基础性的。

科姆为自由主义辩护的理据则是基础性的，他指出自由主义并不需要把所有公共范畴的东西都排除在外。实际上，诺齐克也在其著作的最后一部分提到了这一点。当一个团体的成员取得一致意见时，可以以一种自由的方式组成一个集体主义组织。在该组织成员改变了该团体的基本主张的情况下，其他成员也可能随之改变个人观点，不同意见者也可以各自去其他的团体。[①] 科姆（Kolm，1985）表明公共权力可以合法地干预社会，甚至在某些情况下可以行使强制权，以实现参与人一致同意的转移（或在参与者希望有足够的信息的情况下），当然这种转移由于市场不完善的缘故是无法在分散的情况下实现的。最为典型的例子是给穷人们的集体捐赠。每个人都希望穷人们的处境能得到改善，但作为个体来说对此都无能为力。于是非常自然地希望能服从一种集体约束以保证所有的捐赠和再分配的目标能够顺利实现。这个例子可以推广到所有公共产品中。注意这里没有涉及所谓的效率，如传统公共经济学中提到的那样，而仅仅只是自由个体所能实现的目标。

---

① 近来，诺齐克（Nozick，1989）为了承认集体约束的合理性，已部分地放弃了自由意志主义的观点，并用象征的方式表现出某些价值观念的重要性，如公民间的相互依赖性。

不过像“自由社会契约”这样的合法自由应该仔细推敲一下。它并不等于一个集中的机构要求某个体参与一种集体行为（即使他赞成这个行为）或者一群人一致同意实施该行为。更为恰当的是，就该行为的实施已经很好地通知了个体，并且他也有意愿参与该行为。由个体一致同意形成的有效的契约可以被自由意志主义者所接受，但仅是理论上的社会契约是靠不住的。

困难和批评

我们将在这一节中提出一系列自由主义理论研究中遇到的问题。

第一个问题。对于一种平稳运行的市场经济，它需要法律的和制度的框架使契约达成并保证能够被一致遵守，同时保证保护财产权。这一框架就好比是重要的公共产品。它通常是通过强制的方式由国家提供的。不过，若我们考虑一个被赋予财产权的自由个体的群体，并能够在他们之间形成契约，包括集体契约，那么很难想象，他们能够在一致的基础上，以自由主义者完全接受的视角建立这样法律的、制度的框架。诺齐克在他的著作中用整个第一部分来说明这确实是有可能的，但他的论述并不是很有说服力。① 那些极端自由主义者，比如罗斯巴德，否认这一难题，因为他们认为完全可以形成这样无冲突的社会，即通过所谓的私人警察来维持秩序。然而我们更有理由认为在这一背景下，个体之间会相互冲突，形成党派，或统治关系，而由此产生的社会将对个体自由有相当大的破坏。换言之，自由的社会似乎真的需要一个非自由主义的基石，对自由的追求需要以国家限制为

① 对诺齐克最小政府理论形式化的尝试，参见 Schotter（1981）。

良方。

对极端自由主义者来说，第二个难点发生在设想尊重权利的情况下。对诺齐克和哈耶克而言，自由交换是指在完全没有第三方（尤其是国家）干涉的情况下进行的。哈耶克认为，支配自由交换的那些一般规则从本质上说是完全反对国家干预的，因为国家干预总是有特别的命令、特殊的禁令（比如，详细要求某人做某件事）。这些一般的规则是必需的，而那些干预却只会对经济正常运行带来干扰甚至摩擦。诺齐克则将税收看作强制的劳动收入：对产品征收相当于劳动几个小时的税等于迫使劳动者多干活。这一断言从下面这一观点的角度看并不是很有说服力，注意这一观点是由罗尔斯发展起来的。事实上，私人财产权是一个非常复杂的概念，它包含一定数量的特权（霍斯菲尔德式的）和义务，并具备多种变化的可能，在各个国家都不同。由法律定义的游戏规则决定了每种权利的自由空间。这些规则可以包含税款的缴纳。个体缴纳所得税并不是因为服从某个不可预见的“特殊命令”或者因为服从于强制劳动的要求，它可以根据对所有人平等的游戏规则，在很了解情况的前提下完美地做出自己的选择。

第三个问题。如果人们想排除所有与最终状态或外在形式相关的伦理方面的担忧，并因此没有任何以公共方式组织的再分配，那么很有可能导致一些个体彻底被淘汰。这样将很难为绝对的私有财产权的整体性辩护，因为对于那些没有任何资源的穷人来说，谈什么财产权自由是毫无意义的。同样，很多学者（洛克、哈耶克、弗里德曼）承认有必要建立一种对所有个体都能保证最低资源的保障机制，这再次引发了对最终状态的担忧。特别是对于洛克而言，私有财产权应该包括一种义务，即将剩余（除了那些保障生活的必需物资外）分给那些无法保障自己生存的人。罗斯巴德则试图表明私人的救济会比公共再分配更有效率，但这仅仅是一种回避困难的托辞：在一个私人救济（暂时的）无效的社会提倡它有什么用呢？

对这类困难我们有时能得出一个结论，即不可避免地要从形式自由转变为实际自由。这就暗示了个体实际上有各种资源。[①] 而这有点草率。为了让形式自由具有意义，人们的最低资源保障是不可或缺的，但这并不代表为了实际自由就要放弃形式自由的优点。相反，完全有可能的是，假如仲裁这种情形，人们仅准备放弃一点形式自由从而提升所有人形式自由的价值，而且为了不使那些拥有资源的个体遭受太大损失，牺牲的量不能太大，但是为了能够促使资源分配，人们必须大幅度降低形式自由的程度。而实际自由确实在这个方向上走了很远。假如完全可以接受实际自由的正义理论，反驳所有形式自由优点的理由似乎不够充分。

第四个难点。假如我们试图将为私有财产辩护的理由建立在个体自治、成熟心智、私有业主的职业道德[②]、自由选择权等的基础上，那么我们需要证明一种“普通权利”进入私人财产权领域超过现有的特殊身份，偶然的“特殊权利”涉及关于特定事物的特定个体。不过，这种普通权利很自然地要求个体事实上行使其财产权，并且一些再分配只要监管每一个人享有的财产权就足够了。如果自由意志主义的理论要避免上述结论，它就应该避免将一般性的理由用在自由上，

① 形式自由是指在吸烟区的个体的自由，实际自由是指吸烟区带香烟个体的自由。如果是在非吸烟区，带香烟的个体是没有这两种自由的，尽管他拥有资源。实际自由以形式自由为前提。这种区分出自 Berlin（1979）。为实际自由的辩护参见 van Parijs（1995）。

② 根据 Waldron（1988），黑格尔为财产权的辩护就是基于这种分析。

即前面提到的自由，并且寻找唯一的理由为个体占有资源的特殊权利辩护。然而，这并不能简单地辨别一个作为资源获得者的个体的重要的特定利益，它为建立他人尊重完整个体财产权的普遍义务而辩护，维护所有个体享有一定经济独立的普遍利益。

第五个难点。只为特殊权利辩护，强调历史正义的方面，这会导致财产权的合法性依赖于最初占有的合法性。如此强调历史占有的重要性让人错愕，因为这把那些发生在黑暗年代的财产权占有都包含在内。那个年代，连精明的自由意志主义者都无法想象。需要注意一下财产权占有的过程，与自由主义者所设想的情况恰恰相反，原始的占有往往不是直接从无人占有到私有这一过程，而通常是分为两个阶段，第一个阶段是从无人占有到公共占有，第二个阶段才是变为私有。这里和原始占有相关的公平原则，比如诺齐克所考虑的原则，从伦理的角度看来相当古怪：个体 i 拥有某件无主事物 o 的所有权是通过对该事物采取了某种行为 a。也就是说，他为了自身的利益通过单边决议的方式将义务强加给其他的人。很少有这种形式的伦理原则。除非某人要采取的某种行为对个体 i 非常不利，而强加给他人的义务有一种简单的补偿作用，比如在救助处于危险情况下的个体时（这实际上不取决于个体 i 的行为，而只是当前的状况，它是否是其行为方面的结果）。另外，无论为了成为某物的业主需要对其采取的行为 a 有多么特殊，相关个体在采取这件具体的行为 a 的资质上总会存在不公平的地方。残障人士很可能放弃占有的竞争。当一个群体面临丰富的可占有的资源时，这样的原则显然并不能被一致地接受。

为了避开这方面的批评，诺齐克建议给最初占有原则附加上“洛克条款”。[①] 实际上，通常接受洛克提出的，只要资源对其他个体还是足够多和足够好的情况下，个体对某种资源劳动后进行合法占有(enough and as good in common for others)。事实上，这一条款非常不合理（它显然不适用于所有的资源)，且洛克是将它作为合法性的充分条件提出来的，而不是必要条件。洛克真正强烈要求的条款是要求在任何情况下有义务接济穷苦人民。但这一点并不会让这种合法占有更合理。诺齐克于是提出一个条款，根据该条款其他的个体可以预见他们在某人占有某物后自身改善的情况（新的业主可以给他们补偿，资源可以重复使用等)。使用这一条款的福利主义狡猾地强调诺齐克理论中的最终状态的问题，诺齐克本人也认识到了这一点。假如一块荒地的水源在遵守上述条款的情况下已被占有，后来除了一块地都变得干涸，那么这块地的主人的财产所有权将被质疑，因为这一占有让其他人的利益受损。

我们可以在诺齐克的著作中找到对上述占有原则更为根本的异议。他事实上要求就最终状态而言的正义理论仅在再分配的资源是天赐之物时有效，并强调这并不适用于现有其他权利。不过，无人占有的资源显然就等同于天赐之物，毫无理由去反对使用最终（或总体）原则。最简单的办法当然是平均分配，施泰勒（Steiner，1981）提出这一点。但这一解决方案面临人类的多代延续的困难。[②]

第六个难点。已知物权在历史中的最初占有和它的继承，并且知

---

① 柯兹纳以更为根本的方式排除这一困难，他表明任何资源的发现者都可以考虑被视为真正的资源创造者，因此，占有不能损害他人。这种忽视发现的情况将使其他人以后很少去发现，而占有摧毁了这种机会。

② 关于所考虑的多种形式，参见 van Parijs（1991）和 Kolm（1985）。

道其在传递过程中出现过违背自由主义理论中正义原则（即使它没有被完全地说明）的事项，这时推荐使用赔偿原则进行补救。对这一原则的规范同样是件让人烦恼的事。不过，诺齐克承认借助最终的原则在这一方面是无可避免的，即使罗尔斯的理论确实可以建立一个近似的符合期望的解决方法。更加艰巨的是（对自由主义者），有很大一部分非自由主义的正义观在当下的捐赠体系中处于“不合理”的角色，并能对最严重的不平等进行修正（Varian，1975）。难道自由主义理论只是将其他正义理论引向弯路?

权利，社会选择，博弈

如果人们试图在社会选择的框架下进行权利的定义，社会选择理论或“福利经济学”同自由意志者的研究方法之间的思想的差别将成为重大障碍。

继森（Sen，1970）之后，人们开始运用“决定性”个体的定义作为个体权利的表示原则（参见第三章）。若有 $xP_iy \Rightarrow xPy$，则称个体 i 对于一对社会状态（x，y）是有“决定性”的，记作 $\overline{D}_i$（x，y）。也就是说，i 能够将其对 x 的偏好强加到社会层面上。人们可以以相同的方式，用选择函数来定义这一概念：如果个体在 x 是可接受的情况下拒绝 y，那么社会应同样如此。

这一权利表达的方式并不试图包含所有有关个体权利的内涵，它仅仅是定义了一个必要条件。假如个体权利存在，那么一些个体将对某些成对社会状态有决定权。可是，尽管这一性质已经被假定其影响最小化，它仍然会造成两个很有影响的“悖论”，并有很多学者为此写下大量著作（参见 Sen，1970，1976，1992b；Gibbard，1974；

Gaertner, Pattanaik & Suzumura, 1992; Gaertner, 1991; Hammond, 1992; Riley, 1989; Suzumura, 1983; Wriglesworth, 1985)。

“吉伯德悖论”(paradoxe de Gibbard) 是基于社会状态包括单纯的个人方面的观点，它设想每位个体对这些社会状态都是有决定性的。在一定的私人领域内，个体的偏好应该得到承认。为了描述这一条件，要假设备选方案集合 X 具有笛卡尔积 $X_0 \times X_1 \cdots \times X_n$ 的形式，其中 X_0 代表社会状态集合，而对于 $i=1, \cdots, n$ 的 X_i 表示个体 i 的私人层面。

吉伯德自由条件：设 $x=(x_0, x_1, \cdots, x_n)$ 和 $y=(y_0, \cdots, y_n)$。若 $\forall k \neq i$，$x_k=y_k$，则 $\overline{D}_i(x, y)$。

这一条件产生了下面的不可能的结果。社会偏好函数的概念以及无限制定义域公理的定义同第三章介绍的一致。

命题 1：

不存在同时满足无限制定义域公理和吉伯德自由条件的社会偏好函数。

这一命题可以通过一个非常简单的例子来说明。两位个体对穿衣颜色的偏好不同，这里颜色限定为要么是浅色的 (c)，要么是深色的 (f)，社会状态记作 cf。例如，第一位个体的特点是穿浅色的衣服，第二位个体穿深色的衣服。假定第一位个体对社会状态从高到低的偏好是：$cc\ ff\ cf\ fc$；而第二位个体的偏好是：$fc\ cf\ cc\ ff$。从偏好来看，第一位是随大流的人，他喜欢穿和其他人一样颜色的衣服，而第二位则更个性化。依据吉伯德自由条件，有 $\overline{D}_1(cc, fc)$，$\overline{D}_1(ff, cf)$，$\overline{D}_2(fc, ff)$ 和 $\overline{D}_2(cf, cc)$。于是可以推出：$ccPfcPffPcfPcc$。这是不可能的。

为了说明“森悖论”(paradoxe de Sen)，我们回到一般情况下的任意集合 X（选项需至少为 3 个）。森提出的条件要比吉伯德的弱得多。它仅仅要求至少两位个体在至少一对的备选方案（选项）上具有决定性。

森自由性：存在 i，j 和 x，y，z，w 使得 $\bar{D}_i$ (x, y) 和 $\bar{D}_j$ (z, w)。

这个条件的结果和帕累托公理相矛盾。

命题 2：

不存在社会偏好函数同时满足无限制定义域、弱帕累托公理和森自由条件。

我们仍然借用一个著名的例子《查泰莱夫人的情人》，来说明这个命题。假定有两位个体，一位是假正经，另一位是自由主义者，在阅读著名小说《查泰莱夫人的情人》时有三种选项：假正经阅读这本书（p），自由主义者阅读这本书（l），无人阅读（o）。对于自由主义者来说，没人可以强制假正经读这本书：$\bar{D}_p$ (o, p)；同样没有人可以阻止自由主义者欣赏它：$\bar{D}_l$ (l, o)。但依据无限制定义域公理，假正经的偏好完全可以为：opl（换句话说，他希望没有人读这本书，但比起让别人沉湎堕落，他更愿意自己读这本小说）。自由主义者的偏好可以是：plo（如果他自己没读，他更想要刺激假正经）。遵循参与人的决定性，可推出，社会状态应该是 $lPoPp$，但由弱帕累托公理，得 pPl，产生了矛盾。

继这些“悖论”问世后，大量的著作循着三个方向试图解决悖论。最没有前途的一种在于寻找恰当的理由限制个体的偏好断面的定义域或运用与之相近的方法（Blau，1975；Farrell，1976；Gaertner & Krüger，1981；Suzumura，1983）。在上面的例子中，我们看到两位个体中的每个人都有这样的偏好，即强烈反对对方的私人偏好（假正经希望自由主义者不要读这本书，而自由主义者却很想读，等等）。这样的偏好在其本质上似乎是不自由的。我们可以通过假定消除“森悖论”：要么这些偏好在假设中排除；要么在应用帕累托公理时，这些偏好不应在社会层面考虑；要么权利仅限于那些没有这种偏好的个体们。用相似的方法，我们可以通过假定个体在其自身范围的偏好同其他人的情况不太相关来消除“吉伯德悖论”。这样的解决方法并不能真正让人满意。因为对权利的表述是一般性的，实际上是独立于参与人的偏好的，且其对偏好并无限制。

第二种解决途径是对参与人权利的行使进行限制（Gibbard，1974）。在《查泰莱夫人的情人》的例子中，权利的行使产生状态 l，并且避免假正经阅读。而某一方放弃他的权利则足以解决这个问题，这种方法保留了自由的和谐，因为这是在他放弃权利的利益中形成的。这一方法仅在“森悖论”的框架中可行，但是对于“吉伯德悖论”的解决却不是那么有说服力。通常来看，如果某个参与人选择不表达自己的偏好是可以理解的话，那么把这定义为他放弃他的权利就有些令人惊讶了。吉伯德同样提出了一个弱自由条件，依据这个条件，仅当其他人行使的权利和帕累托公理同他的权利不矛盾时，某位个体享有某权利。这一条件不太合理。特别是，这使得参与人享有权利取决于其他参与人偏好的断面，卡尼（Karni，1978）指出个体甚至可以通过改变他自己的偏好而使他人不能享有权利。

第三种解决途径是不用社会选择而用博弈的形式来表示权利（Gärdenfors，1981；Gaertner，Pattanaik & Suzumura，1992）。一个一般形式的博弈包含以下几个要素：每位参与人 i 各自的给定的策略集

S_i，一个用于按不同策略集赋予每位参与者收益的函数：$\forall$（s_1，…，s_n）$\in S_1 \times \cdots \times S_n$，$g$（$s_1$，…，$s_n$）$\in \mathbb{R}^n$。而权利用于定义每位参与人的可能的策略集。必要时，可能的策略取决于其他参与人的策略。在选择衣服颜色的例子中，博弈双方的策略集为 $S_i = \{c, f\}$。他们的偏好形成的获利如表 7—1。

表 7—1

2 1	c	f
c	4，2	2，3
f	1，4	3，1

可以看出并不存在纳什均衡。现在来分析《查泰莱夫人的情人》这个例子。其获利如表 7—2：

表 7—2

自由主义者 假正经	读	不读
读	不可能	2，3
不读	1，2	3，1

这一博弈中包含一个无效率的纳什均衡。所有这些指出了博弈均衡性质和社会选择理论中社会偏好函数间的逻辑对应关系。赖利(Riley，1989)、哈曼德（Hammond，1992）和盖特纳（Gaertner，1991）详尽地研究了这种对应关系。但这里我们不做详细讨论。

用博弈论的方法解决悖论表明有可能在给定例子中保留权利的完整行使。这些例子的“悖论”的特点可能转化为简单的纳什均衡不存在性或无效率，而无论是如何的均衡，实际上，这丝毫不妨碍博弈的进行并导致特定的状态。例如，在第一个博弈中，若参与人忽略其他人的任何决定，而选择最大最小策略，从而导致状态 cc。双方的权利被完美地遵守，即使参与人 2 根据社会选择研究方法给定“权利”，如表达式$\overline{D}_2$（cf，cc），他也不能排除结果 cc。

现在试对这些分析做一个小结。悖论总是指向一个问题，而这问题通常源于实际困难，或者一个简单的概念上的错误。相对于前文引用的大多数作者，寻找如何消除这一在特定条件下引发的悖论，更应该注意的是实际困难和概念缺陷。因而前文提到的悖论让我们将问题又拉回到这两个方面上来。

从吉伯德悖论开始。它很好地诠释了一个现实的难题，即如果要保证权利体系运行的结果，并且这些结果被以相关的方式（相关于其他个体的结果）表示，那么权利体系可能不具备一致性。举个例子，假设人们要求逝者拥有选择埋葬自己的墓穴的权利。在意愿相关的情况下，这将会导致一个不一致的体系。假如两兄弟同赴黄泉，其中一位想要葬在他的兄弟旁边，但另一位却正相反，这就无法让他们俩的权利同时得到尊重。假如权利仅仅对绝对的结果生效（逝者指出具体要的墓穴），或者它不保证任何结果而仅仅给予自由行动的权利（比如选择自己所穿衣服的颜色），不一致性才会消除。

吉伯德悖论说明的另一个问题是，从概念的角度，用参与人对社会状态的决定性的概念表示权利是不恰当的。选择自己的衣服颜色的权利允许个体能决定社会状态的某个方面，但并不是全部。通过选择自己衣服的颜色，第一位个体可以或者排斥 fc 和 ff（假如他选择 c），或者排斥 cc 和 cf（假如他选择 f）。但在任何情况下，他不能同时排斥 fc 和 cf，即使他对这两者有决定权$\overline{D}_1$（cc，fc）和$\overline{D}_1$（ff，cf）。当其他人尚未做决定时，个体当然可以在一定程度上缩减可能的社会状态集合，但如果个体的私人范围偏好是取决于其他人行为的，通常并不能通过消除那些与其私人范围偏好不相符合的社会状态来控制最终社会状态。只有最后一位个体的行为在完全信息的条件下可以有效地控制整个社会状态。因此，一位参与者拥有决定性与否取决于他是否最后一个行动。这说明了最多只能有一位个体在社会中是具有决定性的，而这消除了所有包含至少两个参与人的悖论（正如这里研究的两个悖论）。森（Sen，1992b）试图保留这种方法，他说假如第一位个体选择了 c，那么这只是说明他选择了不再行使他的决定权$\overline{D}_1$（ff，cf）。但假如参与人在事实上同时选择不执行一些权利，那么人们将不能用这些权利构建上述理论，同时必须有相关理论预见哪些权利将不被行使。反过来说，形式主义将自由选择自己衣服颜色的行为描述成毫无权利的放弃似乎从直觉上更令人满意。然而，这正是上述博弈提出的解决方案。

现在来分析森悖论。它反映出两个相互关联的实际问题。第一个是权利的分散执行会导致无效率的状态。这一点由于著名的囚徒博弈，已被人们所熟知。但有两种方式来思考这个问题。我们可以从中看出权利研究方法和福利研究方法冲突的迹象，更确切地说，运用诺齐克的术语，是历史正义原则和最终状态原则之间（比如帕累托）的冲突。或者人们可以认为，如果将小团体范围的契约自由扩展到大群体范围，可能会使完全自由的社会更为高效，就像科姆提出的自由社会契约方法一样。然而这会导致第二个问题，无论哪种契约（另外任何范围的）都将使个体公开表态，因此放弃某些权利或自由。通过一个群体的共同努力而获得一致满意（帕累托改进）的结果本身就已假定了每位个体需要放弃一部分的权利和自由（除非是自愿的、默认的合作)。权利和效率的冲突可以被理解为个体权利和集体权利的冲突。

对于形式主义来说，人们可以把群体权利并入到社会选择形式中去，这又回到决定性群体的最初定义$\overline{D}_G$ (x, y)。在《查泰莱夫人的情人》的例子中，如果在个体权利$\overline{D}_p$ (o, p) 和$\overline{D}_l$ (l, o) 之外增加集体权利$\overline{D}_{p,l}$ (p, l)，人们因此可以得到一个不一致的权利体系。这一现象在一定程度上体现了个体权利和集体权利间的冲突。而吉伯德关于放弃个体权利的方法显然是来自对相关实际问题的直觉。但社会选择中的形式主义看来较少接受契约的概念，这一概念可以推出一些行为的外部选择的相关义务。而博弈论的形式主义则似乎更加适合表示这样的概念，因为博弈者的策略已经阐明。契约约束使策略集受限，而如果能够使参与人得到较优的博弈结果，他们可以接受这一限制（尤其是通过和其他参与人互动之后）。

很难想象如社会选择学这样既抽象又一般的理论没有将权利的概念并入到框架中。事实上，这里涉及的参与人决定性的概念仅仅是权利概念的一个特例。正如诺齐克（Nozick，1974）指出的那样，人们总可以确定社会状态x，无论这违不违背个体的权利。对个体权利的尊重仅仅是为了排除所有那些只能通过违背个体权利产生的社会状态。诺齐克讽刺道，社会选择领域应该仅局限于剩余的社会状态。因为对他而言，对权利的尊重必然会导致一个完全特别的状态，这表明尊重权利的社会选择理论是毫无目标的（除非说，以平庸的方式尊重权利的社会状态被其他所有人喜好）。

从表达权利的角度来看，博弈论也并不是没有一点问题。它的抽象性使人们很难分清，尤其对策略集而言，到底这些策略是基于权利还是仅仅基于物质或预算的限制。于是很有必要单独介绍一类博弈，它可以更清晰地表示各种权利、这些权利的行使方式，以及这些权利的起源。

评估自由

无论人们倡导个体的形式自由还是实际自由[①]，人们实际上关心的是使人们能够获得的某种行动或成就的集合。这样知道如何比较不同个体自由的范围或制度体系的不同是很有益的。

目前已有一些针对不同机会集合比较的研究（参见 Pattanaik & Xu，1990；Klemisch - Ahlert，1993；Bossert，Pattanaik & Xu，1994）。考虑到他们的研究是探讨性的，我们在这里对他们的研究仅做一个简短的介绍。

为了方便起见，我们只考虑有限的选项，即有限选项集 X 的一个部分。我们将对选项集的所有或部分子集用定义在 2^X 上的序$\succsim$进行比较。在所有的序中，我们特别介绍两种最为简单的、最值得一提的。第一种，$\succsim_{Card}$它只比较集合的基数：

$$\forall A,\ B\in 2^X,\ A\succsim_{Card}B\Leftrightarrow|A|\geqslant|B|$$

第二种参照在 X 上的给定的序 R，比如所考虑的参与者的偏好，或人们的平均偏好（当人们希望比较多位个体集合间的偏好时）。用 m（R，A）表示对 R 来说集合 A 中最优的元素。序 $\succsim_{Pref}$是从 R 出发用来比较所考虑集合的最优的元素：

$$\forall A,\ B\in 2^X,\ A\succsim_{Pref}B\Leftrightarrow m(R,\ A)\ Rm\ (R,\ B)$$

这两种序代表了两种非常不同的研究方法。第一种，$\succsim_{Card}$仅仅将

① 特别参照前面章节介绍的机会平等理论。

注意力放在自由选择上，完全忽略了选项在不同个体眼中可以有相当不同的价值。集合｛橙汁，香槟｝被认为和集合｛蓖麻油，海水｝是同样的……人们可以发现$\gtrsim_{Card}$不考虑选项间的差距，这表明这种序并不衡量自由选择的所有方面。第二种研究方法由$\gtrsim_{Pref}$表示，和第一种恰恰相反，完全忽略了选择的自由。

帕特里克和徐永胜（Pattanaik & Xu，1990）借助于公理表现$\gtrsim_{Card}$的特征，解释注意自由选择的排他影响。这里列出他们使用的三个公理。

无选择下选项的无差别性（IAC）：$\forall x, y \in X, \{x\} \sim \{y\}$

严格单调性（MS）：$\forall x, y \in X, x \neq y, \{x, y\} \succ \{x\}$

独立性（IND）：$\forall A, B \in 2^X, \forall x \in X \setminus (A \cup B), A \gtrsim B \Leftrightarrow A \cup \{x\} \gtrsim B \cup \{x\}$

我们发现$\gtrsim_{Card}$满足这三个公理，而$\gtrsim_{Pref}$则任何一个公理都不满足。下面来说明这一结果。

命题 3：

$\gtrsim_{Card}$是定义在2^X上，唯一满足公理IAC，MS和IND的序。

证明：

设$A, B \subset X$，使得$|A|=|B|=k$。若$k=1$，根据IAC有$A \sim B$。若$k=2$，我们检验一下$|A \cap B|$。若它等于2，那么$A=B$，由于自反性，$A \sim B$。若$|A \cap B|=1$，那么$|A \setminus (A \cap B)| = |B \setminus (A \cap B)| = 1$，因此$A \setminus (A \cap B) \sim B \setminus (A \cap B)$。由于IND，直接得到$A \sim B$。最后，若$A \cap B = \phi$，记作$A = \{x, y\}$和$B = \{z, w\}$。由上述论证，因为$|A \cap \{x, z\}| = |B \cap \{z, w\}| = 1$，$A \sim \{x, z\} \sim B$。很容易验证这一方法可重复迭代，对$k$到$k+1$都是正

确的，因此$|A|=|B|\Rightarrow A\sim B$。

设$A\subset B$，且$|A|=|B|-1$。运用 MS，设 y 为唯一的$B\setminus A$中的元素，设 x 为A中任意一个元素，然后通过 IND 加入A中其他的元素，可以得到$B\succ A$。同样的基数集合可以得到同样的结果，利用传递性，有$\forall A, B, |A|=|B|-1\Rightarrow B\succ A$。再次利用传递性，有$\forall A, B, |A|<|B|\Rightarrow B\succ A$。

普珀（Puppe，1993）研究了由$\succsim_{Card}$和$\succsim_{Pref}$代表的这两种方法间的冲突，他研究选项在欧几里德空间的情况，并指出人们不能在2^X上建立一个连续的序（对豪斯多夫（Hausdorff）拓扑学[①]来说）同时满足以下两个公理：

和序R的一致性：$\forall A\in 2^X, \forall y\in A, \forall x\notin A, xRy\Rightarrow (A\setminus\{y\})\cup\{x\}\succsim A$

自由的忧虑：$\forall A, \exists x\in A, A\succ A\setminus\{x\}$

$\succsim_{Pref}$满足第一个公理，而$\succsim_{Card}$不满足，由于它是由广义不等形式表示的。第二个公理由严格的形式表示，$\succsim_{Card}$满足，而$\succsim_{Pref}$不满足。

就像克莱米撒列特（Klemisch-Ahlert，1993）所建议的那样，人们可以部分地解决这些方法的冲突，通过将两个或多个的序按字典序的方法组合起来。比如，有两个序$\succsim_1$和$\succsim_2$，人们可以按下面的方法定义组合序$\succsim_{1,2}$：

$$A\succsim_{1,2}B\Leftrightarrow [A\succ_1 B \text{ 或 } (A\sim_1 B \text{ 或 } A\succsim_2 B)]$$

可以验证$\succsim_{Card,Pref}$和$\succsim_{Pref,Card}$同时满足上述两个公理（但都不是连续的）。

① 豪斯多夫的拓扑学是由距离$d(A, B)=\max\{\sup_{x\in A}d(x, B), \sup_{x\in B}d(x, A)\}$归纳得出。

在这一章节，我们发现对机会集合的评估并不一定是评价自由的最优方法，无论它是实际的还是形式的。还有更简单的，甚至概念上更经得起推敲的，就是直接根据一些自主指标的实现程度来直接评估自由。比如，人们可以在不同的司法和公安系统中给基本自由的尊重打分，人们可以根据个体拥有的资源（人力资本、遗产等）和他在社会上的成就（社会地位）确定个体的自主程度，等等。而后可以通过常用的类似于计算社会经济学中的其他一些指数的方法，探讨计算自主程度指数。

第八章　马克思的剥削理论

引言

马克思提出的剥削理论很容易成为争论的主题，因为著名的“价格价值的转换”问题，大多数现代学者认为同这一定义相关的概念不会再出现。另一些学者认为马克思所分析的概念没有一个具有令人满意的理论价值。还有一些学者甚至拒绝运用马克思提出的概念标准，他们认为历史唯物主义不包含任何的伦理成分。

自《资本论》出版（Marx，1867）以来，围绕剥削这一概念的争论逐渐失去影响力，而现今实际上已经放弃了这一概念以及马克思理论大厦的其余的全部。特别是由罗默和艾斯德（Elster）在 20 世纪 80 年代创建的“分析的马克思主义”学派，应用现代的人文科学和哲学分析方法，试图给马克思的研究方法注入新的生命。但这一学派得到的通常是否定的结论，实际上最终明确了马克思理论的命运。

这里我们将不去叙述这些争论的历史，也不追溯由马克思提出的最初的阐述，而是直接研究只有一种物质资料和一种类型劳动的简单模型。在这一模型中，很容易定义基本概念，而我们要分析剥削和社会结构，以及剥削和财富不平等间的关系的本质。这些是在首要的研究之后，我们要思考的由产品的多样性和劳动的异质性引发的复杂情况。最后一节将致力于这种研究方法的规范性说明，以及剥削的不同定义。整个这一章很大程度上是得益于罗默（Roemer，1982）的著作，其著作也是这一领域的杰出的参照依据。

因为剥削很容易被归于分配正义这个领域，所以剥削的定义构成这章的主题，但这仅仅代表马克思研究方法的一个侧面。尤其值得一提的是另外两个概念：让渡和统治。我们还将谈到拜物教这个概念。

让渡[①]主要是指某一主体遭受的自主性的丧失，这一主体不再控制一些行为的目的和结果，特别是当领取工资的劳动者的工作条件和工作性质都由雇主决定时，其产品消失在企业的匿名性当中。这一定义反映的主观福利的分析少于更为客观的个体成就的概念。它在构建可能的个体自主性指标时，建议考虑个体对自身行为的控制及其对环境和生产的个性化印记。

统治是这些推理关系的对称物，且突出个体关系间自主性的重要性。马克思的研究方法提出给予个体拥有的资源和权力以同样的重要性，并讨论这两个特征相互影响与否。在其他章节的研究中，很少强调减少权力不平等的目的。福利主义显然是避开了所有福利的名词性概念，更确切地说是在一种纯粹的工具（instrumental）的角度下分析权力，资源或机会不平等理论强调资源或纯粹的个体成就，而自由或自由意志理论只关注机会自主的形式，且承认实际机会或成就的不平等（所有服从、同意都被认为是合理的）。

---

① 关于这一定义的不同差别，参见 Andreani（1989），vol. Ⅰ，p. 66。

最后，拜物教是指未知的过程使得个体将传统惯例或社会关系想象成不可触犯的客体，甚至是自主的主体。在关系到意识形态的社会学分析中，这一概念与先前这方面的经济正义论相比显得有些失当。其中，无知和信息的问题同个体福利密切相关，在包含拜物教的很多方面的同时具有更广泛的一面。实际上，不管怎样，正义论本身原则上应力求避开任何形式的拜物教，避免将偶然的社会结构视作自然的先验。

本章其余的部分致力于研究剥削的定义。下一节介绍的简单模型用于支持重要的分析。

一个简单模型

我们分析这样一种经济：只包括一种劳动、一种产品，在生产中要么被耗费，要么被使用。这种经济包括无数个离散的周期 $t=0$，1，…有能够从这些资料和劳动出发生产产品的技术，并假定固定收益，这使得生产能够以小单位或集中的方式不加区别地运行。生产期限是一个周期。每个周期经济资源的公式写成：

$$f(x_{t-1},\ l_{t-1})=y_t=c_t+x_t$$

其中，f 是生产函数，x_t 是 t 时投入的产品的数量，l_{t-1} 是 $t-1$ 和 t 之间耗费的劳动，y_t 是产品总量，c_t 是已耗费产品的数量。$t=0$ 时，总资源为 y_0，是无生产时闲置的资料的数量。

假定人口为常量，且有 n 个永久生存的个体。在 t（包括 $t=0$）时个体 i 得到数量为 y_{it} 的产品，其中他消费 c_{it} 而投资 x_{it}。在 t 和 $t+1$ 间，他耗费劳动为 l_{it}。假定没有浪费的情况下，可得

$$y_t=\sum_i y_{it},l_t=\sum_i l_{it},x_t=\sum_i x_{it},c_t=\sum_i c_{it}$$

到现在为止，我们只描述了这种经济的自然运行，并未引入制度。我们将特别关注市场经济。假定存在劳动市场、产品市场和“证券市场”（只有一种有价证券），但为简化分析我们将排除信贷市场。我们将资料视为通货，并将 t 时对劳动l_{t-1}支付的工资记作w_t，r_t为对资本x_{t-1}在 t 时支付的股息率。这样，个体 i 在时期 t 时的预算约束写成：

$$c_{it}+x_{it}=y_{it}，\ x_{it}\geqslant 0，\ c_{it}\geqslant 0$$

若 $t\geqslant 1$，$y_{it}=(1+r_t)\ x_{it-1}+w_t l_{it-1}$

个体对周期$(c_{it}，l_{it})_{t\geqslant 0}$具有偏好。根据拥有的信息，可以定义出这种经济的几种类型的均衡。在此，我们并不深究这些均衡的细节，因为没有必要。只需在所有情况下，通过比较个体的供给和生产领域的需求，分析 $t-1$ 时的情形，确定r_t和w_t。可以这样定义：

$$\max f(x_{t-1},l_{t-1})-(1+r_t)\,x_{t-1}-w_t\,l_{t-1}$$

因为收益是不变的，对生产要素的支付（补偿）耗尽了产品，除对资本支付红利以外，再无收益

$$y_t=(1+r_t)\,x_{t-1}+w_t\,l_{t-1}$$

这同个体预算约束总额是一致的。

这一模型允许所有可能的经济波动，尤其是增长的轨迹。而关注静态均衡是很实用的，这样使得分析简化。实际上，我们可以用下列方法部分地简化静态均衡分析。从仅考虑对应的不变周期对成对$(c_i，l_i)$的“静态”偏好推出个体对周期$(c_{it}，l_{it})_{t\geqslant 0}$的偏好。这样，一种稳定的均衡意味着给定 r 和 w，以及产品和劳动的数量，使得：

——对于每个 i，$(c_i，l_i)$在约束下最大化偏好$(1+r)\ c_i=r y_{i0}+w l_i$（$y_{i0}$是给定的）；

——（x，l）最大化 f（x，l）－（$1+r$）$x-wl$；

——$x=\sum_i x_i$，$l=\sum_i l_i$，f（x，l）$=\sum_i c_i+x$。

第一个条件是个体的一般预算约束加上约束$y_{i1}=y_{i0}$的结果。正是附加上这个约束条件和静态偏好最大化使得这三个条件只是静态均衡定义的必要而非充分条件。

将这一模型做微小的改动，还可以描述这样一种经济：每位个体有一个后代的世代的更迭延续（使得人口保持不变）。每一代人的生活分为两个阶段。个体 i 在 t 时出生，得到遗产x_{it}，全部投产，且劳动l_{it}。接下来的阶段，他消耗c_{it+1}（另外，这种消费的一部分用来供养刚出生的下一代）并给他的后代遗留x_{it+1}。

剥削和阶级

为定义这种经济中的剥削，需要计算任意数量产品的“劳动—价值”，即在给定期限内，为生产这些数量的产品所必需的劳动量。为此，通常我们将耗费的劳动同“净产品”相联系，即去除资本的折旧和中间消耗品的净值（净增加值）。净产品为$\hat{y}_t=y_t-x_{t-1}$。单位净产品的劳动—价值为

$$\lambda_t=l_{t-1}/\hat{y}_t$$

个体 i 得到的净产品部分为$\hat{y}_{it}=y_{it}-x_{it-1}$。为知道某一个体在 t 时期是否被剥削，我们比较$\hat{y}_{it}$的价值和他自身耗费的劳动量l_{it-1}。

如果个体 i 得到的净产品部分的价值小于他所提供的劳动，则称个体 i 在 t 时被剥削，即

$$\lambda_t\hat{y}_{it}<l_{it-1}$$

而如果不等式相反，个体 i 为剥削者。

命题 1：

当且仅当下列条件之一成立时，称个体 i 被剥削：

(i) $\hat{y}_{it}/\hat{y}_t < l_{it-1}/l_{t-1}$；

(ii) $\hat{y}_{it}/l_{it-1} < \hat{y}_t/l_{t-1}$；

(iii)（在 $\forall i$，$x_{it}=x_{it-1}$ 情况下，）$c_{it}/l_{it-1} < c_t/l_{t-1}$。

证明可以直接说明。这三个条件相当直观，第一个条件意味着个体得到的净产品部分小于其相对的劳动付出；第二个条件意味着个体的净产品同劳动的比率小于经济的总比率；而第三个条件是当净投资为 0 时，对消费进行同样的计算。

注意到这一阶段非常重要的是没有提到经济中任何现行的制度。因此可以通过仅仅观察经济的自然运行（生产、交换）来定义和测度剥削。所以这些定义可以应用到任何一种经济中去。例如，我们可以就远古经济、封建经济或资本主义经济而谈剥削。但在每种经济中，剥削的制度形式都是特有的，同样的也有相应的社会结构。

上文已经描述了商品经济或资本主义经济的分析。实际上一个经济活动的参与者在一个给定的时期被剥削与否将取决于其初始财富 y_{it-1}、对消费和劳动的相对偏好，及其随时期演变对这些变量的相对偏好。而这些将同样取决于他的信息和所实现的市场均衡的特征。因此，实际上先决条件非常复杂。

但我们要注意几个要点。在下面一节，在对偏好和均衡做一些简化的假设的情况下，我们探讨初始财富和剥削之间的联系。这一节我们将研究市场均衡的几个一般特征。首先，利润和剥削之间的关系显得很紧密。在一个时期，若没有红利，则意味着同一时期没有被剥削。而如果个体们足够相似，那么会有红利的分配而没有那么多的剥削。

命题 2：

在市场均衡中，在时期 t 时，若 $r_t=0$，则没有剥削。即使 $r_t>0$，也能够没有剥削。[①]

证明：

对于任意 i，$\hat{y}_{it}=r_t x_{it-1}+w_t l_{it-1}$。如果 $r_t=0$，那么对于任意 i，

$$\frac{\hat{y}_{it}}{l_{it-1}}=w_t=\frac{\sum_i \hat{y}_{it}}{\sum_i l_{it-1}}=\frac{\hat{y}_t}{l_{t-1}}$$

如果 $r_t>0$，若 $\forall i, j$，$x_{it-1}/l_{it-1}=x_{jt-1}/l_{jt-1}$，则不存在剥削。实际上，

$$\frac{\hat{y}_{it}}{l_{it-1}}=r_t\frac{x_{it-1}}{l_{it-1}}+w_t$$

这个命题的第二个部分在严格区分没有任何财富的无产者和不劳动的资本家的模型中不再成立。这样，可得“马克思的基本定理”，根据这一定理，当且仅当红利为正值时，存在剥削。

而这些模型具有一个恰当的特征。在市场经济中，事先没有定义出社会阶级或等级。个体们拥有相同的权利和地位。然而其财富或偏好的差别导致他们拥有不同的社会角色，特别是在生产方面。这就是为什么我们在这种经济中还会发现“社会阶级”。不过，在阶级和剥削之间存在一种对应关系。

在给定均衡中，在时期 t，比率 x_{t-1}/l_{t-1} 定义了与要素价格（$1+r_t$）/w_t 相符合的现行的技术条件。因为收益不变，生产单位数量是

① 参见 Morishima & Catephores（1978）。附带指出，假如经济中不存在实际利率为 0 的储存值，$r_t<0$ 是主要考虑的情形。而本章我们仅限于分析 $r_t\geqslant 0$ 的情况。

无关紧要的。例如，我们可以考虑每个个体都有其自己的企业，或尽管只有一个企业但雇佣所有的劳动者。不管怎样，当个体 i 投入x_{it}，为了在当前技术条件下正常运行，其投资所需要的劳动量为$\widetilde{l}_{it-1}=x_{it-1}$（$l_{t-1}/x_{t-1}$）。无论他先前是否为其投资的企业而工作，如果在时期 t，有$l_{it-1}<\widetilde{l}_{it-1}$，则称个体 i 为纯雇主，即其投资需要的劳动量大于其自身的劳动；而若$l_{it-1}>\widetilde{l}_{it-1}$，则称个体为纯雇员，即其自身的投资没有给予他一份足够的工作（他还要在别人的资本那里自我雇佣）。为了回到更能唤起记忆的术语上来，我们将纯雇主叫作资本家，纯雇员叫作无产者，而其余的人为个体业主。这种社会划分过于简单化，但非常符合马克思研究方法的精神，因为它强调在生产方面个体占优势的角色（在这个简单模型中，企业中不存在权力的等级）。

命题 3：

在市场均衡中，在时期 t，若$r_t>0$，则资本家集合同剥削者集合重合，而无产者集合同被剥削者集合重合。

证明：

当且仅当 $$\frac{r_t x_{it-1}+w_t l_{it-1}}{l_{it-1}}<\frac{r_t x_{t-1}+w_t l_{t-1}}{l_{t-1}}$$

个体 i 为剥削者。

或还有，因为$r_t>0$，

$$\frac{x_{it-1}}{l_{it-1}}<\frac{x_{t-1}}{l_{t-1}}$$

即 $$l_{it-1}>x_{it-1}\frac{l_{t-1}}{x_{t-1}}=\widetilde{l}_{it-1}$$

相应的论证可用于剥削者的定义。

剥削和初始社会财富

社会阶级和剥削之间的一致性为考虑的主要问题，而这两个现象是相互依存的：个体的阶级归属，及其在剥削方面的地位，均由实际均衡的类型、初始财富，乃至偏好①决定。这一节我们专门研究剥削和财富不平等之间的关联。

为探讨这种关系，首先假定个体偏好是相同的，且只是初始财富不同。另外，可以设想两种简化来避免不同时期的市场均衡的复杂研究。

第一种简化是假定将每个时期归为暂时的均衡研究，其中个体行为受制于 $t-1$ 时期对（c_{it-1}，l_{it-1}，y_{it}）的静态偏好。在偏好上，引入术语y_{it}类似于传统暂时均衡理论中引入对现金的偏好。因此，个体 i 在约束$y_{it}=(1+r_t)x_{it-1}+w_tl_{it-1}$和$c_{it-1}+x_{it-1}=y_{it-1}$时，寻求关于（$c_{it-1}$，$l_{it-1}$，$y_{it}$）的最大化满足，即

$$y_{it}+(1+r_t)c_{it-1}-w_tl_{it-1}=(1+r_t)y_{it-1}$$

其中等式右边表示初始财富。

命题 4：

若偏好相同且闲暇和最终财富（y_{it}）是正常的，那么存在一个值y^*_{t-1}使得当且仅当$y_{it-1}<y^*_{t-1}$时，任何一位参与人 i 在时期 t 都是被剥削的，而当且仅当$y_{it-1}>y^*_{t-1}$时为剥削者。

---

① 在当前的背景下，偏好的外生性是可以讨论的，也就是在一种社会体制的现象中分析。而对于本节所依据的论据，足以允许偏好的外生部分。

证明：

因为

$$y_{it}-w_t l_{it-1}=(1+r_t)\ x_{it-1}$$

所以x_{it-1}是增函数，同样y_{it}和$-l_{it-1}$，y_{it-1}也是增函数。同样将有$\hat{y}_{it}-w_t l_{it-1}=r_t x_{it-1}$，以及理所当然地得出

$$\frac{\hat{y}_{it}-w_t l_{it-1}}{l_{it-1}}=\frac{\hat{y}_{it}}{l_{it-1}}-w_t$$

设y^*_{t-1}是通过某位参与人的$y_{it-1}=y^*_{t-1}$这种情形定义的，则有$\hat{y}_{it}/l_{it-1}=\hat{y}_t/l_{t-1}$。那么直接就得到想要的结论。

第二种简化方法是用第 2 节介绍的静态方法分析一种稳定均衡。这样，我们可以考虑每位个体借助于“静态”偏好，选择由$(1+r)c_i=ry_{i0}+wl_i$定义的最优组合(c_i, l_i)，其中y_{i0}为个体的初始（且永久）财富。

命题 5：

如果对于“静态”偏好（完全相同），闲暇是正常的，那么存在一个值y^*使得当且仅当$y_{i0}<y^*$时，任意参与人 i 都是被剥削的，而当且仅当$y_{i0}>y^*$时，为剥削者。

证明：

显然，等式$(1+r)c_i-wl_i=ry_{i0}$的值随y_{i0}的增加而增加。若闲暇是正常的，对于$((1+r)c_i-wl_i)/l_i=(1+r)c_i/l_i-w$和$c_i/l_i$是同样的道理。设$y^*$是通过$y_{i0}$分析考虑的值，意味着$c_i/l_i=c/l$。根据命题 1，当且仅当$c_i/l_i<c/l$时，$i$ 是被剥削的，直接得出结论。

财富和剥削间的这种关系直觉上同马克思的研究方法非常一致，并且表明即使在不同的社会阶级的个体间偏好没有差别，其财富的差别说明其节俭和工作的行为足以产生剥削现象。

另一方面，我们可以认为偏好一致的假设是限制性的。然而，如果偏好可以不同，财富和剥削之间的单一关系则不复存在，因为一位非常愿意工作的个体会发现即使其财富相对很多，在稳定均衡的情况下，也是被剥削的，如图 8—1 所示。

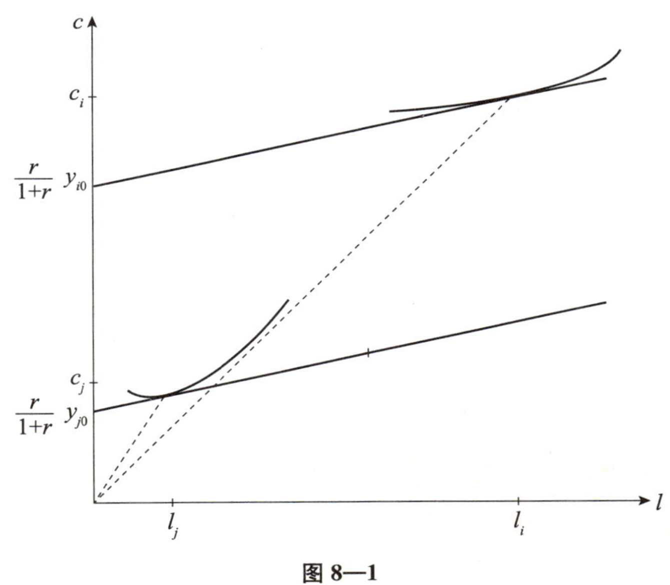

图 8—1

随着时间的流逝，消费的相对偏好差别也会产生剥削现象。最初有相同资源的两位个体可以采纳非常不同的储蓄计划和消费计划，最终导致某些时期的一种剥削状态（蚂蚁剥削蝉）。

在一个世代更迭延续的模型中，我们还可以观察到由于遗产的演变和个体在生命周期中就业比率变化而导致的剥削现象。例如，在第 2 节提到的当前的模型中，如果年轻人在他们还没有工作时，分享父母的消费，那么他们就是剥削者。在一个更现实的模型中，这对于所有非就业者都成立，而对于那些在初期就业时积累了重要储蓄的成年人也成立。

看来，我们要追问当剥削这一概念反映出财富的不平等或偏好的简单差别或年龄的不同时，这一概念是否同样有伦理的恰当性。这个问题将在最后一节研究。

多维条件下的推广

到现在为止，由于两个简化的假设，即劳动的同质性和产品的单一性，分析比较容易。而在现实中，劳动是不同的，生产率是变化的，产品是多种多样的。

首先考虑当劳动为异质的情况下的扩展分析。假定每位个体都有一个特定的生产率，通过生产函数中的加权系数来表示：

$$y_t = f(x_{t-1}, \sum_i s_i l_{it-1})$$

则个体的预算表示成：

$$\hat{y}_{it} = r_t x_{it-1} + w_t s_i l_{it-1}$$

另外，个体的劳动是有差别的，必要时可以从劳动—价值计算的角度表示成不同的数量。马克思叫作“抽象劳动”，劳动量的衡量是以价值为基础的。这里的问题是两个不同个体的同样时间、同样强度的劳动，或在两个不同的职位上，可以表示成不同数量的“抽象劳动”。在《资本论》中，马克思尤其追索有关质的差别，却没有对“复杂劳动”和“简单劳动”的比较提出明确的计算规则。例如，可以考虑同受教育时间相对应，推迟高质量的劳动时间，并且生命中的平均就业时间相应地成一定比例（在持续的 40 年中，用 5 年的时间受教育，同无技术含量的劳动相比，高质量的劳动加上 12.5%的抽象劳动)。我们还可以考虑分析劳动的痛苦程度、精力消耗的多少，而这些变量或多或少是以主观的方法来评价的（一份同样的工作，对于个体们而言要求的精力消耗是不同的)。这些可能的、不同方法的选择并不是同剥削概念的运用无关，特别是其规范用法。

不管怎样，所有考虑的方法都会有一个为每种类型的劳动定义出一个从观察到的量到抽象劳动量的转换系数。在我们的模型中，可以通过系数μ_i影响到每位个体。当 i 实施劳动l_i，相应的抽象劳动量为$\mu_i l_i$。这样，净单位产品的劳动—价值由下面的公式定义

$$\lambda_t = \frac{\sum_i \mu_i l_{it-1}}{\hat{y}_t}$$

当且仅当在时期 t 时有

$$\lambda_t \hat{y}_{it-1} < \mu_i l_{it-1}$$

个体 i 被剥削。

再回到前面两段关于这些内容的分析。如果系数s_i随系数μ_i同比例变化，那么所有的结果都可以保持一致。相反，如果不是这样，显然，剥削和利润的关系、剥削与社会结构或财富的关系，有些松散。

同样，即使$r_t=0$，通过工资的差别也可以存在剥削。实际上可得当$\hat{y}_{it}=w_t s_i l_{it-1}$时，使得当且仅当$\lambda_t w_t s_i l_{it-1} < \mu_i l_{it-1}$时，也就是

$$\frac{\mu_i}{s_i} > \lambda_t w_t$$

时，i 被剥削。同样，如果一个个体的劳动生产率及其工资，相对于其抽象劳动系数较低，那么这个个体可能被剥削。

如果系数 s 和系数 μ 之间的差距很大，且如果“资本家”和“无产者”（纯雇主和纯雇员）之间的财富差距很小，那么剥削者的群体不一定同资本家的阶层相吻合，而可能包括一些工资高的无产者。如

果劳动生产率的系数s_i相对于系数μ_i较大，对个体 i 而言，在其财源上起着相似的作用，使其按照抽象劳动的付出，能够得到更多的收入。

劳动的异质性丰富了实施剥削的形式，而无产者之间的工资差别可能使他们中的某些人成为剥削者，或至少导致在其各自的剥削程度上的不平等。

我们现在来假设产品是多样化的，并回到最初的劳动是同质的假设，来区分两个问题。如果有多个产品（$m>1$），则有必要引入产品的价格向量 $p\in \mathbb{R}^m$，而对于这一节的其余内容，这次是劳动作为通货（$w_t=1$）。在分析商品经济之前，我们来研究劳动—价值和剥削。因为对于价格，需要每个产品的单位价值向量：$\lambda\in \mathbb{R}^m$。现在总公式$\lambda_t \cdot y_t=l_{t-1}$不能够确定 λ，因为对于未知量 m 只有一个公式。没有更明确的信息，我们不能列出每个产品的具体价值。

但我们假设已知每个产品 $k=1, \cdots, m$ 的产量y_t^k、在生产中耗费的投入的向量x_{t-1}^k和为生产这一产品消耗的劳动量l_{t-1}^k。如果每个产品都是在特定的部门和一种自主技术下生产①，这是合理的。假设对于每个产品，技术是收益不变的，生产一单位该产品所需的量仅仅是$(1/y_t^k)$ x_{t-1}^k和l_{t-1}^k/y_{t-1}^k。设矩阵A_{t-1}，其中每列 k 都是由向量$(1/y_t^k)$ x_{t-1}^k组成，而行向量$\bar{l}_{t-1}$的分量为l_{t-1}^k/y_t^k。则有$A_{t-1}y_t=x_{t-1}$和$\bar{l}_{t-1}y_t=l_{t-1}$。运用这些概念可以计算得出每个产品的价值。实际上，产品 k 的单位价值λ_t^k等于单位产品生产中耗费的劳动量，加上在同一生产中耗费的投入的价值：

① 而在结合生产的情况下，值的估算是很困难的。参见 Duménil & Lévy (1987)。

$$\lambda_t^k = \bar{l}_{t-1}^k + \lambda_t \ (1/y_t^k) \ x_{t-1}^k$$

同时对于所有产品可以表示成：

$$\lambda_t = \bar{l}_{t-1} + \lambda_t A_{t-1}$$

则可得解决这一制度的解：

$$\lambda_t = \bar{l}_{t-1} \ (I - A_{t-1})^{-1}$$

其中 I 是（m，m）维的等矩阵。

在这一背景下，当且仅当$\lambda_t \cdot \hat{y}_{it} < l_{it-1}$时，个体被定义成在时期 t 时被剥削。

在市场经济中，产品的多样化也使得剥削与社会结构或剥削与财富的关系更加趋于模糊。在这种经济中，因为收入的纯货币定义，甚至剥削的定义也变得很棘手。确切地说，不存在个体察觉的产品的向量y_{it}，也没有其投产的资料x_{it}。他仅看到"货币"收入$p_t y_{it}$和投入的"货币"资本$p_t x_{it}$。唯有消费c_{it}对应于实际转让给个体的物质产品。在一定稳定时期内，允许假设$x_{it} = x_{it-1}$，则有$\hat{y}_{it} = y_{it} - x_{it-1} = y_{it} - x_{it} = c_{it}$，而剥削的定义变成$\lambda_t \cdot c_{it} < l_{it-1}$。在其他情况下，我们可以借助于惯例。例如，假定$x_{it} = x_t \ (p_t x_{it} / p_t x_t)$，通过$y_{it} = c_{it} + x_{it}$计算$y_{it}$，通过$\hat{y}_{it} = y_{it} - x_{it-1}$计算$\hat{y}_{it}$。

在市场经济中，个体 i 的收入为：

$$p_t y_{it} = \ (1 + r_t) \ p_{t-1} x_{it-1} + l_{it-1}$$

这一等式表明投入的资产可能出现剩余价值，$(p_t - p_{t-1}) \ x_{it-1}$，这使净产品的分析复杂化。为了简单化，我们这里将仅置于稳定均衡的框架下，从而确保价格的恒定。每种产品都对应于自主生产范围内的一个特定的部门，部门间的均衡利润率相同（利润率低的部门得不到资本）。那么很容易看出价格向量满足：

$$p=(1+r)pA+\bar{l}$$

其中

$$p=\bar{l}(I-(1+r)A)^{-1}$$

可以证明命题 2 成立，因为若 $r=0$，则有 $p=\lambda$，那么 i 的预算约束写成 $\lambda y_i=\lambda x_i+l_i$，即 $\lambda\hat{y}_i=l_i$。因此，在这种情况下，不存在剥削。

而剥削和社会阶层之间的关系也不再是对应的。$py_i=(1+r)px_i+l_i$和$px_i=py_i-pc_i$推出$(1+r)pc_i-l_i=py_i$。

当且仅当 $\lambda c_i<l_i$时，个体 i 被剥削：

$$\lambda c_i<l_i \Leftrightarrow \lambda c_i<(1+r)pc_i-rpy_i$$

$$\Leftrightarrow py_i<\frac{(1+r)pc_i-\lambda c_i}{r}$$

$$\Leftrightarrow \frac{py_i}{py}<\frac{(1+r)pc_i-\lambda c_i}{(1+r)pc-\lambda c}$$

另外，我们可以认为，若$l_i>px_i(l/px)$，那么，个体 i 是一位“无产者”，或是纯雇员：

$$l_i>px_i\frac{l}{px}\Leftrightarrow\frac{pc_i-rpx_i}{px_i}>\frac{pc-rpx}{px}$$

$$\Leftrightarrow\frac{pc_i}{px_i}>\frac{pc}{px}$$

$$\Leftrightarrow\frac{py_i-pc_i}{pc_i}<\frac{py-pc}{pc}$$

$$\Leftrightarrow\frac{py_i}{py}<\frac{pc_i}{pc}$$

可以证明这一条件通常不等同于同剥削的关系。当个体的消费都相同，当且仅当 $py_i<py/n$，当且仅当个体为“无产者”时，个体 i 被剥削。

我们可以理解为什么这种等价关系通常不成立，因为当 i 既是无产者同时又是剥削者时，有

$$\frac{(1+r)\ pc_i-\lambda c_i}{(1+r)\ pc-\lambda c}<\frac{pc_i}{pc}$$

即

$$\frac{\lambda c_i}{\lambda c}>\frac{pc_i}{pc}$$

i 的消费部分，用价值度量大于用价格评估，因此，这使得在某些情况下，个体在劳动—价值的交易方案中受益，同时又相对贫困(纯雇员)。

而剥削和财富之间的关系有同样的不确定性。不难验证，对于“静态”偏好，如果闲暇是正常的，pc_i/l_i随 py_{i0} 增加而增加。但不能保证 $\lambda c_i/l_i$同样增加，除非消费资料本身也是正常的。

总之，价格和价值之间的差别允许在商品经济中，剥削和社会经济变量之间的对应上存在缺陷。而这些缺陷因个体间财富不平等的加剧更为隐蔽。假使唯一一种产品模型中数学的精确性会在多种产品情况下减弱，那么在资本主义经济中关于剥削方式性质的结论仍然成立。

然而，价格和价值之间的差别源于“价值价格的转换问题”，这一问题导致很多经济学家将剥削的定义视为毫无意义而被抛弃。“价值价格的转换问题”出自古典经济学的设想，马克思在此基础上研究，从劳动—价值出发解释价格。这种设想当然是不成立的，因为不难理解同现代一般均衡理论的比较：价格可以通过生产的技术条件、参与人的特征（偏好、禀赋）以及现行制度来解释，而价值也是如此(A_t和 $\bar{l}_t$取决于市场均衡)，但这两个量各自有其特定的计算和确定方式，不能从一个推出另一个。所以，劳动—价值理论作为价格理论而

被抛弃。[①] 不过，也正是劳动—价值介入了剥削的核算，而很多人草率地得出劳动—价值的失败，意味着剥削理论的破产。这是一个严重的错误：劳动—价值对于价格理论是无效的，但这丝毫不能阻碍运用它来定义剥削，正如本章所研究的。因此，强调剥削的定义可以得到一个严密的定义是很重要的，而转换问题在这方面无关紧要。

然而，剥削理论的严密性无法保证其恰当性，尤其是以伦理的角度来考量，而这正是下一节的内容。

剥削与公平

我们能够放弃“人对人的剥削”的目的，而以正义论为基础建立剥削的概念吗？这在 21 世纪的意识形态历史中值得拥有一定的地位么？

阻碍这一切的主要困难似乎是资本主义经济中剥削根源的多样性。剥削可能源于个体们继承财产的不平等的不公平（可能的），而这影响到根源于此的剥削是有道理的。但是，当剥削源于对闲暇和消费的相对偏好的简单差别，源于生命周期中积累节俭的差别，或源于资格的差别，这种不公平就非常不明显了。

罗默（Roemer，1982，1986d）提出一种剥削概念的新的表示使其能够集中在源于某些特定的不平等的利益上，罗默提出的表示形式

① 对于马克思主义者来说，关键不只是价格理论。尤为重要的是表明利润 rpx 不是资本的报酬，而是由劳动者生产的、没有被支付的一部分价值。他们为了 $p\hat{y}=\lambda\hat{y}$ 标准化价格向量，表明被剥削者价值上的亏空以及利润率来自“剥削率”，同劳动者耗费的价值的剩余价值相关。这一切都是微不足道的，因为利润可以同时是储户的报酬和剥削的主要支撑，正如我们看到的。关于转换问题的综合阐述的著作，可参阅 Dostaler（1978）、Duménil（1980）和 Lipietz（1983）。

受“核心”（cœur）这个概念定义的启发，“核心”这个定义属于合作博弈理论（参见下一章）。我们的分析从财富产生的剥削开始。设一种人数为 $N=\{1,\cdots,n\}$ 的经济。我们定义一个特有的函数 v 使得对于每个子集或“群体” $S\subset N$，如果这个群体退出经济并带走在平均分配中属于他的那份财富，$v(s)$ 则是群体 S 可以得到的参与人的福利总量。也就是说，如果 y 为财富总量，记为 $y\mid S\mid/n$。设 u_1，…，u_n 为当前配给中参与人的福利。如果在这种配给中有：

(i) $\sum_{i\in S}u_i<v(S)$

(ii) $\sum_{i\notin S}u_i>v(N\setminus S)$

(iii) $N\setminus S$“控制” S

则称 S 被剥削。

第一个条件说明 S 带着它的那份财富退出游戏将有更好的运气。而根据第二个条件，补集 $N\setminus S$ 遭受损失。罗默加上的第三个条件只是为了强调在社会互相影响方面剥削定义的内容，他没有更明确的定义。

这个定义过于抽象，并且同效用转移博弈（参见下一章）联系过多。我们要提出一种更为直观的替代形式。设一种经济，其中每个参与人都具有一定的特征（α_i，β_i）。某些制度（例如，竞争市场均衡）对于 n 个参与人最终确定配给的具有其特征的每个断面（α，β）和相应的参与人福利是通用的：

$$(u_1,\cdots,u_n)=\varphi(\alpha,\beta)$$

设 u_1，…，u_n 为现行配给中参与人的福利。这个配给结果依据 α 变量，很可能是由不平等引起的。设 $\bar{\alpha}=(1/n)\sum_{i\in N}\alpha_i$ 为经济中的平均值。当且仅当

$$u_i < \varphi_i((\bar{\alpha},\cdots,\bar{\alpha}),\beta)$$

时，称在制度中，按照 α 量纲，个体 i 处于劣势。也就是说，他将在 α 变量的平均再分配中受益。我们可以用相同的方式将在这种再分配中遭受损失的参与人定义为处于优势的参与人。

我们可以想象这样的情形，其中所有参与人都处于优势（不平等对所有人都有正效应），或相反，所有人都处于劣势（不平等使全体都遭受损失）。但是当一个处于劣势的群体明确地同一个处于优势的群体相对抗时，并且假如另外还有统治关系（就权力而言）在两者之间占优势，那么就可以提出剥削的定义来描述这种境况的特征。

可以证明，在某些简单的情形中，这两个定义同第 2 节到第 4 节的模型中剥削的传统定义相吻合。实际上，当依据劳动—价值的剥削同参与人的财富完全相关时，正是在财富的均等中受益的参与人被剥削。

罗默根据他对剥削定义的重新表述，提出了剥削类型的历史分类。封建剥削同封建权利的不平等结合在一起，资本主义剥削同财富的不平等结合在一起，而我们可以说社会主义剥削同人力资本（资格）的不平等相关。在每个阶段，都在评价前一阶段的不平等，因而与之对应的剥削被消除。共产主义的任务在于消灭社会主义剥削，以及同需求不平等相联系的剥削（参见 Marx，1875）。

以规范的角度来看，这种研究方法实际上回到，要被谴责的，不是参与人禀赋的不平等，而是其福利不平等的结果。这就要探讨在一个社会中哪种福利的不平等是合法的，以及这种不平等是由哪些变量引起的。刚刚阐述的剥削理论无法回答这样的问题。而这种研究方法似乎很合理地引向一个同阿内逊、科恩和森的福利的机会平等理论相似的理念，这一点另由罗默（Roemer，1993）提出分析。

因此，罗默（Roemer，1986b）主张完全放弃基于劳动—价值的传统剥削概念。事实上，不可能得出一个令人满意的正义理论，因为我们会很容易发现这样的情况，在一些情形中，剥削显得似乎完全可以接受。更深入地说，很难认为个体的收入或消费应严格同他们的劳动成比例，而不能通过同他们的相对禀赋或主观价值密切相关的自由交换来确定，或者不能由特殊需要来确定。

而我们要追问罗默的这种结论是否基于一种误解。剥削的概念因不适合用于构建一种详尽的正义理论，而完全抛开它在其他方面的恰当运用的可能性，甚至是一种规范的视角。马克思的理论不是作为一种正义论呈现的，但毫无疑问，它包含规范的角度，且它无疑对探讨何种角色将转移到这种理论的剥削概念中是有益的。对此，我提出如下解释说明。

剥削的概念用于描述在历史进程相继更替的重要的制度类型（或“生产方式”）中社会博弈的整体特征。在这个博弈中，每一个体，或每个群体，寻求获得利益的最大化。在经济账簿中，这导致追求在物质资料和闲暇（自由活动而非空闲）上的最大可能的消费。不过，所熟悉的大多数社会在分化的社会群体中，包括一种大致严格的构成，其中一个享有特权的群体获得财富和闲暇，并统治一个处于劣势、遭受贫困、承担紧张而繁重的劳动（通常是如此）的群体。我们要以经济的角度来描述这种境况，仅参照生活水平的不平等，在注意统治阶级和被统治阶级间消费/劳动比率上的重要差距的同时，适当简化这些不平等。另外，统治者权力的实施通常以一种约束劳动的形式，处在生产层面，我们完全可以说统治者为他们自己[①]使被统治者劳动。

劳动价值意义上的剥削的概念用一种相对严格的方式测度社会不平等的这个方面。但它的作用仅限于描述严重不平等社会的相当普遍的方面，而对于在一个公平的社会中，可接受的不平等的细节丝毫没有提及。因此，这个概念仅仅在社会重大特征的规范评价与描述，以及重大历史演变上是有效的。马克思的重大贡献，从这个角度来看，在于说明资本主义经济表面上通过公民权利的平等和交换的自由而与封建经济如此不同，尽管通过其他途径会重现其所有重要特征：剥削不再是由劳役和封建赋税产生，而是由个体财产的不平等和市场上的自由交换产生，尤其是劳动市场。

可是，剥削概念的作用在构建更详尽的正义论中非常有限，使得一个公平社会的定义也适用于公共经济的问题受到极大限制。

① 我们可以在这样一种角度下分析，在价值的计算中，所核算的劳动仅应在一般的函数中进行，而不是在特别的约束和压迫的函数中进行。参见 Andreani（1989）。

第九章　议价与合作解决方案

议价理论

议价理论研究的问题可归纳为如下形式：n个参与人，即“参与者”，面对一个可分配集合 $S\subset\mathbb{R}^n$，议价者们经由协商确定可行分配福利向量 $u=(u_1, \cdots, u_n)$。这些议价者必须在所有的可行分配方案中选择一种达成一致。假如他们无法就分配方案形成统一意见，则分配结果将会是一个特定福利的向量 d，称为分歧点（或威胁点）。显然，只要有一个参与者对谈判结果不满，就会使分歧点成立，这表明对任意一个参与者 i 来说，他至少能保证所分配的收益不低于d_i 的值。

在这一问题背景下，我们称给每一对（S，d）分配一个 S 中向量的函数φ 为解（议价的结果）：$\varphi(S, d)\in S$。这样定义的函数可以赋予很多值得研究的性质，以下几个是最为基本的：

强帕累托：$\forall (S, d)$，$\forall x\in S$，$x\geqslant\varphi(S, d)\Rightarrow x=\varphi(S, d)$。

弱帕累托：$\forall (S, d)$，$\forall x\in S$，$x\geqslant\varphi(S, d)\Rightarrow\exists i$，$x_i=\varphi_i(S, d)$。

理性人：$\forall\ (S,\ d),\ \varphi\ (S,\ d) \geqslant d$。

最后一个性质可以理解为每一个议价者都拥有一票否决权。

议价理论从历史发展来看是相对独立于社会选择理论的，但由于两者有共通之处，将它们放在一起比较对我们来说是非常有意义的。

首先，社会选择理论研究如何定义社会状态的排序，而议价理论的结果可以被认为是定义在社会状态的子集合上的选择函数。我们已经在第二章中指出可以用社会选择函数来表述社会选择理论的本质。然而社会选择理论和议价理论还是有区分的。给定议价情况暗含的经济背景，议价理论将其研究的重点集中在特定的分配集 S 上。对于这个集合 S，人们通常假定它的元素是无限（即可分配的经济利益是连续的，例如对工资—利润的分配）和内包的（若 $x \leqslant y$，$y \in S \Rightarrow x \in S$，则 S 是内包的）。其中第二个性质表明分配结果可以存在浪费，即不完全分配。另外，人们常常假定 S 是凸集，这一性质在两种情况下成立，一是用冯·诺依曼-摩根斯坦效用函数测度福利，二是议价者们可以选择任意的分配组合形式。

其次，分歧点 d 对协商结果有非常灵敏的影响，并且即使其他数据保持不变，也会改变函数 φ 的取值。这样，阿罗定理中的非相关方案独立性公理在议价理论中是不适用的，而这一条件却在整个社会选择理论中扮演核心的角色。

最后，社会选择理论对社会状态集合 X 和基于社会状态集合的偏好或效用的断面进行了划分。而议价理论一上来就同福利主义假设相反，它仅考虑由效用向量表示的社会状态，而把效用函数的断面概念弃而不用。在一定程度上，当同样通向福利主义的社会选择理论将非相关方案独立性和帕累托无差别结合起来用于社会福利分配时，这种差异显得不明显。但议价理论采纳的极为综合的表示方式并不利于理解解决方案的性质。从这个意义上说，将社会状态集和基于社会状态集的效用函数断面区分开来更好一些，我们将在本章最后一节继续讨论这个问题。

大部分议价理论探讨仅有两个参与者的情形。由于当参与者多于两个时，很少正常地给予每个人一票否决权，并且参与者中不存在联盟（联盟中人在谈判时口径一致）的情形相当少见，这些联盟可以一致反对总体的协议。这使得议价理论存在很大的局限性。假如我们允许多个参与者结成不同的联盟，那么我们也必须同时根据可能的联盟的组合情况定义多个不同的分歧点，这使得议价问题变成了更广泛意义上的合作博弈问题。我们因此将对本章介绍的内容作如下安排：在第 2、3 节介绍议价理论的入门经典模型，即仅针对两个参与者的情形；在第 4 节将经典理论扩展到有 n 个参与者的情形并允许参与者间结成联盟。这也可以让读者了解一些合作博弈的相关定义。

议价理论或更广义的合作博弈论的合作特征是它们并不需要定义博弈参与人的策略空间。为得到集体决策的结果，这些参与人可以考虑采取需要采取的任何行为，因此不必去描述这些行为。

然而这也造成分配结果的形式不确定性。为了解决这个问题，纳什（Nash，1950）给出了两种补充方案。第一种方案是列出一整套的公理或合理的性质去限定解的可行性，当然这些性质的提出是参与者本身赞同的。纳什证明，假如这些公理条件被准确地实行，那么议价问题只存在一个唯一的解能同时满足所提出的公理，并且该解自身也特点鲜明。第二种方案是定义一个建立协商方法的非合作博弈，其中参与者的策略为（福利向量的）一些命题，并最终达到一个对应于特定解的均衡点，即纳什均衡。纳什程序致力于寻找这样一个解，它具有公理的特征，同时非合作协商过程产生的值为任何情况下的解即纳什均衡点。

我们在此并不详细分析公理的研究方法，它实际上是对解的伦理性质的要求。协商博弈本质上是方法范畴的价值判断。除此之外，我们在此仅对议价理论的公理作一个简略的介绍，如想更深入、全面地理解这些公理，读者可参考：Roth（1979）、Kalai（1985）、Peters（1992）和 Thomson（1994）。

解的主要形式

在这一节和下一节，我们主要研究只有两个参与者的情形，并且设分配集 $S\in \mathbb{R}_+^2$ 是紧致的、凸的和内包的。三种解的主要形式或系列解，将在这里呈现。

纳什解

首先，让我们看一看纳什于 1950 年给出的特征解，其解使表达式

$$(u_1-d_1)^{\alpha_1}(u_2-d_2)^{\alpha_2}$$

最大，其中α_1，α_2在某种程度上表示谈判双方的“能量”（假如其他条件不变，则α_i越大u_i越大）。而当$\alpha_1=\alpha_2$时，我们称该解为纳什对称解。

纳什解满足强帕累托和理性人性质。

对于给定的分歧点 d，纳什解使 u 最大化，并因此满足契诺夫条件或性质 α（见第三章），为此纳什同样定义了非相关方案独立性公

理（请将之与社会选择学中的非相关方案独立性公理区分开来）。

纳什非相关方案独立性公理：$\forall\ (S, T, d)$，

$$S \subset T,\ 且\ \varphi(T, d) \in S \Rightarrow \varphi(S, d) = \varphi(T, d)$$

这一公理代表了另一种有趣的性质。它假定效用具有基数的性质，但不可用来比较人与人之间的差异或效用水平。事实上，假定对经济社会状态的集合 X，定义可分配集合 S 为

$$S = \{(u_1(x), u_2(x)) \mid x \in X\}$$

并定义分歧点为

$$d = (u_1(x_0), u_2(x_0))$$

u_1和u_2是表示参与者偏好的两个冯·诺依曼-摩根斯坦效用方程。假如社会状态x^*是纳什解，那么该解将独立于效用方程存在。例如，假定v_1是表示议价者 1 偏好的另一个效用方程，且存在 $a>0$ 和 b 使得$v_1 = a u_1 + b$，则x^*依然是使表达式$(v_1 - v_1(x_0))^{\alpha_1}(u_2 - d_2)^{\alpha_2}$最大的纳什解。更进一步的是，这使得纳什解拥有如下性质：

比例转换下的不变性：$\forall a>0,\ b$，

$$\varphi(S', ad+b) = a\varphi(S, d) + b$$

（假如 $ad+b \in \mathbb{R}^2_+$）其中S'是最小的满足$(aS+b) \cap \mathbb{R}^2_+ \subset S'$的$\mathbb{R}^2_+$中的子内包集。

一个关于纳什对称解的特别之处在于其在 S 中选择的点u^*，对于这个点存在比例因子 λ 使得$u_1^* - d_1 = \lambda(u_2^* - d_2)$（平均主义），并且$u^*$同时是 S 中使得$u_1 + \lambda u_2$的和值最大的点（功利主义）。事实上，对于一个给定的 λ，u^*是直线$u_1 + \lambda u_2 = C$（其中 $C = u_1^* + \lambda u_2^*$）和 S 的切点时满足功利主义。另外，假如有$u_1^* - d_1 = \lambda(u_2^* - d_2)$，这条直线也与由函数$(u_1 - d_1)(u_2 - d_2)$确定的无差异曲线相切于同一

点u^*，并且这一点使得定义在 S 上的该函数获得最大值。反过来看，所有的纳什解都符合这两个性质。这一事实会让人联想到该解是功利主义和平等主义的有趣的折中（Yaari，1981)。但问题在于比例因子 λ 的选择取决于考虑的分配集 S，这就像个体间福利的比较取决于可得的社会状态一样，不太有说服力。

卡莱-史默若丁斯基解

第二种解，主要出自卡莱和史默若丁斯基（Kalai & Smorodinsky，1975）的研究，其解建立在议价双方各自作一定比例让步的基础上。设 $I(S,d)$ 为理想点，其定义为

$$I_i(S,d)=max\{u_i \mid (u_1,u_2)\in S,\ u_j\geqslant d_j,\ j\neq i\}$$

I_i是参与者 i 在考虑到另一方参与者手里的一票否决权后所能获得的最大福利。卡莱-史默若丁斯基解选择了在分配集 S 边缘的点 u（见图 9—1）。

$$\frac{u_1-d_1}{I_1(S,d)-d_1}=\frac{u_2-d_2}{I_2(S,d)-d_2}$$

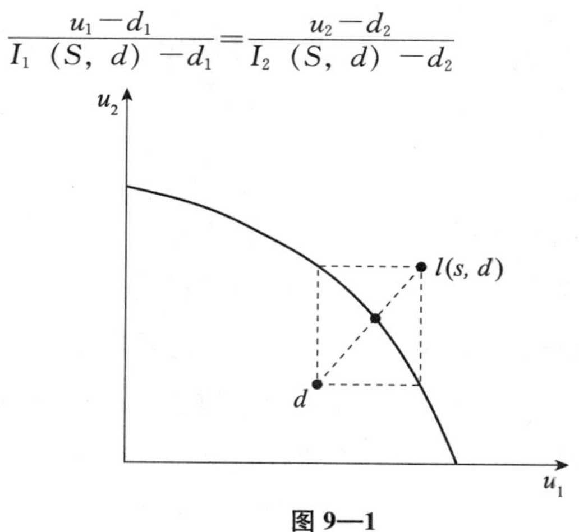

图 9—1

这一解决方案满足强帕累托和理性人假设。除此之外它满足比例转换的不变性，这代表它和纳什解一样，不假定个体间的差异或效用等级是可比较的。与此相反的是，它不满足纳什非相关方案独立性公理要求，且这个解本身的设计就是为了弥补非相关方案独立性公理造成的缺陷。事实上，独立性公理意味着 $\varphi(S, d)=\varphi(S', d)$，其中$S'=\{u\in S \mid u_1\leqslant\varphi_1(S, d)\}$（见图 9—2），而参与者在这两种情形下做的让步是完全不同的（在S'情形下参与者 1 更为获利）。卡莱-史默若丁斯基解避免了这一缺陷。另外它还满足一个特性，称为解对个体福利机会的敏感性。

个体单调性：$\forall S, T, d, i$，

$$S\subset T \text{和} I_j(S, d)=I_j(T, d)\Rightarrow\varphi_i(T, d)\geqslant\varphi_i(S, d)$$

这一性质和纳什非相关方案独立性公理不相容，它和纳什解相悖，而后者有时使机会增多的参与者福利受损。

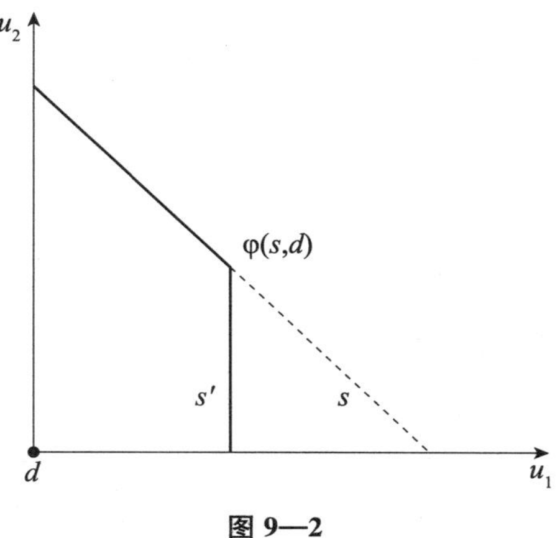

图 9—2

比例解

这里介绍的第三种解为比例解，它对议价者们是否相互让步不感兴趣，而关注于分配后所得与分歧点的差距。它选择可分配集 S 边缘的点满足

$$\alpha_1 (u_1 - d_1) = \alpha_2 (u_2 - d_2)$$

参数 α_1，$\alpha_2 > 0$。在 $\alpha_1 = \alpha_2$ 的特殊情形下，可以得到平均解。

比例解是个体理性的，但它仅满足弱帕累托性质（而不是强帕累托）。另外，和前两种解不同的是，它假定可以比较不同参与者间的效用。

然而它满足纳什非相关方案独立性公理，同时也满足个体单调性。事实上，它满足比个体单调性更严格的公理，它要求任何参与者都不会因社会状态集合的扩展而受损。

单调性：$\forall S, T, d, S \subset T \Rightarrow \varphi(S, d) \leqslant \varphi(T, d)$

接下来的章节将说明我们如何用这些性质特征化各类谈判解。

解的特征

这一节将介绍一些简单的结论，可以帮助读者理解公理化工具在议价模型中所起的重要作用。需要再次强调，我们假定需要处理的分配集 $S \in \mathbb{R}_+^2$ 是紧致的、凸的和内包的。

除了前几章定义的性质之外，还需要以下对称性公理：

对称性：假如分配集 S 相对于平分线对称，且有 $d_1 = d_2$，那么 $\varphi_1(S, d) = \varphi_2(S, d)$。

第一个命题是用四个公理来特征化纳什对称解的：

命题 1：

纳什对称解是唯一满足弱帕累托、对称性、比例转换下的不变性以及纳什非相关方案独立性公理的解。

证明：

容易验证纳什解满足这四个公理。反过来看，由于比例转换的不变性，我们始终可以让点（1，1）为（S，d）的纳什对称解，其中 $d=(0, 0)$。由于（1，1）最大化 S 上的u_1u_2，且 S 是凸的，可分配集必然满足：$\forall u\in S$，$u_1+u_2\leqslant 2$。也就是说 $S\subset T$，其中 $T=\{u\in \mathbb{R}_+^2 \mid u_1+u_2\leqslant 2\}$。然后，根据对称性和弱帕累托公理，有 $\varphi(T, d)=(1, 1)$。最后依据纳什非相关方案独立性公理有：$\varphi(S,d)=\varphi(T,d)=(1, 1)$。

这一结果的变化表明帕累托最优性质可以在事实上被理性人条件替代。

命题 2：

仅有两种议价谈判解是理性人的，且满足对称性、比例转换下的不变性以及纳什非相关方案独立性公理，它们分别是纳什解和解 $\varphi(S, d)=d$。

证明：

和前一个证明一样，我们同样设（1，1）为（0，0）时的纳什对称解，并用同样的方法定义集合 T。依据对称性和理性人公理，$\varphi(T, d)=(\alpha, \alpha)$，其中$0\leqslant\alpha\leqslant 1$。基于纳什非相关方案独立性公理，$\varphi(S, d)=\varphi(T, d)$。基于纳什非相关方案独立性公理，有 $(\alpha, \alpha)=\varphi(\alpha T, d)$。然而依据比例转换不变性，$\varphi(\alpha T, d)=\alpha\varphi(T, d)=(\alpha^2, \alpha^2)$。因此，有 $\alpha=0$，或 $\alpha=1$。

下面的命题表明只需将命题 1 中的纳什非相关方案独立性公理更换为个体单调性，就可以特征化卡莱-史默若丁斯基解。

命题 3：

卡莱-史默若丁斯基解是唯一的同时满足弱帕累托、对称性、比例转换下的不变性和个体单调性的解。

证明：

根据比例转换下的不变性，对于（S，d），总能变换为如 $d=0$，且（1，1）是（S，d）的卡莱-史默若丁斯基解。同时必然有 I_1（S，d）$=I_2$（S，d），并且 S 作为 T 的子集被定义为由点（0，0），（I_1（S，d），0），（1，1）和（0，I_2（S，d））构成的凸包络线。根据对称性和弱帕累托条件，φ（T，d）$=$（1，1）。接着对每一个参与者应用单调性，φ（S，d）$\geqslant\varphi$（T，d）。由于（1，1）是 S 中的强帕累托点，这意味着 φ（S，d）$=$（1，1）。

假如在前面的命题中，加强单调性的条件，放弃比例转换下的不变性，可以得到平等主义的解决方案。

命题 4：

对于分歧点为 $d=0$ 的定义域，平等主义解是唯一满足弱帕累托、对称性和单调性的解。

证明：

设 E（S）为平等主义解选定的点。设 T 为由点（0，0），（E_1（S），0），E（S）和（0，E_2（S））构成的凸包络线。同时设 $T\subset S$。根据对称性和弱帕累托条件，φ（T，0）$=E$（S）。假如 E（S）是 S 中的强帕累托点，那么根据单调性，有 φ（S，0）$=E$（S）。否则，对于 $\beta\geqslant 1$，设 T_β 为由点（0，0），（βE_1（S），0），βE（S）和（0，βE_2（S））

构成的凸包络线。并设Z_β为$S\cup T_\beta$的凸包络线。由于βE（S）必然是Z_β中的强帕累托点，用前述的结论，有φ（Z_β，0）$=\beta E$（S）。由于$Z_\beta\supset S$，再次应用单调性，有E（S）$\leqslant\varphi$（S，0）$\leqslant\beta E$（S）。而这一不等式对所有$\beta>1$都成立，所以φ（S，0）$=E$（S）。

需要特别指出，不存在同时满足强帕累托和单调性的解。事实上，设S为由点（0，0），（2，0），（2，1）和（0，1）构成的凸包络线；T为由点（0，0），（1，0），（1，2）和（0，2）构成的凸包络线；设Z为由点（0，0），（3，0）和（0，3）构成的凸包络线。根据强帕累托，有φ（S，0）$=$（2，1）和φ（T，0）$=$（1，2）。根据单调性，有φ（Z，0）$\geqslant$（2，1）和φ（Z，0）$\geqslant$（1，2）。但在Z中不存在这样的点同时满足这两个条件。

读者可能会很惊讶这里为什么找不到功利主义解和鞍点解(maximin)，它们在社会选择理论中占据了很大一部分。这些解在议价理论中也被研究（Myerson，1981；Chun & Peters，1988；Thomson & Lensberg，1989)，但成果却相对较少。

n 个参与者的合作博弈

设$N=\{1，\cdots，n\}$为参与者的集合。合作博弈是一个函数N，它使每个非空子集$K\subset N$对应一个$\mathbb{R}^{|K|}$的子集合V（K）。参与者们的子集合K被称为联盟，且V（K）是联盟K中参与者们自身可得的效用向量的集合（假如他们拒绝和其他参与者合作）。V（K）和议价理论中的分歧点d具有相似的作用。假如所有的参与者都决定合作，那么他们的可分配集合为V（N）$\subset\mathbb{R}^n$。反之，最小的可行联盟仅包含一个参与者i，而他的可分配集合为V（$\{i\}$）$\subset\mathbb{R}$。

人们通常感兴趣的是（且由许多经济案例证明过）超增博弈（见穆兰（Moulin，1988）举的例子），也就是说两个不相交的联盟总可以通过联合获得更多的福利：

$$\forall K, K', K\cap K'=\phi, \forall (x^K, x^{K'}) \in V(K)\times V(K'),$$
$$\exists x\in V(K\cup K'), x\geqslant (x^K, x^{K'})$$

在这种情况下，对于参与者们来说结成总联盟 N 总是帕累托最优的。

在这一框架下，解是一个给所有博弈（V，N）对应一个 $V(N)$ 中向量（或向量的集合）的函数。

这里有两种特殊的博弈非常值得简略地介绍一下。其中一个属于纯议价博弈，它设定对于所有的 $K\neq N$ 的联盟，$V(K)=\{d_K\}$（向量 d_K 的元素是 K 联盟中成员的分歧点）或者 $V(K)=\{x\in\mathbb{R}^{|K|}\mid x\leqslant d_K\}$。在这些博弈当中没有任何一个中间联盟能够给予单个个体比他自己单干更多的收益。只有全体一致才能得到合作成果。

另外一个比较重要的情况是当集合 $V(K)$ 的形式是 $\{x\in\mathbb{R}^{|K|}\mid\sum_i x_i\leqslant V(K)\}$，$v$ 是 N 内非空部分集合在 $\mathbb{R}$ 中的函数。这是一个效用转移博弈，如此命名是由于对给定的总效用，参与者间的相互支付可以自如地分配福利。在这种情况下，是函数 v 定义了博弈，而不是 V。

我们在这里仅仅给出一些解的定义，这需要花一些时间，但却能让读者更好地抓住合作博弈方法的本质。

“核心”是这样的一个解，它选择向量 x 的集合使得：

$$\forall K, \forall y\in V(K), y\geqslant x_K\Rightarrow y=x_K$$

换句话说，不存在联盟 K 愿意阻碍向量 x，因为它自身就可以让其成员更好。在纯议价理论中，核心就是满足帕累托最优和个体理性的点。必须注意的是，即使在超增博弈中，核心也可以不存在，但它也可以非常庞大，以至于人们希望能在其中选择更加精细的解。这样的例子有核仁（nucleolus）（参见 Schmeidler，1969；Moulin，1988）。

沙普利（Shapley）值是具有唯一值的解，而不是像核心一样是多值的，它统计每位参与者在所有可加入联盟中的贡献的组合来确定其值。这一想法在效用传递博弈中很有用，人们可以得到以下的计算公式：

$$Sh_i(v,N)=\sum_{K:i\notin K}\frac{|K|!(n-|K|-1)!}{n!}[v(K\cup\{i\})-v(K)]$$

这里，分式可以被理解为参与者 i 的机会收益，以及联盟 K 在 N 中任意抽取（无放回）的 $|K|+1$ 参与者中的机会收益。可以验证 $\sum_i Sh_i(v,N)=V(N)$ 。沙普利值并不一定就是核心。

在效用非传递博弈中，存在多种方式可以将沙普利值一般化。其中之一由沙普利（Shapley，1969）本人提出，它对每个博弈（V，N）和向量 $\lambda\in\mathbb{R}^n_{++}$ 定义效用传递博弈如下：

$$v_\lambda(K)=\max\{\lambda_K\cdot x\mid x\in V(K)\}$$

对博弈（V，N）而言，沙普利解被定义为如下向量 x 的集合：存在 $\lambda\in\mathbb{R}^n_{++}$

$$\forall i,\ x_i=Sh_i(v_\lambda,N)/\lambda_i$$

在纯议价博弈这一特殊情况下，这一解和纳什解一致。

另一种对沙普利值一般化的方法是卡莱-沙美解（Kalai-Samet，1985），它的定义如下：

设 e 为向量（1，…，1），对于每一个联盟 K，人们用递归的方法定义两个函数：

$$Z(V,K) = \sum_{M \subset K, M \neq K} D(V,M)$$

$$\forall i \in K,\ D_i\ (V,\ K)\ = \max\ \{t \mid Z\ (V,\ K)\ + te_K \in V\ (K)\}$$

并且 $\forall i \notin K$，D_i $(V,\ K)\ =0$。那么解就是向量

$$\sum_{K \subset N} D(V,K)$$

为了让读者了解这一解的直觉想法，它是给每个参与者一定数量的股息，每一份股息来自这个参与者属于的联盟。在每一个联盟中股息是平均分配的，并且是根据最小联盟（股息甚至有时可以是负数）分配股息的最初情况来计算。这一解，在纯议价的情况下，与平均主义解一致。

议价和公正分配

议价理论和合作博弈的第一目标是应用在谈判的微观经济情形上(分享成本、工资谈判等)。在这些情形以及更加广泛的情形下，这一理论的概念和解在谈判过程中是否涉及比寻找理性结果更多的东西，尤其是人们是否可以在其中找到公正的规范和原则。这些原则完全有可能成为参与者在谈判时的动机，并且其中一些公理看起来很好地扮演了公平的角色（比如，对称性公理或单调性公理）。

在第一章中已经阐明了高西尔（Gauthier，1986）的正义理论在卡莱-史默若丁斯基解中的作用（更具体的参见 Gaertner & Klemisch-Ahlert，1992）。人们可以对仅考虑 n 个参与者间的纯粹议价而忽略了中间联盟的社会公正方法的恰当性产生质疑。罗默（Roemer，1982）在剥削理论中应用核心的概念避免了这一缺陷。但更为本质的

是，公正（社会或微观）观点中议价的运用揭示了两个问题。第一个问题涉及参与者间的公平，它主要由巴里（Barry，1989）揭示出来，罗尔斯（Rawls，1971）和森（Sen，1970）同样有一些贡献。第二个问题让我们再一次关注到信息的问题，尤其是罗默（Romer，1986c，1990）对此做了探讨。

对不公正的批判

考虑议价博弈（S，d）的以下情况。集合 S 用来描述收益的可能性，并且它可能的非对称性反映了或者武断或者犹豫的参与者间的不同，而人们无力反抗这一差异。点 d，对它而言，同样反映了参与者间不可捉摸的不同之处，但人们将该点当作谈判的参考时就能捕捉到机会。假如某个参与者在意见分歧时仍可保证处于较优的位置，那么他将获得对他更有利的议价结果。同样地，在博弈理论中，联盟自身可以得到的极大地决定了个体的最终的福利，而那些初始的优势因此影响到最终的分配。人们应该对这样的分配方式的公正性产生质疑。

举一个例子，出自布雷斯韦特（Braithwaite）并被巴里（Barry，1989）用于分析。例如有两位邻居都是音乐家，当晚上在家同时演奏时，彼此都感到困扰。我们可以把如何分配时间演奏音乐归结为一个议价问题。考虑到他们的偏好，我们假定他们的分歧点是两个人每晚都同时奏乐。可以想象有相对对称的情况，在这一情况下前文提倡的议价常用解是可行的，即每人一晚的单独演奏时间。但假如两人中其中一位是鼓手，另一位是吹笛者，那么有理由想象分歧点的状态对鼓手来说非常有利，因为他很少被他的邻居影响，而这一分歧点对吹笛者来说正相反，最为不利。在这种情况下，常见的解会分配更多的时间给吹笛者，为了让他的收益至少要高于分歧点。

即使这样的现象和现实中谈判的结果极为吻合，也不能就此认为这回应了对公正的忧虑。可以找到许多关于这个问题的例子：假如参与者们处于不公正的差异位置，议价的结果是否公正？

一些正义理论对这一问题持肯定的态度，尤其是高西尔的理论。按照他的思路，分歧点是非合作博弈的均衡点，或“自然状态”，是参与者们使用个体利己策略而达成的。这一平衡状态的达成显然依赖于个体的天赋和其享有的天然优势。根据高西尔的说法，唯一可以公平分享的东西是在非合作博弈之外通过合作获得的剩余。由于这些天生有缺陷的人在合作中能给出的贡献较少，人们可以认为天生的初始状态的不平等将反映到个体的最终状态。

这样的想法源自将目标仅限于为有合作意愿的理性个体们找到理性的妥协方案的公正理论。从这一角度看，个体需要服从的道德规范被唯一地解释和仲裁为他们自身的利益。

假如读者对这一非常悲观的公正无法感到满意，那么对分歧点 d 的另一种表述让议价理论看起来更加有吸引力。这个点可以是一种简单公正的状态，但缺乏效率。事实上，在很多情况下从纯分配的角度很容易鉴别某个解是否公正，但这解往往由于缺乏效率而引起不满。难点就在于如何在保证解的公平性的前提下更为有效。在两位音乐家的例子中，双方都保持安静给出了这种类型解的一个参考。假如人们将此定为分歧点，通用解将提供一个相当对称的解，即使是对鼓手和吹笛者而言。对鼓手来说，分配结果很可能要比通常的分歧点差一些，但也不能极为自信地就此推断这样的结果绝不会出现。

这种类型的合作博弈模型不太常见，但罗默（Roemer，1982）在受到核心概念的启发后重新构建的剥削概念中作了详尽的说明。在他定义的博弈中，联盟可以获得的收益，不由这一联盟在分歧点的实际状况而定，而由对资源平均分配将会获得的结果而定。人们可以发现在这种状况下核心并不描述真实的合作博弈，但具有规范的意义，允许评估所有的真实状态的公平性，也远离了参考博弈。[①]

这种重新解释分歧点 d 或函数 V 的方法可能会引起批评，假如公平的原则可以被接受用来定义 d 或 V，那么用这样的原则选择解不是更为直接吗？

举个例子，如罗尔斯这样的学者，则更加激进地反对议价理论，他认为公正使那些参与者不是在其身处的真实状况下达成协议，而是在无知之幕下臆想出来的状况中达成的，它排除（soustraire）个体所有的信息，如身份甚至是偏好断面等。真正意义上的议价问题因而消失了，变为在无知状况下个体的理性决定。

还有对议价理论中伦理价值的另一种辩护，它在成本分配模型中描述。事实上在这一模型中，分歧点 d 或函数 V（对于中间联盟来说）的计算由产品需求而定，或由参与者付出的投入（比如说劳动）而定。不对称的 d 或 V 反映了参与者对其差别是有责任的，以及人们在最后分配时希望得到的（期望与付出匹配，一分耕耘一分收获）。不过必须注意，如果参与者的差别（如残疾）不由此来，它会以一种错综复杂的方式介入需求或供给的差别以确定非对称的 d 或 V。这一论据仅在参与者间的差异只和合作任

① 应用这一观点的另一个例子由经济环境公平模型中的福利内界给出（参见第十章）。

务有关时生效。

福利主义批判

读者已经注意到议价理论在信息方面的缺乏并且是建立在忽略隐藏经济问题本质的福利方法上。这一类型的批判读者在有关社会选择理论的章节（见第三章、第六章）已经接触过了，这里就不再重复。

在这里值得一提的是，福利主义在议价理论的强有力的公理体系中扮演非常重要的角色，并且如果放弃福利主义的假定，整个公理体系将丧失大部分的威力。

为了阐述这一点，考虑一类简单的经济问题，只包含两位参与者。① 让 A 为参与者要面对的各种情况或社会状态的集合。为方便起见，假定它是有限的。“经济” ε 被定义为包含数据（X，d，U_1，U_2）的向量。X 是 $A \times A$ 的子集，包含那些可实现合作的社会状态 $x=(x_1, x_2)$。X 中的元素必然有限：$X=\{x^1, \cdots, x^m\}$。U_1和U_2分别为两个参与者的 VNM 函数，它们被定义在 A 上，并允许确定参与者对由 X 上社会状态构成的投机组合的偏好。投机实际上是一个向量 $p \in \Delta^{m-1}=\{p \in \mathbb{R}_+^m \mid \sum_{k=1}^m p^k=1\}$。参与者 i 对应用在 X 上的投机 p 的偏好可以用如下函数表示：

$$V_i(p,X)=\sum_{k=1}^{m} p^k U_i(x_i^k)$$

同时必须定义投机的支撑：

$$\mathrm{Supp}(p, X)=\{x^k \in X \mid p^k>0\}$$

d 在经济 E 上的定义中描述在 X 上代表分歧点的投机。可得的

① 这是受罗默（Roemer，1990）的启发。

效用集合为：

$$S(\varepsilon)=\{(u_1,u_2)\in\mathbb{R}^2\mid\exists p\in\Delta^{m-1},u_i=V_i(p,X),i=1,2\}$$

这一集合根据假定总是紧致的和凸的。解φ^*是一种对应，它给每一个经济φ对应一个X上投机的子集$\varphi^*(\varepsilon)$。这次无须假定φ^*是一个函数（即其值是唯一的），因为对参与者来说，不同的投机之间完全有可能是无差异的，并且是很难区分的。

可以在这经济模型中重新构架纳什定理的公理体系，用于详细表达它们的动机。由此，比例转换下的不变性被判定为在面对选择代表参与者偏好的 VNM 函数时的无偏向性或中性。因此表达式变为：

比例转换下的不变性*：$\forall\varepsilon=(X, d, U_1, U_2)$，$\varepsilon'=(X, d, \alpha_1U_1+\beta_1, \alpha_2U_2+\beta_2)$，$\alpha_1, \alpha_2>0$，$\varphi^*(\varepsilon)=\varphi^*(\varepsilon')$

为了让读者感受这一公理旧的表达形式中福利主义假设的力量，有必要介绍下述案例。设经济ε_1目标是给两位参与者分配 20 法郎。两位参与者有着同样的效用函数U。初始状态是完全对称的，通常来说解也应该是对称的：参与者猜硬币正反面（概率相等，且等于 1/2）。在另外一个经济ε_2中，有两个目标需要分配，一张 20 法郎的钞票和一张 100 万法郎的支票。人们假定唯一可允许的投机是，假如参与者 1 中了，则他得到 20 法郎，参与者 2 中了则获得支票。直觉和实际经验使人认为在第二种情况下两者得利的概率应该是不相等的，即奖金少的中奖概率高。然而，这违背了最初版本的比例转换下的不变性这条公理，由于集合$S(\varepsilon_2)$可从集合$S(\varepsilon_1)$通过改变比例因子派生出来，其比例系数分别为 1（对参与者 1 而言）和$U(1\ 000\ 000)/U(20)$（对参与者 2 而言）。参与者 1 的期望效用，在给出解时，不应该被改变。而这正是提高他中奖概率的结果。原本的不变性公理显得特别强，因为它强制分配解处于由暗含的社会状态造成的比例因子改变的情况下，而不由 VNM 效用函数决定。这一章节应用最多的模型允许区分这种状况，且公理比例转换下的不变性* 准确地表达了可能的理性的要求。

同样的理由也可以应用在对称性公理上。考虑经济ε_2，并将参与者 2 的效用函数替换为 $V=U.U$（20）/U（1 000 000）。设ε_3为这样得到的经济。可实现的效用集合是 S（ε_3）$=S$（ε_1），并因此是完美对称的。然而，假如解的对称性对经济ε_1来说理所当然，由于该经济本身是对称的，这对经济ε_3来说却并非如此，其中选项和效用对两个参与者来说都是不同的。对称性公理也应该重写为：

对称性：假如 $\varepsilon=$（X，d，U，U）中 X 是对称的（也就是（x_1，x_2）$\in X \Rightarrow$（x_2，x_1）$\in X$）且U_1（d）$=U_2$（d），那么

$$\forall p \in \varphi^*(\varepsilon),\ U_1(p)=U_2(p)$$

最后，纳什非相关方案独立性同样需要重构。它的动机是假如人们删除一些集合 T 中未选的选项，那么被选的选项应该保持不变。但在原先的版本中，这一公理要求即使在 S 和 T 的效用函数不同的情况下仍有 φ（S，d）$=\varphi$（T，d），而不根据可用的社会状态而定。由此重写该公理为：

纳什非相关方案独立性*：设 $\varepsilon=$（X，d，U_1，U_2）和$\varepsilon'=$（X'，d，U_1，U_2），其中$X' \subset X$ 和 $\forall p \in \varphi^*(\varepsilon)$，Supp（$p$，$X$）$\subset X'$。那么 $\varphi^*(\varepsilon')=\varphi^*(\varepsilon)$。

之前弱帕累托、对称性、比例改变下的不变性和纳什非相关方案独立性公理用唯一的方式特征化纳什对称解。现在的问题在于，如何用重构后更为严格的其中三条公理和弱帕累托来定义解。我们注意

到，和旧的公理体系相同，卡莱-史默若丁斯基解不满足非相关方案独立性*，且平均主义解不满足比例改变下的不变性*。读者因此希望找到一个近似于纳什解的结果。然而实际要比这强得多。下面这个命题说明新四条公理对解的限制很少。

命题 5：

同时满足弱帕累托、对称性、比例改变下的不变性和纳什非相关方案独立性的解可以在任意数量的经济中的任意博彩的选择上定义。

证明：

这里介绍一个可以构建满足四个公理条件的解的程序，且让该解可以取任意值。

选择 A 中的a_0和a_1。对于所有的经济 $\varepsilon=(X, d, U_1, U_2)$，研究 $\sigma(\varepsilon)=(X, d, \widehat{U}_1, \widehat{U}_2)$，函数$\widehat{U}_i$是$U_i$的仿射变换，有$\widehat{U}_i(a_0)=0$和$\widehat{U}_i(a_1)=1$（后文遇到的函数同样遵守这一协定：$\widehat{U}$是标准化的$U$）。将 H 个经济表示为$\bar{\varepsilon}^h=(X^h, d^h, U_1^h, U_2^h)$，$h=1, \cdots, H$。假定不同经济中参与者的偏好不同，且任意两个经济间偏好的断面不同。对每一个经济在帕累托边界 $\sigma(\bar{\varepsilon}^h)$ 的个体理性部分选择一个任意的点z^h。

设一个任意的经济为 $\varepsilon=(X, d, U_1, U_2)$。由于 A 是有限集，可以将所有的断面 $U=(U_1, U_2)$ 以欧氏空间中的向量识别出来。让d^*为这一空间中的欧氏距离。记$\delta^h=d^*(\widehat{U}, \widehat{U}^h)$和$\delta^0=d^*(\widehat{U}, Q)$，其中 Q 是包含断面如$\widehat{U}_1=\widehat{U}_2$的闭集。

假如$\delta^h>0$，$\forall h=0, \cdots, H$，定义

$$\lambda^h = \frac{1/\delta^h}{\sum_{k=0}^{H} 1/\delta^k}, h = 0, \cdots, H$$

且假如存在$\delta^h=0$（只能有一个），则定义$\lambda^h=1$和$\lambda^k=0$，$\forall k \neq h$。

设ψ为将每个经济E对应到一个在$\mathbb{R}^2$上的点的函数

$$\psi(E) = \lambda^0(1,1) + \sum_{h=1}^{H} \lambda^h(z^h - d^h)$$

现在可以定义解φ^*。当且仅当效用（$\widehat{U}_1$（p），$\widehat{U}_2$（p））是连接点d和ψ（E）的线段和σ（E）的帕累托边界的交点时，在X上的投机p属于φ^*（E）。

这一解满足四大性质。为了说明前文布置的自由度，该解在构建时已采用个体理性的、不区分对参与者来说无差异的博彩的方式，且这一解还具有连续性。

命题 5 说明放弃纳什原公理体系中包含的福利主义假设削弱了这些公理的力量。它相对于在福利主义帮助下得到的议价理论特性的意义有很大不同。

第十章　经济环境公平的标准

引言

最后一章研究公正分配的经济分支，它主要关注经济学的基础模型：阿罗-德布鲁模型。这一模型中产品是可自由处理的，必要时可转移，个体在经济中的特征由他们的偏好而定，有时也由他们的初始资源或天赋而定。个体的偏好是自轴（auto-centres）的（即每个人的满足感仅来自他自身的消费）并且是纯序数的。与社会选择理论中阿罗的定义相比，关于偏好的信息相当类似（自轴除外），但相对来说，它关于社会状态的信息则丰富得多。

这允许在配给的更加具体的特征上建立公平标准。例如，有可能清晰地定位社会状态或所有参与者有相同消费的社会状态，而社会选项（备选方案）在社会选择理论抽象的框架下不能被先验性地显示出来。在这一领域中，大部分引人注意的解都至少和福利主义有些相容，主要体现在它们并不区分帕累托无差别配给：假如某种配给被选取，其余所有的帕累托无差别配给也同时被选取。

本章涉及的领域出现最多的公平解是那些通过对参与者评估进而

寻找消费公平的解：主要涉及的，或者是无羡慕的，或者是平均—等价的（参见第一章）。

某位个体羡慕另一位个体，假如他更喜欢另一位个体所消费的。无羡慕配给则是指所有的个体都不存在这一状况。无羡慕概念出自丁伯根，他受到物理学家埃伦费斯特（Ehrenfest）和弗利（Foley，1967）的启发。最早对此系统性的研究来自科姆（Kolm，1972）和范里安（Varian，1974）。随后大量的相关研究出现并发展，其中也对其他的公平概念如平均—等价展开分析（参见 Thomson & Varian，1985；Moulin，1990a）。

近二十年来，两种主要理论的发展表明了这一研究方法的特点。一方面，同等收入下的竞争均衡满足无羡慕标准，并逐渐地以配给中尤其是公平部分的首要角色出现。另一方面，无羡慕配给存在性的疑难使研究者提出其他的解，特别是平均—等价解，可以发现这些满足某些伦理性质的解通常与同等收入均衡是相违背的，它们甚至和无羡慕是不兼容的。

阿罗-德布鲁模型存在多种延伸变化，每一种都值得分开研究，因为它们中的解和公理都具有特别的形式，并且不同模型间的结果都大不相同。在诸多研究中，主要的形式有：多种可分的产品和具有单调性偏好的参与者的经济。单一的可分的产品和具有单峰偏好（有一个峰值点）的经济。多种不可分的财富，伴有或无一种可分的产品。两种产品（一种投入，一种产出）的生产经济和生产函数是凹的，或收益是递减的；或凸的，或收益递增；或产出是公共产品。我们在这里仅讨论产品可分且偏好无峰值点的交换经济和生产函数是凹的生产经济。

下文将介绍这一研究角度的主要成果，而后在最后一节，对无羡慕作为一种公平标准的恰当性进行质询，因为这一问题仍存在争议。一些学者实际上认为羡慕是一种情感，它不应该决定财富的分配。我们将看到这一标准的恰当性与羡慕的情感并无太大关系。

交换经济

模型

设经济包含 n 位个体 $i=1, \cdots, n$ 和 l 种产品。有一篮子给定的资源 $\omega \in \mathbb{R}^{l}_{++}$ 需要在个体间分配。

每一位个体都有等同于 $\mathbb{R}^{l}_{+}$ 的消费集合，且对此集合具有偏好的完全序 R_i。记 P_i 和 I_i 分别为严格偏好和无差别偏好。假如对于任意的 x_i，集合 $\{x'_i: x'_i R_i x_i\}$ 和 $\{x'_i: x_i R_i x'_i\}$ 是闭合的，则偏好是连续的。假如对于任意的 x_i 和 x'_i，有 $x'_i P_i x_i$，而任意的 $x''_i = \lambda x_i + (1-\lambda) x'_i$，$\lambda \in [0, 1]$，有 $x''_i P_i x_i$，则偏好是凸的。峰值消费（consommation de saturation）是指一篮子 x_i，其对于任意的 x'_i，有 $x_i R_i x'_i$。假如 $x'_i \gg x_i$ 意味着 $x'_i P_i x_i$，则偏好是单调的；假如 $x'_i \geqslant x_i$ 且 $x'_i \neq x_i$ 意味着 $x'_i P_i x_i$，则偏好是严格单调的。

若 $\sum_i x_i = \omega$，则配给 $x=(x_1, \cdots, x_n) \in \mathbb{R}^{nl}_{+}$ 是可行的。若对于任意的可行配给 x'，任意 i，有 $x'_i R_i x_i$，对任意的 i 都意味着 $x'_i I_i x_i$，则它是有效率的，或帕累托最优。

若 $x_j P_i x_i$，则个体 i 羡慕个体 j。如果满足下面的条件，则称某种配给是无羡慕的[①]：

$$\forall i, j, x_i R_i x_j$$

埃奇沃斯盒子中的无羡慕

当 $n=l=2$，可能的配给集合可以用埃奇沃斯盒子（Edgeworth box，见图 10—1）表示。科姆（Kolm，1972）在这一框架内发展出非常完善的无羡慕研究。

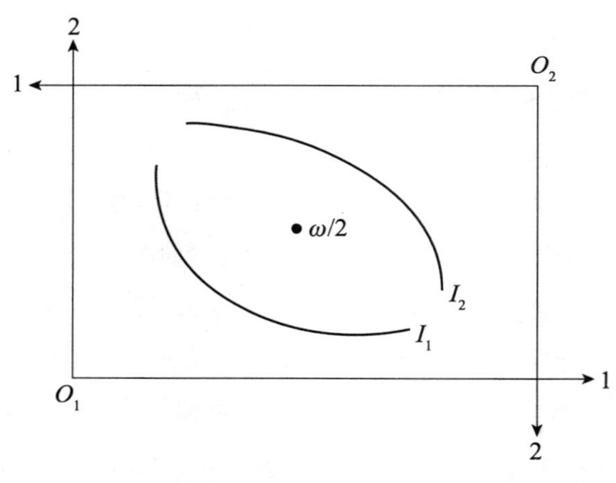

图 10—1

考虑参与者 1 的一条无差异曲线 I_1，并在 O_2 坐标系中画出同样的曲线。在 O_1 坐标系中给出一条新的曲线 I'_1，它和 I_1 相对于点 $\omega/2$ 对称。由这一程序得到的两个交点 μ 和 μ' 的特点对参与者 1 是无差异的，并且相对于点 $\omega/2$ 对称（见图 10—2）。

① 这一定义是否和羡慕的情感有关将在最后一节讨论。

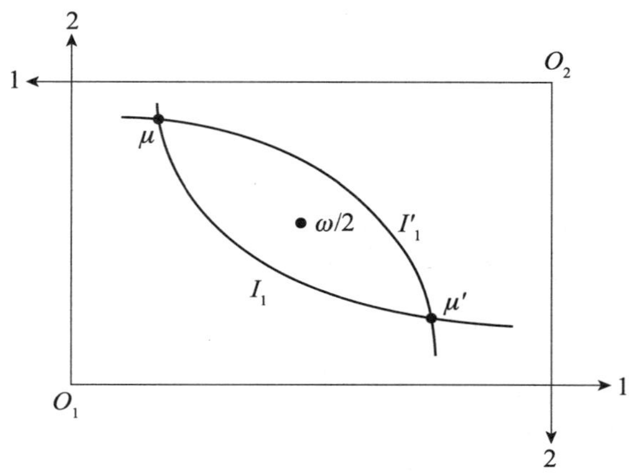

图 10—2

假如对其他的无差异曲线重复这一操作，且若同样又得到 μ 和 μ'，可以得到一条曲线K_1，以科姆命名，它包含点 $\omega/2$（见图 10—3）并相对该点对称。这一曲线的有意义之处在于以下性质：所有在这条曲线上的配给有性质$x_2 I_1 x_1$，所有位于该曲线东北方的配给具有性质

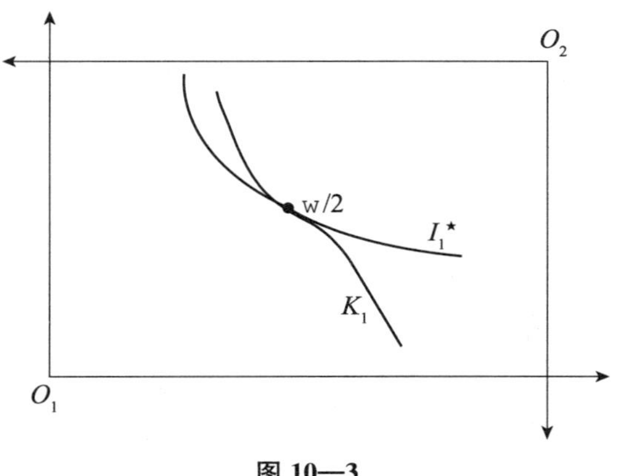

图 10—3

$x_1 P_1 x_2$，而所有位于西南方的配给有性质$x_2 P_1 x_1$。注意到这条曲线在$\omega/2$点和参与者1的一条无差异曲线I_1^*相切。

于是可以很容易地表示出无羡慕配给的集合。只需要画出两位参与者的科姆曲线，并选取这两条曲线相交划定的范围。这一相交范围总是非空的并至少包含点$\omega/2$（见图10—4）。另外，由于无差异曲线相切于点$\omega/2$，从通常的规则来看，合同曲线CC贯通了无羡慕配给区域，这一点保证了有效率的无羡慕配给的存在性。更为特别的是，同等收入下的竞争均衡W同样出现在合同曲线和无羡慕配给区域的交点处（见图10—5）。

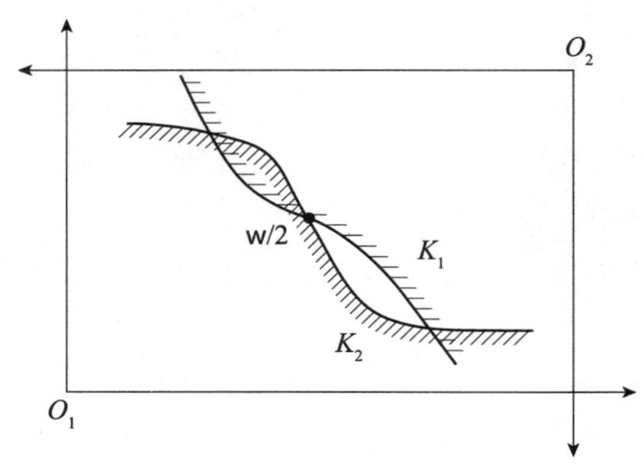

图10—4

更一般的结果

我们可以将这一结果推广到任意n（有限的）个个体的情况下，并且细化那些隐藏的假定。

首先，平均配给（ω/n，…，ω/n）是无羡慕的（可以简单地从偏

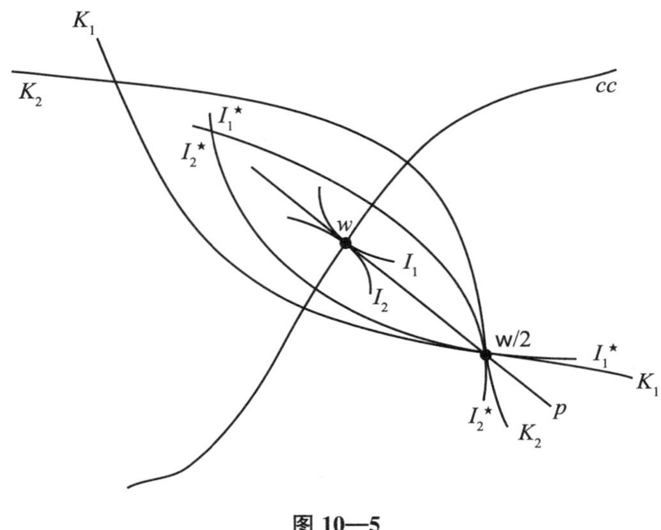

图 10—5

好的自反性推出)。但平均配给通常是相当无效率的。或者有效率，就其自身而言，意味着对羡慕的出现的某些限制。

命题 1：

假如 x 是有效率的配给，那么至少有一位参与者不是羡慕的且至少有一位参与者不被羡慕。

证明：

假如所有的参与者都是羡慕的，由于 n 是有限的，人们可以构造一个循环i_1，…，i_k，其中$i_k=i_1$且对于任意的 $j=1$，…，$k-1$，有i_j羡慕i_{j+1}。但只要将个体获得的供给依次轮流一下，即将$x_{i_{j+1}}$给i_j，就可以让每个人都更满意。这和之前的 x 是有效率的假设相悖。

假如所有的参与者都是被羡慕的，人们可以得到类似的循环，并因此导出相同的悖论。

在这模型中定义竞争均衡为有序对（x，p）$\in \mathbb{R}_{+}^{nl}\times\mathbb{R}^{l}$使得：

(i) $\forall i$，$\forall x_i'$，$px_i'\leqslant px_i\Rightarrow x_iR_ix_i'$

(ii) $\sum_i x_i=\omega$

命题 2：

假如（x，p）是竞争平衡，且对所有的 i，j 有 $px_i=px_j$，那么 x 是无羡慕配给。另外，假如偏好是单调的，或者假如它是凸的且x_i不是消费峰值点，则 x 是有效率的配给。

证明：

由于 $px_i=px_j$，依据条件（i），有$x_iR_ix_j$，且对任意 i 和 j 均成立。

竞争均衡的效率是已被验证的经典结果，因此证明这里就省略了（参见 Debreu，1959）。

在这一命题的基础上可以很容易地推想到有效率的无羡慕配给的存在性定理。

命题 3：

假如偏好是连续的、凸的且不存在消费峰值点，那么存在一个有效率的无羡慕配给。

证明：

在这些假定条件下存在一个同等收入下的竞争均衡（Debreu，1959）。根据命题 2，它是有效率的且无羡慕的。

范里安通过放宽对偏好凸性的假定，且偏好为严格单调，并假定不存在两个弱帕累托意义上的有效率配给是帕累托无差别的，从而给出了一个关于存在性的结果（Varian，1974，定理 2.5）。

在一个包含连续参与者的经济中，存在和命题 2 相反的逆命题：

在某些条件下，所有有效率的和无羡慕的配给都是同等收入下的竞争均衡（Champsaur & Laroque，1981）。

无羡慕的不稳定性

上文对有效率的无羡慕配给存在性的证明有一个优点，就是它是构建性的。将均等配给作为初始禀赋，是无羡慕的，然后构建竞争均衡，结果是有效率的和无羡慕的。于是非常自然地想知道这一程序是否可以被推广到其余的交换机制中去，或其他的初始配给。遗憾的是，这并不可行，且出现不少负面结论（Kolm，1972；Feldman & Kirman，1974；Goldman & Sussangkarn，1978）。

第一，从初始无羡慕的禀赋出发的竞争均衡可能存在羡慕。在图10—6中，又一次展现了两个参与者和两种产品的埃奇沃斯盒子的细节，点 A 是无羡慕点，但在均衡点 B 点，参与者 2 羡慕参与者 1。

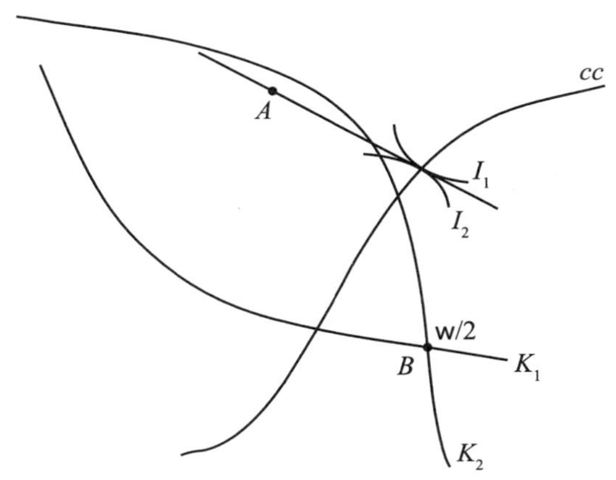

图 10—6

第二，通常而言有可能找到一个无羡慕的配给 x，这样所有比它更被一致偏好的配给都（不仅仅是竞争均衡）存在羡慕。这只需要在参与者 2 的科姆曲线上找到最大化参与者 1 效用的点（见图 10—7）。这一点一定是无羡慕的，因为根据定义，参与者 2 的科姆曲线与参与者 1 的篮子是无差异的，且参与者 1 不能更喜欢参与者 2 的篮子，因为它处于科姆曲线上（图 10—7 中的x'）。现在，假如某个配给同 x 相比被参与者 1 更偏好，它就位于参与者 2 的科姆曲线的东北方，因此必然是羡慕的。

第三，假如从均等配给出发，那么在那些比它更优的配给中（有效率或无效率）可以存在羡慕，如果 $n>2$。尽管如此，当偏好是凸的，这些配给避开了羡慕的限制形式（Thomson，1982），被定义为：

$$\frac{1}{n-1}\sum_{j\neq i} x_j\,P_i\,x_i$$

事实上，假如有 $\frac{1}{n-1}\sum_{j\neq i} x_j\,P_i\,x_i$，根据凸性，有 $\omega/n\,P_i x_i$，形成了悖论。注意这一概念和当 $n=2$ 时的羡慕相同。

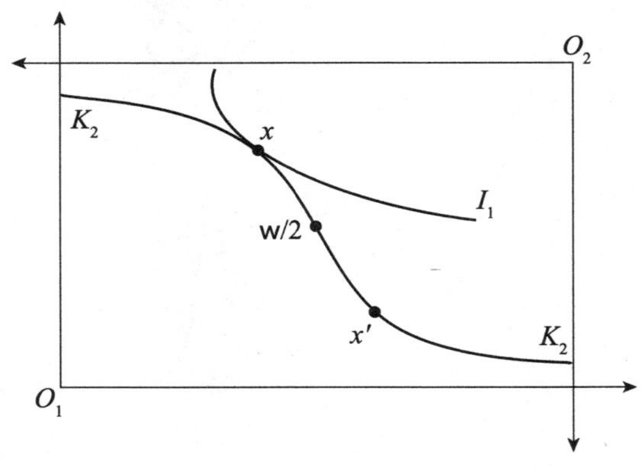

图 10—7

在竞争均衡和优于初始配给的有效率集合之间的中间集合，从包含的角度看，是核心，用以下的方式定义。假如没有任何参与者的子群体可以在内部对初始禀赋进行分配从而使得成员们更有利，则称这种配给处在核心之中（参见 Hildenbrand & Kirman，1988，以及前面的章节)。遗憾的是，从均等初始禀赋出发的核心会存在羡慕。回顾前面的结果，这一点在 $n=2$ 和偏好为凸的情况下是不成立的。费尔德曼和柯曼（Feldman & Kirman，1974）给出了下面这个有 3 个参与者和 3 种产品的例子。效用函数分别是$u_1(x_1)=3x_{11}+2x_{12}+x_{13}$，$u_2(x_2)=2x_{21}+x_{22}+3x_{23}$，$u_3(x_3)=x_{31}+3x_{32}+2x_{33}$。总的资源为（3，3，3)。可以验证（(3，2/3，0)，(0，0，2)，(0，7/3，1)）是在均等配给基础上的核心，但其中参与者 2 羡慕参与者 1。

生产经济

模型中对生产的介绍使休闲和工作的相关特点复杂化了。我们在这里将只讨论简单的版本，它只有两种产品，投入（工作时间 t—休闲 l）和产出（消费品 c)。产品的集合是 $Y=\{(c, t): c\leqslant f(t)\}$，其中 f 是生产函数，$f(0)=0$。通常假定 Y 是凸的，也就是说 f 是凹的。

休闲对个体来说是同质的产品，比较不同个体间消费—休闲的组合情况则显得很自然。同样羡慕被表示为 $(c_j, l_j)P_i(c_i, l_i)$。但个体可以提供的劳动却不是同质的，由于参与者的能力是多样化的，因而，实际上消费—休闲的组合在个体间是不能相互替换的。

考虑下面的例子，两位参与者和唯一一种消费品。他们的偏好由以下效用函数表示：$u_1(c_1, l_1)=c_1l_1$，$u_2(c_2, l_2)=c_2l_2^2$。其中c_i

是消费，l_i是休闲。每个人可以最多提供 7 个单位的劳动。经济资源的限制表示为：$c_1+c_2=$（1/5）（$7-l_1$）＋（$7-l_2$），这表示参与者 1 的生产力要低于参与者 2。考虑配给（(6/5，6)，(2，4))，可以验证这是可行的，甚至是有效率的：$\frac{\partial u_1/\partial c_1}{\partial u_1/\partial l_1}=-\frac{1}{\partial y/\partial l_1}=5$ 和 $\frac{\partial u_2/\partial c_2}{\partial u_2/\partial l_2}=-\frac{1}{\partial y/\partial l_2}=1$。但是，在这一配给中参与者 1 和参与者 2 却互相羡慕：u_1（c_1，l_1）＝7，2＜8＝u_1（c_2，l_2）且u_2（c_2，l_2）＝32＜43，2＝u_2（c_1，l_1）。因此是既相互羡慕又有效率的。原因是它和交换经济所发生的正相反，它不能改变参与者消费—休闲的篮子：在例子中，配给（（2，4)，(6/5，6)）是不可行的。

可以验证在这一例子中不存在既是有效率的又是无羡慕的津贴。有效率要求$l_1=5c_1$和$l_2=2c_2$，而无羡慕要求$c_1l_1\geqslant c_2l_2$，因此$c_1\geqslant\sqrt{2/5}c_2$，且$c_1l_1^2\leqslant c_2l_2^2$，其中$c_1\leqslant\sqrt[3]{4/25}c_2$。这意味着$\sqrt{2/5}\leqslant\sqrt[3]{4/25}$，这是错的。换句话说，有效率要求参与者 2 比参与者 1 更勤快，但他对休闲的需求却更强烈。这一点在下面的案例中更为清晰，它出自 Pazner & Schmeidler (1974)。

在新的案例中：u_1（c_1，l_1）＝（11/10）c_1+l_1和u_2（c_2，l_2）＝$2c_2+l_2$。参与者最多付出 1 个单位的劳动，资源限制为：$c_1+c_2=$（$1-l_1$）＋（1/10）（$1-l_2$）。在这一经济中，效率要求参与者 1 没有任何休闲，因为$-\in$的休闲增长了$\in$的产量和（1/10）$\in$的效用（参与者 2 不变的情况下）。相反地，参与者 2 不能同时工作和消费，因为减少$\in$的工作量会减少$\in/10$的产量并增加（8/10）$\in$的效用（参与者 1 不变的情况下）。假如参与者 2 不消费，他将羡慕至少消费了 1 个单位的参与者 1。假如参与者 2 不工作，有$c_1+c_2=1$，且另一方面无羡慕意味着（11/10）$c_1 \geqslant$（11/10）c_2+1 和 $2c_2+1 \geqslant 2c_1$，这三个条件是不兼容的。再次，效率强制更具有生产力的参与者更多地劳动，而他却渴望休闲。

将不同天赋和不同偏好合在一起导致了这一无法存在的结果。只要是偏好相同，或者天赋相同，就可以重新找到有效率的无羡慕的配给。在偏好相同的情况下，只需选择一种效用函数表示，并对人们应用字典式最小标准，是有效率的：在大多数的经济中，解被效用均等特征化了，这一点在这一情形下演化为无羡慕。在天赋相同的情况下，只需要考虑同等收入下的竞争均衡。

有必要注意，这些困难的出现并不是由于生产模型的引入，而仅仅是由于不可让渡资源的引入（比如天赋）。一些非常相似的结果可以在非生产模型中得到，而资源在这些模型中是不可让渡的。考虑下面这一案例。效用和前文最后一个案例中一致，但这次 l_1 和 l_2 描述的是冻结消费（不可让渡的物资，如使消费品 c_1，c_2 能够消化的酶）。[①] 更为确切地，$l_1=10$ 和 $l_2=100$。所有关于商品 c 的两个参与者可得的配给都是有效率的。为了使参与者 1 不羡慕参与者 2，必须有（11/10）$c_1+10 \geqslant$（11/10）c_2+100，推出 $c_1-c_2 \geqslant 900/11$。为了使参与者 2 不羡慕参与者 1，必须有 $2c_2+100 \geqslant 2c_1+10$，推出 $c_1-c_2 \leqslant 45$。这两个条件不兼容。原因还是一样：那些更想要产品 I 的却是资源较少的（这和在生产经济中更想休闲的其劳动却是更有价值的情况是一样的）。在这一纯交换模型中，假如偏好是相同的（且总的资源在量上是充足的）或者个人的资源 l 是相等的，人们也能找到无羡慕配给

① 此为罗默的想象（Roemer，1986a）。

（有效率的）的存在。

回到生产经济上来。另外两种对羡慕检验的方法允许重建效率和无羡慕间的相容性，但解却丧失了伦理上的吸引力。第一种观点是将个体提供的有效率劳动当作合适的变量。对于给定的劳动时间，一位能力强的个体比能力稍差的个体提供更多有效率的劳动。新的羡慕检验是说，假如 i 更喜欢 j 的有效率消费—劳动组合，则 i 羡慕 j。这一点强调的是假如 i 的能力较差，那么他要准备比 j 劳动得更多。从这一角度可以非常容易地得到有效率的无羡慕的配给。只需要选择同等禀赋下的竞争均衡（包括企业的财产，但不包括休闲的禀赋）。更详细地说，假如t_i表示 i 提供的有效率劳动，羡慕的检验记为：$(c_j, t_j) P_i (c_i, t_i)$。在初始禀赋相等的均衡处，参与者们的预算为：$c_i - st_i = B$ 且 B 对所有人都相同。s 表示薪水，它对所有参与者有效率的工作是相同的。图 10—8 表示了这一均衡，以及在两位参与者的经济中集结产品的集合。在这一特别的定义下，非常清晰地看到个体不会羡慕，因为他们处于同样有效率的消费—劳动组合下。[①]

但从伦理上说，这一解有待改进，因为假如个体能力极低，那么事实上他不可能去羡慕非常有能力的个体。这一解偏向于那些在有效率劳动上能力极强的个体。在有着不可让渡的个人资源的纯交换模型中，这一解重回到将外部资源平等化并把个人资源的范围列入偏好的参数中去。它并不会给残疾的参与者任何的补偿。

另一种解，由潘扎尔和史迈德勒（Pazner & Schmeidler，1978a）

---

① 这一解对应于范里安（Varian，1974）的福利—公平解。与此类似，范里安比较多种消费—产出的组合，这强制要求假设的个体产出是可分的，这种假定作了过多的限制。

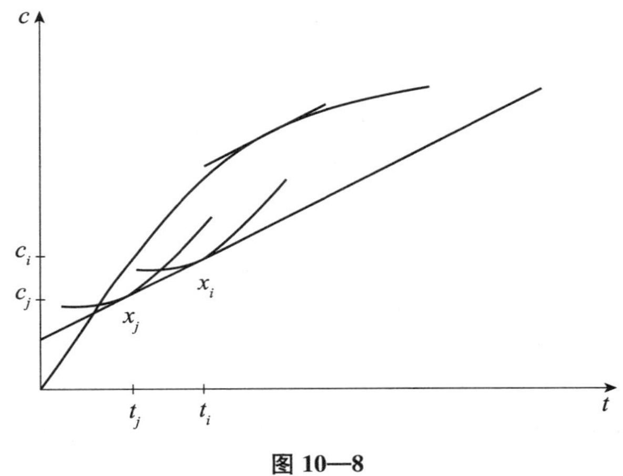

图 10—8

提出，代表了另一种极端。在上文的均衡中，人们将参与者的外部资源平等化。而在第二种解中，则是将参与者的扩展资源平等化，换句话说人们共享了每个人的休闲所有权。每一个个体初始状态掌握 $1/n$ 的其他个体的休闲权（他自己也在内）。在这一共享上的竞争均衡为我们提供了一个新的解，范里安（Varian，1974）将其命名为全公平收入（它使所有个体的潜在的最大收入相等），且对应于德沃金的均等分配机制，罗默（Roemer，1986a）对此有过研究。这一均衡的一个特点是每位个体是单独消费自己的休闲时光，因为他自己可以做到，但是他休闲的价格却和他的生产能力有关，其他的个体同时也是消费者，对这一价格感兴趣。结果是，这一解对那些能力强的个体不利，他们实际上被迫劳动，因为他们的休闲时光太昂贵了，也就是所谓“有天赋者的奴隶制”。

为了更详细地说明这一点，这一解使个体的预算相等，$c_i+s_il_i=B$，以致更有能力的个体有更昂贵的休闲。那么在这一解下怎样检验羡慕呢？假如人们可以定义“有效率休闲”，和前文的有效率劳动类似，个体 i 的预算记为：$c_i+s_i\widetilde{l}_i=B$，其中$\widetilde{l}_i$表示 i 的有效率休闲：$\widetilde{l}_i=(s_i/s)\ l_i$（其中 $s=\sum_i s_i$）。在这一解中，当个体比较他们的有效率消费—休闲组合时不存在羡慕。这对那些能力较低的个体比较有利，因为他们可以有大把的休闲时光而不会引发羡慕，因为这些休闲时光不是有效率休闲。反过来那些能力强的人会很快引发他人的羡慕。[①]

其他标准

面对天赋不同造成的无羡慕的困难，人们开始探索其他的方向。一些学者寻找当无法消除羡慕时量化羡慕的方法以便将之最小化，另一些学者则寻找用对称的羡慕去补偿羡慕，最终有一部分学者另辟蹊径去寻找全新的标准。

最小化羡慕

费尔德曼和柯曼（Feldman & Kirman，1974）提出在有效率配给集合中最小化羡慕关系的数量。这一研究思路的缺陷在于它完全不考虑个体间的差异及由此引发的强烈的羡慕。同样，这一解完全有可能采纳某种配给，其中某位个体非常有优势且被其他所有人羡慕。

戴尔曼泰若斯和汤普森（Diamantaras & Thomson，1990），受到乔普瑞（Chaudhuri，1986）的启发，通过寻找具有最大 λ 特征的有效率配给来解决这一缺陷：

$$\forall i,\ j,\ x_iR_i\ (\lambda x_j)$$

① 弗勒拜伊和马尼戈给出了这两种互为极端的解的折中解（Fleurbaey & Maniquet，1993）。

假如$\lambda \geqslant 1$，那么有无羡慕配给；假如$\lambda < 1$，那么就有羡慕配给，但其中羡慕的强度在参与者间是尽可能相同的。这一解的优点在于提供了在存在多种无羡慕配给的情况下选择的办法，并且是非空的，即使不存在有效率的无羡慕配给。

用羡慕补偿羡慕

丹尼尔（Daniel，1975）提出在有效率的配给中这样选择：对于每个个体，他所羡慕的个体人数等同于羡慕他的个体人数。简单来说，个体i不能反对这样的配给，因为他羡慕5个人的同时又有5个人羡慕他。可以证明这一解对于一个可测定的集合来说是非空的。

潘扎尔（Pazner，1977）曾批评过这一解，他质疑被人羡慕是否真的解决问题。在最大限度下，丹尼尔解允许所有人都羡慕他人。潘扎尔的批评有不公允之处，由于当羡慕是不可避免的时候，丹尼尔解寻找一种对称状态，其中任一参与者羡慕别人的同时在被很多参与者羡慕上不会有太大优势。例如，他自己也是无羡慕的。

反过来看，这一解的缺陷是它允许配给包含更多不必要的羡慕。丹尼尔同样给出了无羡慕配给存在的例子，但他的解还是允许存在有羡慕的配给。

平均—等价解

潘扎尔和史迈德勒（Pazner & Schmeidler，1978b）介绍了下面这种解。这一解对交换模型和生产模型都适用，选择参照篮子$e \in \mathbb{R}^{l}_{++}$，并选择有效率的配给，使得存在$\lambda \in \mathbb{R}$，有：$\forall i$，$x_i I_i \lambda e$（见图10—9）。

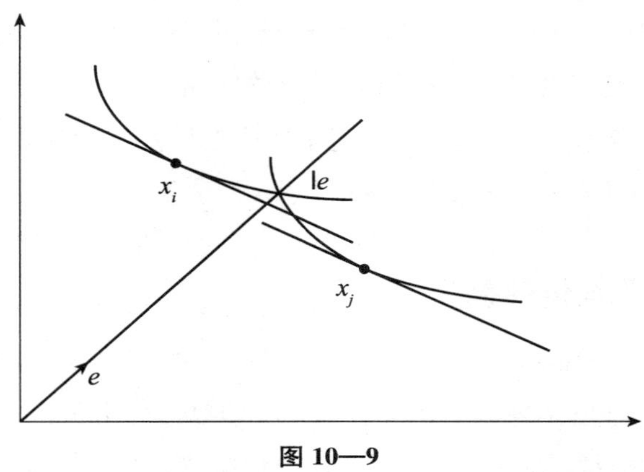

图 10—9

这一解被命名为平均—等价是由于它在帕累托无差别意义上“等价”的配给中选取平均主义配给。

下文是一般性结论：

命题 4：

假定偏好是连续并严格单调的，以及所有可行的配给集合是$\mathbb{R}_+^{nl}$中的非空、紧致且内包的子集。那么存在有效率的平均—等价配给。

证明：

设$L=\{\lambda\in\mathbb{R}_+:\ \exists x\in F,\ \forall i,\ x_i I_i \lambda e\}$。根据假设，$L$是非空的。由于$F$是紧致的且偏好是单调的，则$L$是有界的。由于$F$是闭合的且偏好是连续的，则$L$是闭合且紧致的。设$\bar{\lambda}$为它的上界。我们要证明配给$\bar{x}$是有效率的。假定配给$x'$优于$\bar{x}$。由于$F$是内包的且偏好是严格单调的，可以轻易地构建配给$y$使得：$\forall i$，$y_i P_i x_i$。但同样可以轻易地找到配给$y'$使得：$\exists\lambda'$，$\forall i$，$y'_i I_i \lambda' e\ P_i x_i$。其中$\lambda'>\bar{\lambda}$且$\lambda'\in L$，与之前假定相悖。

还可以用如下方式表示平均—等价解。用$x_i I_i v_i(x_i)e$定义函数v_i。

这一函数表示偏好R_i，因为当且仅当v_i (x) $\geqslant v_i$ (y)，xR_iy。平均—等价解，假如存在，可以通过用字典式最小标准计算效用函数得到。

穆兰（Moulin，1991）用下述的形式将平均—等价解一般化。配给 x 必须是有效的且满足：

$$\exists Z_\lambda \subset \mathbb{R}^l_+,\ \forall i,\ x_i I_i y_i,\ y_i \in Z_\lambda \text{且} \forall y \in Z_\lambda,\ y_i R_i y$$

其中Z_λ是用λ 做指标的集族，满足：$\lambda' \geqslant \lambda \Rightarrow Z_{\lambda'} \supset Z_\lambda$。

这一定义尤其适用于描述生产模型中全新的解。特别是，解 CRE（constant returns equivalent）对应于$Z_\lambda = \{(c, t): c \leqslant \lambda t\}$。这一解选择的配给会给出个体在可自由进入且收益不变的产品集合经济中的效用（见图 10—10）。

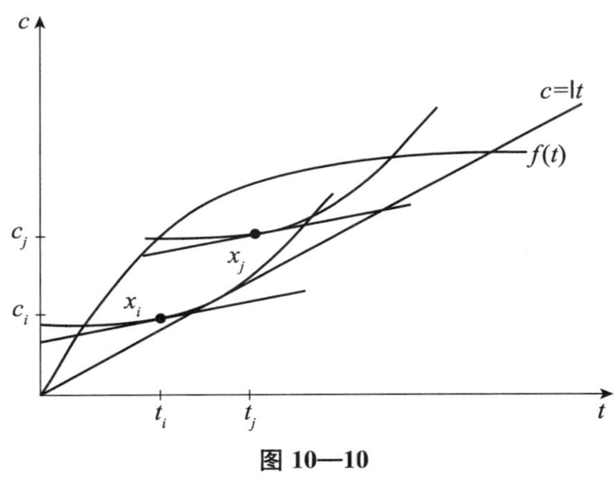

图 10—10

其他性质

最新的研究[①]包含许多附加的概念和结果。我们在此仅做简略的

① 主要参见 Moulin（1990a）。

介绍，并不深入公式和定理的细节。除了无羡慕之外，尤其有四种性质或公理极具意义。

内界平均

内界平均公理（Borne Inferieure Egalitaire），其来源可追溯到斯坦豪斯（Steinhaus，1948），规定每位参与者相对于对可用资源的简单平均分配来说要更偏好自己的配给。在纯交换模型中，表示为：

$$\forall i,\ x_i R_i \omega/n$$

这一公理的主要动机是公平，所有个体面对可得资源时拥有相同的门槛，在冻结（blocage）状态或“现状”下给出相同的分配的价值，并且每位个体因此都对任何不多于现状效用的配给有一票否决权。

已经知道这个公理和无羡慕是兼容的，因为同等收入下的均衡满足无羡慕。

在生产模型中，这一公理的定义并不是那么容易，但可以提出（Moulin，1991）：

$$\forall i,\ x_i R_i y$$

其中 $y \in \frac{Y}{n}$，且 $\forall y' \in Y/n$，$y R_i y'$。个体应该至少获得和他在产品集合中获得的第 n 个独立用途一样多的效用。在有效率劳动的模型中，同等收入均衡满足这一公理和无羡慕。在这一模型中，所有的解实际上都包含同等收入均衡并满足内界平均和另外两个附加条件：解不区分帕累托无差别配给，而由解选出的所有的配给即使在对 Y 进行任意收缩后仍是可行的（Moulin，1990b）。

人口单调性

这一公理由汤普森（Thomson，1983）提出，从经济是资源有限的这一事实中发展出新的想法，新加入的参与者可以使一部分参与者受益，而平均下来初始的参与者会受损。假如最初有 n 位个体，假定 x 是解最初选择的配给，并假定x'是在新参与者来之后重新选择的配给，公理要求：

$$\forall\, i \leqslant n,\ x_i R_i x_i'$$

这一公理不满足同等收入竞争均衡，在交换模型和生产模型中都是如此（Chichilnisky & Thomson，1987）。如图 10—11 所示，其中两位参与者的均衡点（x_1，x_2）在当第三个和参与者 2 有相同偏好的参与者加入后变为（x_1'，x_2'，x_3'）。它甚至和无羡慕不兼容（假如人们限定解要符合帕累托意义上的效率）。

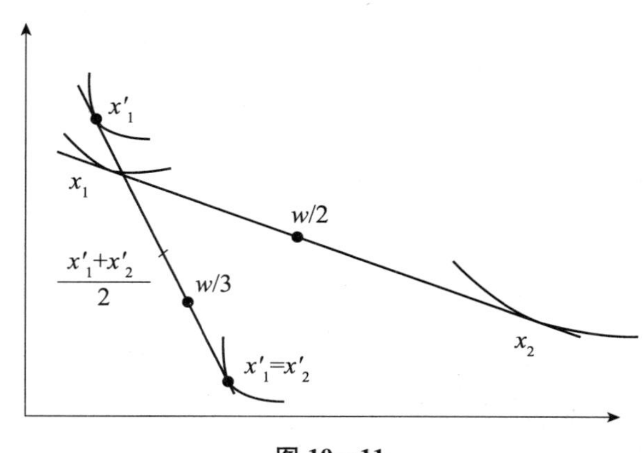

图 10—11

在交换经济中，$e=\omega$ 的平均—等价解同时满足内界平均和人口单调性。在生产经济中，CRE 解满足人口单调性。

比人口单调性弱一点的公理是单一上界公理（Stand Alone），它要求个体的效用不超过他在经济中独自一人可以获得的效用。交换经济中这一公理自然满足，在生产经济中它写为：

$$\forall i,\ [y_i \in Y \text{ 且 } \forall y_i' \in Y,\ y_i R_i y_i'] \Rightarrow y_i R_i x_i$$

在帕累托效率的条件下，在至少有三个参与者的经济中它和无羡慕也不兼容。

注意到人口单调性和单一上界这两个公理，在公共产品和收益递增的情况下意义会改变，因为这一类型的经济参与者越多越好：人们因此受益于新加入的参与者，并事实上在经济中不是单独的。

资源的单调性

罗默（Roemer，1986a）提出这一公理的动机和前一个类似。当总的资源数量减少，某位个体因此受益是不太正常的，那么平均来看，所有的人是受损的。在交换经济中，假如 x 是初始的配给，且假定x'是ω'中新的配给，$\omega' \geqslant \omega$，那么

$$\forall i,\ x_i' R_i x_i$$

在生产模型中，用相似的方式表示公理，但用$Y' \supset Y$ 代替$\omega' \geqslant \omega$。

在交换模型中，平均—等价解满足（其中 e 是固定的且独立于ω）这一公理和人口单调性公理。在生产模型中，CRE 解是唯一满足资源单调性和单一上界性质的解，且它不区分帕累托无差别配给（Moulin，1990b）。

资源单调性和无羡慕以及内界平均公理是不兼容的（Moulin & Thomson，1988）。从图 10—11 非常容易看出同等收入均衡不满足这一公理，其中配给（x_1'，x_2'）是在两个参与者（1，2）和总资源为$\omega' =$

$(x_1'+x_2')\leqslant\omega$ 经济中的同等收入均衡。尽管总的资源减少了，参与者 1 在x_1'中的境况仍要优于在 x 中的境况。

单调性公理反映出在参与者间团结一致的观点，在它的最一般的形式下，它引出的公理规定任何经济中参数的改变应该对未参与改变的个体们（比如，进入或退出经济的，或者改变偏好的，是不被拿来比较的）造成相同的影响（积极或消极的）。在有效率的条件下，一般性的团结公理意味着前文两种单调性公理。①

一致性

一致性公理希望应用在子群体中的解，通过将初始给予的资源当作全部资源，能选出同样的配给。在交换模型中，同等收入下的均衡和 e 固定的平均—等价解满足这一公理。

这一公理有明显的实践动机：假如某种配给在全体人口的集合（地球）中被认为是公平的，在它的子集中（国家）应用同样的标准不能改变该配给的选择。这一公理在配给的选择依赖于相关群体的特征时不被满足（因为特征会随着参照群体的不同而改变）。

一致性公理在这一领域有多种应用（Thomson，1990）。

无羡慕标准的恰当性

无羡慕标准伦理的恰当性②可以从两个方向分析：一方面，恰当性的理由或途径（为什么恰当或不恰当）；另一方面，恰当性的范围

① 除生产模型的人口单调性，新参与者的到来有可能在实际上是有优势的，即使是在产出递减的经济中，因为他们使劳动能力上升。

② 这一节实际上是再现了弗勒拜伊（Fleurbaey，1994b）著作中的一节。

(在哪些领域可以更好地应用)。这里主要朝第一种方向思考，同时我们关注的主要的应用领域是整体社会公平。尽管这样，一些其他领域的可能的应用也将出现。

先决的疑问是这一标准是否灵敏地表示了羡慕的情感。就像读者将会看见的，在一些限制下可以有带有一些保留的正面回答，这导致了对伦理恰当性源出的参照标准的可行性的检验。一些研究者的检验结果并不乐观，人们因此从其他途径探索并找回了部分的恰当性。

羡慕的表示

无羡慕标准的伦理恰当性或许直接来源于羡慕这一现象。托克维尔（Tocqueville）认为将人们的条件均等化只能增加他们互相比较和羡慕的倾向，同时进一步加强了平等的趋势。无羡慕标准难道不是在这一历史过程中占有优势的公平构想的征兆性表达吗？这是不是体现出托克维尔的看法带有先知的意味，而使无羡慕标准的意义相当黯淡呢？

然而这却假定了在论断$x_j P_i x_i$中所表示的和社会羡慕的完美对应。不过，高德曼和萨桑卡恩却对此有异议（Goldman & Sussangkarn，1983）。模型考虑那些只对自身消费有敏感偏好的个体：这些个体看起来不能体会羡慕的心情。根据高德曼和萨桑卡恩的观点，羡慕仅在外部性干预的形式下，在偏好中才能被准确地表达。每位个体具有的对整体配给的偏好同样如此，并且羡慕在当某位个体的效用降低而其他人的消费却更高时才会显现。这些研究者试图将所有关于无羡慕的研究用下述理由推翻。假定有两位参与者 1 和 2，存在一个自轴的效用函数U_i仅取决于个体的配给，且实际的效用，包括羡慕，可以被写为：V_i（x_1，x_2）$=T_i$（U_i（x_i），U_i（x_i）$-U_i$（x_j））。可以证明存在某些经济，其中没有任何配给，对任意 i 和 j，U_i（x_i）$\geqslant U_i$（x_j），是帕累托最优。这一结果在羡慕的其他表示形式下同样成立。因此，对羡慕正确的思考，不能和惯用的表达式吻合。

事实上，高德曼和萨桑卡恩从这一结果中得到的所有结论都是有争议的。对于上文最后一个观点，首先，它将标准研究无效化的手段，仅当帕累托最优连同外部性被用于捕捉真实的无羡慕时或至少被用于限制由羡慕引发的分配时才有效。但这样的论断却是一种反证，在缺乏外部性的情况下，不会有任何的分配问题，且帕累托最优总是被满足，同时是不平等的。

第一种观点认为羡慕仅能被外部性表示，但被提出这一观点的研究者自已找到缺口推翻了，这一观点参照了自轴函数U_i并且认为羡慕基本出现在U_i（x_i）$<U_i$（x_j）时。然而，这一双层的效用函数 V 的表示方式，尽管在描述外部消费时有些不太自然，它对伦理领域来说并不陌生。它重回到区分偏好或自轴的效用，以及区分重视个体相对位置的道德或社会偏好上了。而具体区分的规则在前面的章节已经遇到过了，且大家在第六章时已经看到自轴偏好的重要性而现在它又被证实对福利主义者同样重要。

通过不等式U_i（x_i）$<U_i$（x_j）构建自轴偏好，实际上是最有把握的表示方式，而其他形式的羡慕离其本质成因要远一些。① 事实

① 科姆（Kolm，1995b）提出一种原创的方式表示源于羡慕的自轴偏好：U_i（x_i）$=V_i$（x_i，x_i）。相对于在自轴函数的帮助下定义社会偏好，它可以从社会效用函数中推导出来。

上，参照消费中的外部性在表达羡慕的特殊性上并不是很有利的方式，因为所有的感觉可能会混合在一起从而很难单独将对福利的羡慕造成的细致影响分离出来。在个体羡慕和他人消费对该个体的负面影响之间并不存在逻辑联系。不仅仅由羡慕造成的效用降低可以被其他情感阻止（合作的自豪感、受虐狂的狂欢、利他主义者等）。更关键的，羡慕会降低效用并不是显而易见的。

羡慕实际上包含多种方面和程度。在第一阶段，羡慕表现为轻微的对更高阶层的向往（我希望提升到和你的境况同样的水平）。[①] 在下一阶段，人们感受到不平等，并要求再分配（为了我们重新在一个折中的位置找回平等）。最后，嫉妒的阶段，希望他人的优势消失：这一毁灭性的欲望是羡慕令人厌恶的极端形式。相当奇怪的是，有一些学者仅考虑这种形式（Rawls，1971；Nozick，1974；Kolm，1995b；Dupuy，1992）。[②] 实际上，第二阶段，意愿再分配的阶段，还不是摧毁一切的欲望，已经可以在政治和社会行动上扮演重要的角色。在反抗运动中，它经常是第一原动力，而摧毁的欲望更经常地出现在面对拥有资本者的抵抗时（萌芽）。

---

① 同样是托克维尔，除此之外他还关注羡慕阴暗的一面，将其视为保持经济活力的强力推进器，并对此有丰富的研究。罗尔斯同样认为“羡慕模仿”在社会中扮演着积极的角色。

② 这一点可以从单词的原意中得到，拉鲁斯词典简单定义羡慕为“看到他人幸福和优秀时觊觎的情感”，而将“看到他人优秀时感到气愤”留给了嫉妒。牛津词典反过来定义羡慕为“grudging contemplation”（其中 grudge 定义为“feeling of resentment or ill will”），而 jealous 则简单定义为“envious”，或“solici tous for preservation of (rights，etc.)”。不过，罗尔斯和诺齐克像法语词典定义嫉妒一样定义羡慕，且罗尔斯定义嫉妒为保持优势的担忧，至于诺齐克则定义为模仿的欲望（渴求他人拥有的，仅因为是他人拥有的）。必须注意到罗尔斯从康德和亚里士多德对羡慕的理论中形成自己对它的强烈的负面描述。

羡慕和公平

因此，接纳羡慕的情感，或至少它的本质成因，可以准确地用标准形式来表示。但这一情感在伦理中的恰当性的问题仍未解决。下文是两种最常见的态度。第一种认为羡慕是一种糟糕的情感，因此不应该在这一情感的基础上建立公正。第二种则认为，无论糟糕与否，社会政治层面的效率要求必须考虑羡慕的情感。

第一种态度在那些对羡慕抱有负面及破坏性的看法的学者那里并不奇怪。通过将羡慕和平等主义等同化并加入羡慕、嫉妒等形成大杂烩，极端自由主义者轻而易举地拒绝平等主义者的立场：平等主义哲学在他们眼中是以平庸和贪欲为目标的。[①] 诺齐克用一种相当模棱两可的态度接纳这一点，指出平等主义者没有什么有说服力的理由来反驳这一点（Nozick，1974，p. 295），他对平等主义的指责保持暧昧的态度。而诺齐克想法的实质并不在此。相对于以羡慕是毁灭的代名词的理由简单地将其拒绝，诺齐克似乎将这一情感当作正义理论中一个不可或缺的部分。特别是，这一情感的负面作用更多伤害的是感受它的人，因为它减少了纯粹的崇拜。按照诺齐克的说法，这与羡慕者和被羡慕者之间的不平等是有道理的同样正确，因为它反映了个体间价值判断的不同，羡慕并不能因差异的证实而缓和，相反还会加剧。正是由于在这方面个人价值判断比较的原因，诺齐克反对所有平等主义的结论，因为强制的平均经济不能消除羡慕。事实上在其他的记载中，

---

① 这一论据主要出现在哈耶克（Hayek，1979）的理论中，夏多布里昂（Chateaubriand）的观点更加细微：“平等，我们自然的追求，是伟大心灵的光芒，但对于自私的灵魂，它仅仅只是羡慕。”（引自 Dupuy，1992，p. 59）

在个体间总存在差异，而羡慕这一情感是作为人，通过任何指定属性，从和其他人比较的需要中再生出来的。按诺齐克的说法，对羡慕唯一的应对方法，是增加排名的多样性或者给各类排名适当的加权使个体觉得可以恰当地进行比较，在这种方式下每个人都可以自豪地至少位列某个排行榜之上或者按至少一种加权来看是足以自豪的。这样的多样化同均等的集中的努力正相反，但诺齐克并没有阐明实现这一点的方法。

应该把如羡慕这一类的情感当作对正义的反思来考虑，这一观点在吉拉德的理论中走向了极端，它使暴力管理成为人类社会的核心问题。由于暴力总可以找到源头，根据他的理论，难道人们不是在占有物权时的争斗中得到了无羡慕标准的强烈的灵感？事实上，上文被接纳的羡慕第一眼看去并不像吉拉德理论中的那么重要，且它并不在暴力危机的发展中扮演主要动力的角色。吉拉德描述的暴力链的成因并未从不平等的分配出发引发不满的比较及随之而来的占有的欲望，最终宣泄为致命的对抗。欲望的困扰实际上是因对手而来，其最初是偶像。① 欲望不是在渴求物质，而是渴求成为某人，确定并模仿这一偶像。模仿的态度是相当普遍的，且并不仅仅在经济中，它在许多领域中都发挥作用，但它在占有这一行为上却行不通了，真的。② 这时，偶像变成了障碍，因为他将会反对这种模仿，即使其占有的物品也是他从模仿者手中窃取的。偶像和他的模仿者因而变为竞争对手。③ 在所有这些当中，目标物质扮演了一个非常微妙的角色，它在模仿危机

① Girard (1972)，ch. 6.

② Girard (1978)，L. 3，ch. 1.

③ 其中偶像也有可能持反对模仿的态度，但实际上是终极的模仿，它寻求和模仿者区别开来从而阻止模仿者的进入（Girard，1978，L. 3，ch. 1）。也有可能发展为更复杂的博弈，第三方的介入激化了矛盾并将竞争表面化。

的发展中由简单的支撑变成越来越次要的考虑因素。渐渐地，是争斗的行为本身被模仿，而暴力危机则在各种争斗碰撞后普遍化了。这一危机仅当事态向唯一的主题集中，有受害者牺牲，导致群体性死亡等，这些使得那些劫后余生的人达成谅解后才会结束。总之，羡慕是模仿行为的子产品，更为本质的是成为偶像的欲望。更详细的说是，偶像和他的人生。地道的（par excellence）模仿情感，按吉拉德的说法，是耻辱的。①

和诺齐克的理论一样，但道理略有不同，无羡慕主张的均贫富不能解决吉拉德意义的羡慕的问题，模仿行为和一系列暴力问题引发的问题更为宽泛，因为它的根源在别处。解，对于吉拉德来说，看起来更像是对争斗和牺牲保持戒心，以及直接的和解的努力。在和平的社会生活中，实际的制度模式仍是相当不明确的，并且假如吉拉德提出的科学精神的发展，如同经济中的企业精神一样，结果会部分地超越“替罪羊机制”（mecanism victimaire）②，那么，很难从社会政治组织或公平分配方面的反思中吸取教训。

在罗尔斯的著作中，两种拒绝的态度和对羡慕的思考的融合形成他原创的观点。罗尔斯对羡慕的看法也是相当负面的，他更倾向于将羡慕排除在初始位置的同一类人的心理构成之外：既然人们通常认为羡慕是让人唯恐避之不及或害怕的东西，至少在它变得强烈之前，看起来更让人接受的是，在衡量可行性后，原则的选择上不应受这一性质行为的影响（Rawls，1971，p. 573）。假如人们可以理解这种对毁灭性羡慕的选择，那么将所有厌恶不平等的情感比如轻微羡慕甚至是

---

① Girard（1982），ch. 12.

② Girard（1982），ch. 15.（应为 Girard（1972）。——译者注）

利他主义等全部排除在外则更让人震惊。有什么理由要求处于初始位置的人们不仅仅缺乏自身的信息，还缺乏因个体间相互比较引发的最一般的情感呢？但罗尔斯致力于表明羡慕不应在任何时候干预由初始位置推出的正义原则动机，而他的平等主义因此完全避开了极端自由主义者提出的由羡慕引发的批评。

但罗尔斯还引用了其他理由：按他的说法，人们不应该将公平建立在偶然的心理条件上。正是这一观点让他也将利他主义，还有对待风险特殊的态度，对统治或被统治的倾向等等排除在外。这一结果致使“在选择公平概念时尽可能地排除考虑偶然事件的干预。被采纳的原则应该独立于这些倾向的变化，这和我们希望这些原则独立地应用在个体偏好和社会形势之外是一样的道理”(Rawls，1971，p. 573)。这一理据的一部分似乎不太有说服力。假如确实有某种特殊的心理倾向可能因情况而变化，这并不说明它应该在公平原则的表达式中完全被忽略，而应该更为谨慎地参考它，或许可选择平均的断面。这一理据更为有说服力的表达形式是像羡慕这样不太稳定且可塑的主观情感，具有一种固定的琐碎对象或与之相反极为私密的对象的倾向，不能严格地启发正义制度的制定。但存在羡慕的更加理性的版本，如这里指出的，它避开了上文这一理据：个体可以在深思熟虑后宣称他更喜欢其他个体的状态，且他的羡慕并非植根于任何无意识的模仿，而是由于真实的不平等的状态。

然而罗尔斯并不仅仅简单地满足于无视这些情感（其中包含羡慕)，而是在这之后对它们进行进一步研究。在确定正义的原则和对应正义要求的基础制度之后，他追问这些制度在真实社会中的可行性，借助于那些被情感驱动的普通人。他集中研究了有关羡慕这一情感的例子。他的研究对正义原则有利，且就下列论据和我们观点一致。自尊的保护作用，尤其在量才录用的领导体制中被拒绝时，抵消了羡慕情感中很重要的一个方面，正是它侵蚀了纯粹的崇拜。因为所有这些不是发自内心的自我感觉处于劣势而觉得受到伤害。另外，个体状态间差异，尽管在差别原则应用理论中被无限放大（当它使最差的受益时），实际上是相当微弱的。最后，有些奇怪的论据，社会生活的分散化通过将个体的眼界缩小减少了不平等的可见性。

作为结论，通过这简短的回顾，看起来很难认为无羡慕足以成为分配资源时的公平标准。假如无羡慕标准有伦理学的价值，它必须以别的考量作为支撑。我们将在下一节看到平等主义的一些形式将引向这一标准。

当然，不可对所有可能的应用领域都视而不见。前文确实涉及整体社会正义。不过，在微观经济的分配状况下，羡慕将会引发近乎于吉拉德定义的争斗，值得探讨特别的避开方式。无羡慕标准因与这一情感有关而可以得到证明了。

平等中的无羡慕

假如无羡慕被证实属于平等主义阵营，而不是相反的，那必须详细说明证明的方式，也就是说平等主义的形式或许可以让无羡慕标准显得恰当。在这里我们仅仅介绍这些不同的形式，而不分别对它们的优点作评价。

假定只有一种同质且可分的资源要分配。假如现行的公平理论主张要平分这一资源，它将满足无羡慕标准。不过，罗尔斯和德沃金的理论和这一概念的体系有一些相似。罗尔斯主张均分（或近平均分）基本善（基本益品），并假定用单一的指标已解决集结这些善（或益品）的问题。德沃金建议均分资源，并将之作为竞争均衡的起点，资源因此以它们的货币价值来衡量。两位学者更进一步的理由相当接近：这对他们而言是给予个体们充分发挥才能的生活方式，为个体们赋予责任，形成他们对生活、偏好的理解，并有效地抓住通过这一方式赋予他们的机会。这从概念上说，首先涉及均分资源，而不是避开羡慕。尽管德沃金（Dworkin，1981b）对羡慕有清晰的描述，却是用来作为“检验”资源是否平均分配的手段。对于为什么无羡慕是这一问题良好的检验方式的理由则不太清晰。

当考虑个人资源，尤其是天赋的生产能力时，在德沃金的理论中，事情变得复杂了一点。资源的均等化应该将它们整合进去，但平等的实现却变得很难想象了。无论人们将天赋在财富中的潜在回报进行平均还是建立一个虚拟的天赋保险的系统，羡慕的检验要么无效，要么过于苛求。为了寻找确切的资源平等，通过弱化一些条件，仍可以继续从这一检验中获得灵感（van Parijs，1990；Fleurbaey，1994a，b）。

人们还可以在主张机会平等或个体可选集合平等的研究思路中找到无羡慕（参照第六章）。假定事实上个体可选集合的平等已经实现，个体们对可选集有偏好，且他们依据自己的偏好选择自身的状态，那么最终结果必然满足无羡慕。这是显然的，因为更喜欢他人位置的个体不会做出理性的选择，而更愿意和他人做一样的选择。

科姆（Kolm，1991）提出了一个逆命题，即无羡慕意味着可选集合的均等。它这样表示：假如存在无羡慕，则存在这样一个唯一的集合，对于每一位个体，他当下所处的位置代表了他在这集合中最优的选择。证明是直接的，只需要将个体位置组成的集合当作可选集就好了。然而这一逆命题并不说明人们可以满足于无羡慕的存在和机会均等的位置。事实上，完全可以在不同选项的集合的基础上达成无羡慕。除此之外，在许多情况下可选集仅是理论上的。也就是说，当下的配给是可实现的，且这可选集对所有人都一致，因为个体们做了一些特别的选择，如果某位个体改变了主意并要求选项集合中的另外一点，那么这一点可能在实际上不能达到。分析在纯交换经济中同等收入下的竞争均衡。预算的集合对所有人来说都是相同的。但假如某位个体改变要求，他将不能得到他在初始预算集合中看中的点，因为价格将会改变。

最后必须要提的是，从更加微观经济的角度看另一种对无羡慕的判定。当人们实施分配时，可以从构建份额开始，然后将之分配，这样个体在开始交换不同组合的份额之前倾向于先对份额进行比较。不过，无羡慕标准允许所有的参与者满足于他们自己的份额，其意义在于，同所有的排列相比，参与者一致地偏好当下的分配（Kolm, 1991）。这不能作为羡慕的参考，而是一种在排列上更强有效的形式。①

① 盖弗斯同样建议用“排列—检验”代替“羡慕—自由”。

新的思考

做相关社会选择

在 20 世纪，选择理论过于集中在不可能性上。理解这些不可能性固然很重要，但我们不该让它们成为决策的障碍。最重要的相关工作是最低限度地放宽不可能定理的一些不得不接受的条件时，描述理论所揭示的可能性。

福利经济学现在已经成为一个激动人心的领域，因为有很多工作可以做，来补充决策者的评价标准。功利主义在公共经济学和成本收益分析的经典标准中的霸主地位已在很多困境中被质疑，因为越来越清楚地显现出这些经典研究方法没有考虑到今天普遍接受的基本的公平原则。详尽考虑到我们当今时代相关原则的规范经济理论仍有一个广阔的开放空间。顺应这种趋势，将由这一理论得到的新标准应用到公共政策的评价中对未来的研究也是一个有前途的路径。

在本书的最后，我将再次谈到书中介绍的两个重要的社会选择的不可能定理，进一步说明如何避免以找到有价值的评价标准。

超越阿罗不可能性

书中第三章解释了经济正义原则，正如同等预算的瓦尔拉斯均衡中所体现的，提出放宽独立性条件。而在很多经济研究方法中，独立性条件从根本上被违背。

例如，考虑成本—收益分析（cost-benifit analysis，CBA）在书中没有讨论，但作为一种公共政策评价工具被广泛运用。成本—收益分析的经典标准取决于支付意愿。假定分析一项使一些个体受益而另一些个体受损的改革。我们有两个选择：改革（R）和维持现状（S）。

按照阿罗的独立性条件，同维持现状相比，改革的评价应该仅取决于个体们对 R 和 S 的偏好。但 CBA 介绍了另外两种选择：

——从 R 出发，我们能找到从胜者到败者的转移，以得到一种对 S 帕累托改进的情形吗？如果我们能找到这样一种情形，则称 R 优于 S。否则，被认为 R 劣于 S。这就是卡尔多补偿检验。

——从 S 出发，我们能找到从败者到胜者的转移，以得到一种对 R 帕累托改进的情形吗？如果我们能找到这样一种情形，则称 R 劣于 S。否则，被认为 R 优于 S。这就是希克斯补偿检验。

这两个标准不同且不总是一致，它们分别由卡尔多和希克斯在 20 世纪前半叶提出。随着支出函数的运用，以及补偿变化、等价变化定义的运用，两个标准被现代化了。运用支出函数意味着为评价 R vs. S，要计算附加的配给。

——补偿变化是指这样一种货币税水平：在 R 的价格和公共产品条件下，能够使某位个体参与人达到他在 S 时的效用。如果补偿变化总额是正值，则 R 优于 S（这同卡尔多补偿检验相似，但在卡尔多补偿检验设想的转移中价格可以变化，而在补偿变化中价格是固定的)。

——等价变化是指这样一种货币转移水平，在S的价格和公共产品条件下，能够使某位个体参与人达到他在R时的效用。如果等价变化总额是正值，则改革R优于S（这同希克斯补偿检验相似，因为总额为负值，可以在S下实施转移而价格不变，不像希克斯补偿检验，使每个人的福利同R条件下相比都有改善)。

在这四个检验例子中，R和S的比较不仅取决于个体对R和S的偏好，因为其他从R或从S的转移的配给也在考虑之中。事实上，CBA这样的经典方法丝毫没有影响独立性条件，这表明这个条件颇为做作和过度限制。

遗憾的是，这些经典研究方法因为忽视改革的分配影响并不被接受。这些检验没有区分失败者是极为富有还是极为贫困。此外，在另一项改革R′被认为优于R但劣于S，而R被认为优于S时，它们可能导致决策循环。CBA理论的研究者被建议用社会福利函数代替这些检验，这样既可以保证选项的一致（传递）排列，还可能通过函数中的厌恶不平等给福利恶化的人某种优先权。

但CBA的运用者被束缚住了，仍在运用旧的检验方法。社会福利函数需要人际比较，而当有关个体偏好的信息是纯序数的和“无法比较的”时候，阿罗定理通常被看作构建社会福利函数的一个严重障碍。然而，还是存在依靠同补偿检验相同的这类信息来构建社会福利函数的令人感兴趣的解决方案。特别是，公平社会序理论（theory of fair social orderings，Fleurbaey & Maniquet，2011）阐明如何在这种序数的不可比较的偏好的唯一基础上构建人际可比较指数。第十章介绍的平均等价方法（egalitarian-equivalent）提供了一个很好的例子，这个例子很清楚地是按照参照篮子的等价部分，依靠个体消费的比较。可以看出，这种等价部分是个体偏好的表示：等价部分越多，个体福利越好。这种指标暗含的思想是考虑个体可以在特定的情况下按物质篮子比较，如当其消费同参照篮子成比例时。这种物质比较可以受正义原则的驱使。

所以，摆脱独立性条件的束缚，构建公平社会序的方法如下：从特例中可以看出就物质篮子（例如，当所有篮子都同参照篮子成比例时）比较个体境况是公平的，而后将这种个体间比较延伸到帕累托条件的配给中（假定每个配给同一个合理的物质比较的特定配给都是帕累托等价的）。这种延伸方法如下：在当前配给中，个体 i 的篮子$\widetilde{x}_i$同一个合理物质比较的特定帕累托等价配给中的篮子$\widetilde{x}_i$相比是同样富裕的（例如，$\widetilde{x}_i$同参照篮子是成比例的）。这样，在当前配给中，我们可以用相同的方式比较个体，因为可以在特定的帕累托等价配给中用其篮子$\widetilde{x}_i$对他们进行比较。

这种方法已被应用到生产模型中（见第十章），其中个体们的生产率是不同的。这样，我们可以按照等价的境况，定义一个评估人们境况的公平社会序。例如，人们都按最低工资率工作，且得到不同的一次性付款。具体而言，这种同样的一次性付款充当效用指数，而社会福利函数被应用到这些指数中。这样，不仅可以在完全信息最优背景下最大化社会目标，而且在典型的最优税收的激励约束条件下，即当税收取决于收入时，也是如此。因为税收当局无法观察个体生产率和劳动时间。运用这种方法，公平社会序开启了有关公平概念介绍的次优政策分析。有关这方面研究发展的具体细节可参阅弗勒拜伊和马尼戈的相关研究（Fleurbaey，2008；Fleurbaey & Maniquet，2011）。

公平社会序还可以运用在 CBA 中，以及小规模改革的分析中（只引起个体境况极小的改变），相当于在个体支付意愿的测度被核算之前，引入公平的权重。参见弗勒拜伊等人（Fleurbaey et al.，2013）在卫生政策上的应用。

遗憾的是，除了序和偏好不可比较没有其他可获得的信息外，必须强调的是将公平社会序看作只是构建社会福利函数的一个便捷方法是错误的。这一观点预先假定，如果有关于主观效用的更多的可得信息，人们愿意在典型的社会福利函数中运用它。但这里我们应该看到事情根本不是这样的。这使得按照物质篮子比较个体是合理的，公平概念将拒绝运用主观效用，即使信息是可得的。公平社会序的一个关键性质是它认为如果一些人在一条高于其他人的无差异曲线上消费一篮子，这些人肯定比其他人富有。但有可能出现他们的主观效用却是反方向排序。例如，因为处于更高曲线的个体拥有更多的渴望而很难满足。

这是公平社会序和传统主观社会福利研究方法之间重要的分配检验。当两个排列不同时，我们能够根据个体们的无差异曲线或其主观效用在不相交的无差异曲线上排列个体吗？可以看出如果个体们被告知按照篮子进行人际比较，由无差异曲线给出的排列是个体们自身愿意提供的。因此，可以得到这样一种情形，其中处于效用水平 8 的个体，在更低的无差异曲线上处于效用水平 7，这样都考虑后者更优越，且将反对反映依靠人们不同水平的效用水平，而不是实际情况。所以，可以进一步讨论，公平社会序在人际比较上比主观效用更尊重个人观点。

然而，这取决于模型的丰富程度。如果模型中所描述的篮子仅仅包含几个方面（例如消费和闲暇），可能出现主观效用抓住那些失去的、对人们生活很重要的方面（如健康、社会内涵）。当生活中的所有主要方面都在描述个体境况的篮子中被体现时，公平社会序方法显得更有吸引力。

豪尔绍尼定理和风险情况下的社会选择

在豪尔绍尼定理聚合定理（见第四章）的讨论中，谈到该定理约束性很强，因为在冯·诺依曼-摩根斯坦个人效用中，它限制社会福利标准必须是线性的，因而在社会境况的评价中阻碍了大量厌恶不平等的介入。所以说这个定理实际上是一个不可能定理，或许比阿罗不可能定理更重要。在第四章，其不寻常之处在于作为一种两难困境来介绍。一方面，发现通过集结个人期望效用计算社会福利的事前方法，违背风险决策条件下的理性公理（期望效用定理的独立性和确定事件原则）。另一方面，发现计算社会福利的期望值的事后研究方法是完全理性的。但如果个人的 VNM 效用是非线性的却违背帕累托原则，我们能指出更倾向于两难中的哪个方面吗？

一个倾向于事后研究方法的观点由弗勒拜伊（Fleurbaey，2010）提出，当个体对结果有完全信息时，帕累托原则很有吸引力。然而，在有风险的背景下，定义表明对最终结果的信息是不完全的。比个体们拥有更多信息的观察者能够合理地运用它对彩票进行评价。

例如，假定人们想要冒险但观察者已经知道最终结果是一个比现状差的状态。而这是一个简单的相信一致性的问题。对于观察者来说，冒风险不是一个好的选择，并得出结论：社会应该放弃冒风险。归根到底，如果观察者能同大众沟通信息，那么所有认同社会福利函数的人都将认同这种选择不好。

现在考虑下列情况。观察者不知道最终结果，但知道这种状况的每一个可能的状态，并且最终结果要比现状差。这种情况和前一个有何差别？从伦理的角度来看，没有多少不同。如果观察者表明最终结果在每一种状态上都更差，人们应同意有风险的选择是不好的，指出宣称最终结果是差的社会标准被认为是合理的。

关键一点是，在这种情况下，完全有可能事前每个人在单纯的个人范围内都倾向于冒风险。例如，博彩是一种奖金很高的赌博。每个人都有机会赢得奖金，事前可能倾向于冒风险。但同时，要知道只有一位胜者，其他人都将失败，结论是无论谁赢得奖金，最终情况都是差的。这里在推动博彩的帕累托原则和基本的控制性的理性原则之间存在矛盾，根据控制性原则，博彩一定产生一个每一种状态都不好的更差的状况。

现在，我们已经得出结论，观察者如果具有最终状态的信息，应该运用这些信息，而当他不了解最终状态但知道最终结果的更差的值时，是相似的。所以，在理性原则和帕累托原则的冲突中，理性原则显得更强大。当观察者已经知道最终结果的值的时候，我们不能要求观察者按照其了解情况与否得出不同的结论。

在这一点上，似乎帕累托原则并不总是在事前令人信服。但还是要解决这样的情况，其中帕累托原则在可以被抛弃的情况下却还保持相当的吸引力。弗勒拜伊（Fleurbaey，2010）提出在这些情况下限制帕累托原则的应用：从未有任何事后不平等的情况（在这些情况下，风险由全部个体同样承担），或者在全部状态中个体们总是用同样的方式被排列的情况。在这个基础上，特别是事后标准是可得的，如平均等价分配的期望值（给定分配的平均等价分配能够提供同给定分配相同的社会福利同样的效用水平，见第五章）。

追溯帕累托原则在经济学中重要的传统地位，反对人们的一致偏好似乎是胆大妄为的。然而，有时事后标准要比一致偏好更重要只是因为每位个体的偏好都是针对个人的彩票，而不是个体们考虑社会状态时的偏好。对个体来说，很可能是："我个人愿意冒风险，因为奖金很有吸引力，但同时我认识到即使我偶然赢了，也将有很多人失败，最终状态将更糟糕。"这种事后标准和个体偏好的冲突实际上是每位个体都能觉察到的在其对待个人风险的自我为中心的偏好和关于社会状态的道德偏好之间的矛盾。通常我们会体验到这样的矛盾，我们看到因为对于个人来说是好的而愿意做的行为（例如外出度假）对于社会来说是有害的（破坏奇特的场所或释放温室气体）。

从最终结果的角度来看，博彩的例子中，每个人都愿意事前冒风险，这是"注定一致"的例子。在这种意义上，只要情况的状态被揭露（即谁获胜了），一致性必然被打破（只有获胜者依然喜欢冒风险）。在基于完全知情偏好的一致性的例子中，帕累托原则是很有吸引力的，因为这种一致性不会被破坏。对于可以被逆转但不被打破的一致性（从"喜欢"到"不喜欢"），也是有吸引力的。在博彩的例子中，最终的配给总是平等主义的，因为所有人不是获胜就是一起失败。而它在注定一致时少有吸引力，因为这种一致仅是因为缺乏信息而达成的。

值得一提的是，即使一致性被逆转但不被破坏，有时帕累托原则还是有问题的。分析下列彩票，其中两位个体的 VNM 效用如下表。

彩票 a	状态 1	状态 2	彩票 b	状态 1	状态 2	彩票 c	状态 1	状态 2
个体 1	1	1	个体 1	0	2	个体 1	ε	$2-\varepsilon$
个体 2	1	1	个体 2	$1-\varepsilon$	$1+\varepsilon$	个体 2	$2-\varepsilon$	ε

假定 ε 很小，在彩票 a 和 b 间，以及彩票 b 和 c 间，一致无差别适用于事前，一致性（在一个方向或另一个方向）总是适用于事后。我们应该运用帕累托原则并宣称所有这些彩票都同样好吗？问题在于，即使对于极少量的厌恶不平等，我们应该认为彩票 c 要比 a 差，因为它显然要在每一种状态上更不平等。

描述帕累托原则风险情况下完全被接受的例子仍然是一个问题。很少人获胜、很多人失败的博彩是最不可信的，所有人一起输或赢的博彩是最不令人怀疑的。在这两者之间所知甚少。

推荐读物

第一章

BARRY B. 1989, *Theories of Justice*, vol. I, U. of California Press.

KOLM S. C. 1995a, *Modern Theories of Justice*, MIT Press, à Paraître.

MOULIN H. 1988, *Axioms of Cooperative Decision Making*, Cambridge: Cambridge U. Press.

MOULIN H. 1995, *Cooperative Microeconomics: A Game-Theoretic Introduction*, Londres: Prentice Hall.

ROEMER J. E. 1995, *Theories of distributive justice*, Cambridge: Harvard U. Press, à paraître.

SEN A. K. 1987, *On Ethics and Economics*, Basil Blackwell.

THOMSON W. 1989, "Fair Allocation Rules", mimeo.

VAN PARIJS P. 1991, *Qu'est-ce qu'une société justice?*, Pairs: Seuil.

第二章

BOADWAY R., N. BRUCE 1984, *Welfare Economics*, Oxford: Basil Blackwell.

BROOME J. 1983, *Weighing Goods*, Oxford: Basil Blackwell.

HAMMOND P. J. 1982, "Utilitarianism, Uncertainty and Information", in A. K. Sen, B. Williams éds., *Utilitatianism and Beyond*, Cambridge: Cambridge U. Press.

HAUSMAN D. M., M. S. MCPHERSON 1994, *Moral Thinking and Economic*

Analysis, à paraître.

MONGIN P. 1995, "Consistent Bayesian Aggregation", *Journal of Economic Theory*, 66: 313-351.

SEN A. K. 1987, *On Ethics and Economics*, Oxford: Blackwell.

第三章

ARROW K. J. 1951, *Social choice and individual values* (2e édition 1963), trad. fr. *Choix collectifs et préférences individuelles*, Calmann-Lévy, 1974.

D' ASPREMONT C. 1985, "Axioms for social welfare orderings", in L. Hurwicz, D. Schmeidler et H. Sonnenschein éds., *Social goals and social organization*, Cambridge: Cambridge U. Press.

D'ASPREMONT C. 1993, "Economie du bien-être et utilitarisme", in L. A. Gérard-Varet et J. C. Passeron, *La méthod et l'enquête*, Maison des Sciences de l'Homme.

BLACKORBY C., D. DONALDSON ET J. A. WEYMARK 1984, "Social choice with interpersonal utility comparisons: a diagrammatic introduction", *International Economic Review* 25: 327-356.

MOULIN H. 1988, *Axioms of cooperative decision making*, Cambridge: Cambridge U. Press.

SEN A. K. 1970, *Collective choice and social welfare*, San Francisco: Holden-Day.

SEN A. K. 1986, "Social choice theory", in K. J. Arrow et M. D. Intriligator eds, *Handbook of mathematical economics*, North-Holland, vol. 3.

第四章

HAMMOND P. J. 1981, "Ex-Ante and Ex-Post Welfare Optimality Under Uncertainty", *Economica* 48: 235-250.

HARSANYI J. C. 1976, *Essays on Ethics, Social Behavior, and Scientific Explanation*, Dordrecht: Reidel.

KOLM S. C. 1972, *Justice et équité*, Ed. Du CNRS.

KOLM S. C. 1995, *Modern Theories of Justice*, Cambridge: MIT Press, à Paraître.

MONGIN P. 1994, "Harsanyi's Aggregation Theorem: Multi-Profile Version and

Unsettled Questions", *Social Choice and Welfare* 11: 331 - 354.

RAWLS J. 1974, "Some Reasons for the Maximin Criterion", *American Economic Review* 64 (2): 141 - 146.

SEN A. K. 1973, *On Economic Inequality*, Oxford: Clarendon Press.

SEN A. K., B. A. Williams éds. 1982, *Utilitarianism and Beyond*, Cambridge: Cambriage U. Press.

WEYMARK J. K. 1991, "A reconsideration of the Harsanyi-Sen debate on utilitarianism", in J. Elster et J. Roemer éds.

YAARI M. E., M. BAR-HILLEL 1984, "On Dividing Justly", *Social Choice and Welfare* 1: 1 - 24.

第五章

ARNOLD B. C. 1987, *Majorization and the Lorenz Order: A Brief Introduction*, Berlin: Springer-Verlag.

ATKINSON A. B. 1970, "On the Measurement of Inequality", *Journal of Economic Theory* 2: 244 - 263.

CHAKRAVARTY S. R. 1990, *Ethical Social Index Numbers*, Berlin: Springer-Verlag.

FOSTER J. E. 1985, "Inequality Measurement", in H. P. Young, *Fair Allocation*, Providence: American Math Society.

KOLM S. C. 1976, "Unequal Inequalities", *Journal of Economic Theory* 12: 416 - 442 et 13: 82 - 111.

SEN A. K. 1973, *On Economic Inequality*, Oxford: Clarendon Press.

第六章

ARNESON R. J. 1989, "Equality and Equal Opportunity for Welfare", *PhiloSophical Studies* 56: 77 - 93.

COHEN G. A. 1989, "On the Currency of Egalitarian Justice", *Ethics* 99: 906 - 944.

DWORKIN R. 1981, "What is Equality? Part2: Equality of Resources", *Philosophy and Public Affairs* 10: 283 - 345.

FLEURBAEY M. 1995, "Equality among responsible individuals", miméo.

RAWLS J. 1971, *Theory of Justice*, Cambridge: Harvard U. Press. Trad. fr. Paris: Seuil, 1987.

RAWLS J. 1982 "Social Unity and Primar Goods", in A. Sen, B. Williams éds.

ROEMER J. E. 1985, "Equality of Talent", *Economics and Philosophy* 1: 151 - 187.

SCANLON T. M. 1975, "Preference and Urgency", *Journal of Philosophy* 72: 655 - 669.

SEN A. K. 1985, *Commodities and Capabilities*, Amsterdam: North-Holland.

VAN PARIJS P. 1990, "Equal Endowments as Undominated Diversity", *Recherches écnomiques de Louvain* 56: 327 - 355.

第七章

FRIEDMAN M. 1962, *Capitalism and Freedom*, Chicago: U. of Chicago Press, tr. fr. Paris: Laffont, 1971.

GAERTNER W., P. K. PATTANAIK, K. SUZUMURA 1992, "Individual Rights Revisited", *Economica* 59: 161 - 177.

HAYEK F. A. 1973 - 1979, *Law, Legislation and Liberty*, 3 vol., Londres: Routledge & Kegan, tr. fr. Paris: PUF, 1979 - 1982.

KOLM S. C. 1985, *Le contrat social libéral*, Paris: PUF.

NOZICK R. 1974, *Anarchy, State and Utopia*, New York: Basic Books, tr. fr. Paris: PUF, 1988.

RILEY J. 1989, "Rights to Liberty in Purely Private Matters (Part I)", *Economics et Philosophy* 5: 121 - 166.

ROTHBARD M. 1973, *For A New Liberty*, New York: Macmillan.

SEN A. K. 1976, "Liberty, Unanimity and Rights", *Economica* 43: 217 - 245.

SUZUMURA K. 1983, *Rational choice, collective decisions, and social welfare*, Cambridge: Cambridge U. Press.

VAN PARIJS P. 1991, *Qu'est-ce qu'une société justice?*, Pairs: Seuil.

WALDRON J. éd. 1984, *Theories of Rights*, Oxford: Oxford U. Press.

WRIGLESWORTH J. L. 1985, *Libertarian conflicts in social choice*, Cambridge: Cambridge U. Press.

第八章

DOSTALER G. 1978, *Valeur et prix. Histoire d'un débat*, Grenoble: PUG.

MORISHIMA M., G. CATEPHORES 1978, *Value, exploitation and growth*, Londres: McGraw Hill; tr. fr. Economica, 1980.

ROEMER J. E. 1982, *A general theory of exploitation and class*, Cambridge: Harvard U. Press.

ROEMER J. E. 1988, *Free to lose: An introduction to marxist economic philosophy*, Cambridge: Harvard U. Press.

ROEMER J. E. éd. 1986, *Analytical marxism*, Cambridge: Cambridge U. Press.

第九章

BARRY B. 1989, *Theories of justice*, Berkeley: U. of California Press.

KALAI E. 1985, "Solutions to the bargaining problem", in L. Hurwicz, D. Schmeidler, H. Sonnenschein éds., *Social goals and organization*, Cambridge: Cambridge U. Press.

MOULIN H. 1988, *Axioms of cooperative decision making*, Cambridge: Cambridge U. Press.

MOULIN H. 1995, *Cooperative Microeconomics: A Game-Theoretic Introduction*, Londres: Prentice Hall.

PETERS H. J. M. 1992, *Axiomatic bargaining game theory*, Dordrecht: Kluwer.

ROEMER J. E. 1986, "The mismarriage of bargaining theory and distributive justice", *Ethics* 97: 88 - 110.

ROTH A. E. 1979, *Axiomatic models of bargaining*, Berlin: Springer Verlag.

THOMSON W. 1994, *Bargaining theory: The axiomatic approach*, San Diego: Academic Press.

第十章

KOLM S. C. 1972, *Justice et équité*, Ed. Du CNRS.

MOULIN H. 1990, "Fair Division under Joint Ownership: Recent Results and Open Problems", *Social Choice and Welfare* 7: 149 - 170.

MOULIN H. 1995, *Cooperative Microeconomics: A Game-Theoretic Introduction*, London: Prentice Hall.

THOMSON W. 1990, "The Consistency Principle", in T. Ichiishi, A. Neyman, Y. Tauman éds., *Game Theory and Applications*, New York: Academic Press.

THOMSON W. 1989, "Fair Allocation Rules", mimeo.

THOMSON W. 1993, "Monotonic allocation rulers", mimeo.

THOMSON W., H. VARIAN 1985, "Theories of Justice Based on Symmetry", in

L. Hurwicz, D. Schmeidler, H. Sonnenschein éds. , *Social Goals and Social Organization*, Cambridge: Cambridge U. Press.

VARIAN H. 1974 " Equity, envy and efficiency ", *Journal of Economic Theory* 9: 63 – 91.

Fleurbaey M. 2008, *Fairness, Responsibility, and Welfare*, Oxford: Oxford University Press.

Fleurbaey M. 2010, "Assessing risky social situations", *Journal of political Economy* 118: 649 – 680.

Fleurbaey M. , S. Luchini, C. Muller, E. Schokkaert 2013, "Equivalent incomes and the economic evaluation of health care", *Health Economics* 22: 711 – 729.

Fleurbaey M. , F. Maniquet 2011, *A Theory of Fairness and Social Welfare*, Cambridge: Cambridge University Press.

参考文献

ACZÉL J., Z. MOSZNER 1994, "New results on 'scale' and 'size' arguments justifying invariance properties of empirical indices and laws", *Mathematical Social Sciences* 28: 3-34.

ALLAIS M. 1981, "La théorie générale des surplus", *Economies et Sociétés*, Nos 1-5.

ANDREANI T. 1989, *De la société à l'histoire*, Paris: Méridiens-Klincksieck.

ARNESON R. J. 1989, "Equality and Equal Opportunity for Welfare", *Philosophical Studies* 56: 77-93.

ARNESON R. J. 1990, "Liberalism, Distributive Subjectivism, and Equal Opportunity for Welfare", *Philosophy and Public Affairs* 19: 158-194.

ARNOLD B. C. 1987, *Majorization and the Lorenz Order: A Brief Introduction*, Berlin: Springer-Verlag.

ARROW K. J. 1951, *Social choice and individual values* (2e édition 1963), trad. fr. *Choix collectifs et préférences individuelles*, Calmann-Lévy, 1974.

ARROW K. J. 1973a, "Rawls's Principle of Just Saving", *Swedish Journal of Economics* 75: 323-335.

ARROW K. J. 1973b, "Some Ordinalist-Utilitarian Notes on Rawls's Theory Of Justice", *Journal of Philosophy* 70: 245-263.

ARROW K. J. 1977, "Extended Sympathy and the Possibility of Social Choice", *American Economic Review* 67: 219-225.

ATKINSON A. B. 1970, "On the Measurement of Inequality", *Journal of Eco-*

nomic Theory 2: 244 - 263.

ATKINSON A. B. , J. E. STIGLITZ 1980, *Lectures on Public Economics*, Londres: McGraw-Hill.

BARRY B. 1989, *Theories of justice*, Berkeley: U. of California Press.

BENTHAM J. 1789, *An introduction to the principles of morals and legislation*, Londres: Payne.

BERGSON A. 1938, "A reformulation of certain aspects of welfare economics", *Quarterly Journal of Economics* 52: 310 - 334.

BERLIN I. 1979, *Four Essays on Liberty*, Oxford U. Press.

BLACKORBY C. , D. DONALDSON ET J. A. WEYMARK 1984, "Social choice with interpersonal utility comparisons: a diagrammatic introduction", *International Economic Review* 25: 327 - 356.

BLAU J. H. 1975, "Liberal values and independence ", *Review of Economic Studies* 42: 395 - 401.

BOADWAY R. , N. BRUCE 1984, *Welfare Economics*, Oxford: Basil Blackwell.

BORDA J. C. 1781, " Mémoire sur les élections au scrutin ", *Mémoires de l'Académie Royale des Sciences*.

BOSSERT W. 1995a, "Redistribution Mechanisms based on Individual Characteristics", *Mathematical Social Sciences* 29: 1 - 17.

BOSSERT W. 1995b, " The Kaldor Compensation Test and Rational Choice ", *Journal of Public Economics*, à paraître.

BOSSERT W. , M. FLEURBAEY 1994, "Redistribution and Compensation", *Social Choice and Welfare*, à paraître.

BOSSERT W. , P. K. PATTANAIK, Y. Xu 1994, "Ranking opportunity sets: An axiomatic approach", *Journal of Economic Theory* 63: 326 - 345.

BOUYSSOU D. , J. C. VANSNICK 1990, "Utilité cardinale dans le certain et choix dans le risque", *Revue Economique* 6: 979 - 1000.

BRANDT R. B. 1978, *A Theory of the Good and the Right*, Oxford: Oxford U. Press.

BROOME J. 1983, *Weighing Goods*, Oxford: Basil Blackwell.

BROOME J. 1993, "A cause of preference is not an object of preferences", *Social*

Choice and Welfare 10：57－68.

BUTTS R.，HINTIKKA J. éds. 1977，*Foundational Problems in the Special Sciences*，Dordrecht：Reidel.

CHAKRAVARTY S. R. 1990，*Ethical Social Index Numbers*，Berlin：Springer-Verlag.

CHAUDHURI A. 1986，"Some Implications of an Intensity Measure of Envy"，*Social Choice and Welfare* 3：255－270.

CHICHILNISKY G.，W. Thomson 1987，"The Walrasian Mechanism from Equal Division is not Monotonic with Respect to Variations in the Number of Consumers"，*Journal of Public Economics* 32：119－124.

CHUN Y.，H. PETERS 1988，"The lexicographic egali tarian solution"，*Cahiers du CERO* 30：149－156.

COHEN G. A. 1989，"On the Currency of Egalitarian Justice"，*Ethics* 99：906－944.

COHEN G. A. 1990，"Equali ty of What? On Welfare，Goods and Capabilities"，*Recherches économiques de Louvain* 56：357－382.

CONDORCET M. de 1785，*Essai sur l'application de l'analyse à la probabilité des décisions rendues à la plurali té des voix*.

COULHON T.，P. MONGIN 1989，"Social Choice Theory in the Case of Von Neumann-Morgenstern Utilities"，*Social Choice and Welfare* 6：175－187.

D'ASPREMONT C.，L. GEVERS 1977，"Equity and the informational basis of collective choice"，*Review of Economic Studies* 44：199－210.

D' ASPREMONT C. 1985，"Axioms for social welfare orderings"，in L. Hurwicz，D. Schmeidler et H. Sonnenschein éds.，*Social goals and social organization*，Cambridge：Cambridge U. Press.

D' ASPREMONT C. 1993，"Economie du bien-être et utilitarisme"，in L. A. Gérard-Varet et J. C. Passeron，*La méthod et l'enquête*，Maison des Sciences de l'Homme.

DALTON H. 1920，"The measurement of the inequality of incomes"，*Economic Journal* 30：348－361.

DANIEL T. E. 1975，"A Revised Concept of Distributional Equity"，*Journal of Economic Theory* 11：94－109.

DASGUPTA P.，P. J. HAMMOND 1980，"Fully Progressive Taxation"，*Journal of Public Economics* 13: 141 – 154.

DASGUPTA P., A. SEN, D. STARRETT 1973, "Notes on the Measurement of Inequality", *Journal of Economic Theory* 6: 180 – 187.

DEBREU G. 1951, "The Coefficient of Resource Utilization", *Econometrica* 19: 273 – 292.

DEBREU G. 1959, *Theory of Value*, Cowles Foundation. Trad. fr. Paris: Dunod, 1984.

DESCHAMPS R., L. GEVERS 1978, "Leximin and utilitarian rules: a joint characterization", *Journal of Economic Theory* 17: 143 – 163.

DIAMANTARAS D., W. THOMSON 1990, "A Refinement and Extension of the No-Envy Concept", *Economic Letters* 33: 217 – 222.

DIAMOND P. A. 1967, "Cardinal welfare, individualistic ethics and interpersonal comparisons of utility: a comment", *Journal of Political Economy* 75: 765 – 766.

DIEWERT W. E. 1982, "The Measurement of Deadweight Loss Revisited", *Econometrica* 49: 1225 – 1244.

DONALDSON D., J. A. WEYMARK 1980, "A Single-Parameter Generalization of the Gini Indices of Inequality", *Journal of Economic Theory* 22: 67 – 86.

DOSTALER G. 1978, *Valeur et prix. Histoire d'un débat*, Grenoble: PUG.

DUFFIE D., H. SONNENSCHEIN 1989, "Arrow and General Equilibrium Theory", *Journal of Economic Literature* 27: 565 – 598.

DUMÉNIL G. 1980, *De la valeur aux prix de production*, Paris: Economica.

DUMÉNIL G., D. LÉVY 1987, "Values and natural prices trapped in joint production pitfalls", *Zeitschrift für Nationalökonomie* 47: 15 – 46.

DUPUY J. P. 1992, *Le sacrifice et l'envie*, Paris: Calmann-Lévy.

DWORKIN R. 1979, *Taking Rights Seriously*, Londres: Duckworth.

DWORKIN R. 1981a, "What is Equality? Part 1: Equality of Welfare", *Philosophy and Public Affairs* 10: 185 – 246.

DWORKIN R. 1981b, "What is Equality? Part 2: Equality of Resources", *Philosophy and Public Affairs* 10: 283 – 345.

ELSTER J. 1983, *Sour Grapes*, Cambeidge et Paris: Cambridge U. Press et Ed. dela Maison des Sciences de l'Homme.

ELSTER J. 1985, *Making sense of Marx*, Cambridge: Cambridge U. Press.

ELSTER J., J. E. ROEMER èds. 1991, *Interpersonal Comparisons of Well-Being*, Cambridge: Cambridge U. Press.

FARRELL M. 1976, "Liberalism in the theory of social choice", *Review of Economic Studies* 43: 3－10.

FELDMAN A., A. KIRMAN 1974, "Fairness and Envy", *American Economic Review* 64: 995－1005.

FIELDS G. S., J. C. H. FEI 1978, "On Inequality Comparisons", *Economietrica* 46: 303－316.

FLEURBAEY M. 1994a, "On fair compensation", *Theory and Decision* 36: 277－307.

FLEURBAEY M. 1994b, "L'absence d'envie dans une problématique postwelfariste", *Recherches Economiques de Louvain* 60: 9－41.

FLEURBAEY M. 1995a, "Equal opportunity or equal social outcome?", *Economics and Philosophy* 11: 25－55.

FLEURBAEY M. 1995b, "The requisites of equal opportunity", in W. Barnett, H. Moulin, M. Salles et N. Schofield éds, *Social Choice, Welfare and Ethics*, Cambridge U. Press.

FLEURBAEY M. 1995c, "Equality and Responsibility", *European Economic Review* 39: 683－689.

FLEURBAEY M. 1995d, "Equality among responsible individuals", miméo.

FLEURBAEY M. 1995e, "Three solutions for the compensation problem", *Journal of Economic Theory* 65: 505－521.

FLEURBAEY M., F. MANIQUET 1993, "Fair allocation with unequal production skills: The no-envy approach to compensation", *Mathematical Social Sciences*, à paraître.

FLEURBAEY M., F. MANIQUET 1994, "Fair allocation with unequal production skills: The solidarity approach to compensation", Doc. de travail THEMA 9419.

FOLEY D. K. 1967, "Resource Allocation and Public Sector", *Yale Economic Essays* 7: 45－98.

FOSTER J. E. 1985, "Inequality Measurement", in H. P. Young, *Fair Allocation*, Providence: American Math Society.

FRIEDMAN D. 1973, *The Machinery of Freedom*, New York: Arlington.

FRIEDMAN M. 1962, *Capitalism and Freedom*, Chicago: U. of Chicago Press, tr. fr. Paris: Laffont, 1971.

FRIEDMAN M., R. FRIEDMAN 1979, *Free to Choose*, New York: Harcourt Brace Jovanovich.

GÄRDENFORS P. 1981, "Rights, Games and Social Choice", *Noûs* 15: 341-356.

GAERTNER W. 1991, *Domain Conditions in Social Choice Theory*, à paraître.

GAERTNER W. 1992, "Rights and Game Forms, Types of Preference Orderings and Pareto Inefficiency", in W. E. Diewert, K. Spremann, F. Stehling éds., *Mathematical Modelling in Economics*, Berlin: Springer-Verlag.

GAERTNER W., L. KRÜGER 1981, "Self-Supporting Preferences and Individual Rights: The Possibility of Paretian Libertarianism", *Economica* 48: 17-28.

GAERTNER W., M. KLEMISCH-AHLERT 1992, *Social choice and bargaining perspectives on distributive justice*, Berlin: Springer-Verlag.

GAERTNER W., P. K. PATTANAIK, K. SUZUMURA 1992, "Individual Rights Revisited", *Economica* 59: 161-177.

GAUTHIER D. 1986, *Morals by agreement*, Oxford: Clarendon Press.

GEVERS L. 1979, "On interpersonal comparability and social welfare orderings", *Econometrica* 47: 75-90.

GEVERS L. 1986, "Walrasian Social Choice: Some Simple Axiomatic Approaches", in W. Heller et al. eds, *Social Choice and Public Decision Making*, *Essays in Honor of K. J. Arrow*, vol. 1, Cambridge: Cambridge U. Press.

GEWIRTH A. 1982, *Human Rights: Essays in Justification and Application*, Chicago: U. of Chicago Press.

GIBBARD A. 1974, "A Pareto-Consistent Libertarian Claim", *Journal of Economic Theory* 7: 388-410.

GIBBARD A. 1986, "Interpersonal Comparisons: Preference, Good, and the Intrinsic Reward of a Life", in J. Elster et A. Hylland éds, *Foundations of Social Choice Theory*, Cambridge U. Press.

GIRARD R. 1972, *La violence et le sacré*, Paris: Grasset.

GIRARD R. 1978, *Des choses cachées depuis la foundation du monde*, Paris: Grasset.

GIRARD R. 1982, *Le bouc émissaire*, Paris: Grasset.

GOLDMAN S. M., C. SUSSANGKARN 1978, "On the Concept of Fairness", *Journal of Economic Theory* 19: 210-216.

GOLDMAN S. M., C. SUSSANGKARN 1983, "Dealing with Envy", *Journal of Public Economics* 22: 103-112.

GRAVEL N. 1994, "On the difficulty of combining actual and potential criteria for an increase in social welfare", IRES Discussion Paper 9409.

HAMMOND P. J. 1981, "Ex-Ante and Ex-Post Welfare Optimality Under Uncertainty", *Economica* 48: 235-250.

HAMMOND P. J. 1982, "Utilitarianism, Uncertainty and Information", in A. K. Sen, B. Williams éds.

HAMMOND P. J. 1983, "Ex-Post Optimality as a Dynamically Consistent Objective for Collective Choice Under Uncertainty", in P. K. Pattanaik, M. Salles éds., *Social Choice and Welfare*, North-Holland.

HAMMOND P. J. 1992, "Social Choice of Individual and Group Rights", in *Social Choice Welfare, and Ethics*, W. A. Barnett, H. Moulin, M. Salles et W. Schofield éds., Cambridge: Cambridge University Press.

HARDY G. H., J. E. LITTLEWOOD, G. POLYA 1952, *Inequalities*, Cambridge: Cambridge U. Press.

HARSANYI J. C. 1953, "Cardinal Utility in Welfare Economics and in the Theory of Risk Taking", *Journal of political Economy* 61: 434-435. Rep. in Harsanyi 1976.

HARSANYI J. C. 1955, "Cardinal Welfare, Individualistic Ethics, and Interpersonal Comparisons of Utility", *Journal of Political Economy* 63: 309-321. Rep. in Harsanyi 1976.

HARSANYI J. C. 1975a, "Can the Maximin Principle Serve as a Basis for Morality? A Critique of John Rawls's Theory", *American Political Science Review* 69: 594-606. Rep. in Harsanyi 1976.

HARSANYI J. C. 1975b, "Nonlinear Social Welfare Functions: Do Welfare Economists Have a Special Exemption from Bayesian Rationality?", *Theory and Decision* 6: 311-332. Rep. in Harsanyi 1976.

HARSANYI J. C. 1976, *Essays on Ethics, Social Behavior, and Scientific*

Explanation, Dordrecht: Reidel.

HARSANYI J. C. 1977a, *Rational Behavior and Bargaining Equilibrium in Games and Social Situations*, Cambridge: Cambridge U. Press.

HARSANYI J. C. 1977b, "Nonlinear Social Welfare Functions: A Rejoinder to Professor Sen", in R. Butts et J. Hintikka éds.

HARSANYI J. C. 1977c, "Morality and the Theory of Rational Behavior", *Social Research* 44: 623 - 656. Rep. in A. Sen et B. Williams 1982.

HART H. L. A. 1955, "Are There Any Natural Rights?", *Philosophical Review* 64: 175 - 191. Rep. in Waldron éd. 1984.

HAUSMAN D. M., M. S. MCPHERSON 1993, "Taking Ethics Seriously: Economics and Contemporary Moral Philosophy", *Journal of Economic Literature* 31: 671 - 731.

HAUSMAN D. M., M. S. MCPHERSON 1994, *Moral Thinking and Economic Analysis*, à paraître.

HAYEK F. A. 1944, *The Road to Serfdom*, Chicago: U. of Chicago Press.

HAYEK F. A. 1960, *The Constitution of Liberty*, Chicago: U. of Chicago Press.

HAYEK F. A. 1973-1979, *Law, Legislation and Liberty*, 3 vol., Londres: Rout ledge & Kegan, tr. fr. Paris: PUF, 1979 - 1982.

HILDENBRAND W., A. KIRMAN 1988, *Equilibrium Analysis*, Amsterdam: North-Holland.

HOHFELD W. N. 1919, *Fundamental Legal Conceptions as Applied in Judicial Reasoning*, Yale U. Press.

HURWICZ L. 1994, "Economic Design, Adjustment Processes, Mechanisms, and Institutions", *Economic Design* 1: 1 - 14.

HYLLAND A., R. ZECKHAUSER 1979, "The Impossibility of Bayesian Group Decision Making with Separate Aggregation of Beliefs and Values", *Econometrica* 47: 1321 - 1336.

ITURBE I., J. NIETO 1992, On Fair Allocations and Monetary Compensation", *Economic Theory*, à paraître.

KALAI E., D. SAMET 1985, "Monotonic solutions to general cooperative games", *Econometrica* 53: 307 - 327.

KALAI E., M. SMORODINSKY 1975, "Other solutions to Nash's bargaining problem", *Econometrica* 43：513－518.

KALAI E. 1985, " Solution to the bargaining problem ", in L. Hurwicz, D. Schmeidler, H. Sonnenschein éds. , *Social goals and social organization*, Cambridge：Cambridge U. Press.

KARNI E. 1978, "Collective Rationality, Unanimity and Liberal Ethics", *Review of Economic Studies* 45：571－574.

KIRZNER I. M. 1981, "Entrepreneurship, Entitlement and Economic Justice", in Paul 1981.

KLEMISCH-AHLERT M. 1993, "Freedom of choice. A comparison of different rankings of opportunity sets", *Social Choice and Welfare* 10：189－207.

KOLM S. C. 1968, "The optimal production of social justice", in H. Guitton, J. Margolis éds, *Economic Publique*, Paris：CNRS.

KOLM S. C. 1972, *Justice et équité*, Ed. Du CNRS.

KOLM S. C. 1976, "Unequal Inequalities", *Journal of Economic Theory* 12：416－442 et 13：82－111.

KOLM S. C. 1985, *Le contrat social libéral*, Paris：PUF.

KOLM S. C. 1986, *Philosophie de l'économie*, Seuil.

KOLM S. C. 1990, *The general theory of justice*, mimeo.

KOLM S. C. 1991, "Philosophical Reasons for Equity ", Doc. de trav. No99, CERAS, Paris.

KOLM S. C. 1993a, "Equal Freedom", mimeo CGPC, Paris.

KOLM S. C. 1933b, "Super-Equity and Inequalities", Paris：CGPC.

KOLM S. C. 1944, "The meaning of 'fundamental preferences'", *Social Choice and Welfare* 11：193－198.

KOLM S. C. 1995a, *Modern Theories of Justice*, MIT Press, ǎ Paraître.

KOLM S. C. 1995b, "The Economics of Social Sentiments：The Case of Envy", *The Japanese Economic Review* 46：63－87.

KOOPMANS T. C. 1965, "On the Concept of Optimal Economic Growth", in *The Econometric Approach to Development Planning*, Pontificiae Academiae Scientiarum Scripta Varia 28：225－287.

LAFFONT J. J 1986, *Cours de théorie microéconomique*, vol. 2, Paris：Economica.

LEBRETON M., J. A. WEYMARK 1994, "An introduction to Arrovian Social welfare functions on economic and political domains", in N. Schofield éd., *Social Choice and Political Economy*, Dordrecht: Kluwer.

LIPIETZ A. 1983, *Le monde enchanté*, Paris : La Découverte.

LOCKE J. 1690, *Two Treatises of Government*, New York: Macmillan 1947, tr. fr. Paris: PUF, 1951.

MACHINA M. J 1989, "Dynamic Consistency and Non-Expected Utility Models of Choice under Uncertainty", *Journal of Economic Literature* 27: 1622 - 1668.

MACINTYRE A. 1981, *After Virtue*, Londres: Duckworth.

MACINTYRE A. 1988, *Whose Justice? Which Rationality?* Londres: Duckworth.

MANIQUET F. 1994a, *On Equity and Implementation in Economic Environments*, thèse de doctorat, Université de Namur.

MANIQUET F. 1994b, "Fair allocation with unequal production skills: The equal right approach to compensation", mimeo.

MARX K. 1867, *Le Capital*, 3 vol., Paris: Editions Sociales, 1977.

MARX K. 1875, "Critique du programme de Gotha", in K. Marx, F. Engels, *Critique des programmes de Gotha et d'Erfurt*, Paris: Editions Sociales, 1950.

MASKIN E. 1978, "A theorem on utilitarianism", *Review of Economic Studies* 45: 93 - 96.

MASKIN E. 1979, "Decision-Making under Ignorance with Implications for Social Choice", *Theory and Decision* 11: 319 - 337.

MASKIN E. 1980, "On First-Best Taxation", in D. Collard, R. Lecomber, M. Slater éds., *Income Distribution: The Limits to Redistribution*, Dorchester: Wright & Sons.

MASKIN E. 1985, "The Theory of Implementation in Nash Equilibrium: A Survey", in L. Hurwicz, D. Schmeidler, H. Sonnenschein éds., Social *Goals and Social Organization*, Cambridge: Cambridge U. Press.

MIRRLEES J. 1971, "An Exploration in the Theory of Optimum Income Taxation", *Review of Economic Studies* 38: 175 - 208.

MIRRLEES J. 1974, "Notes on Welfare Economics, Information and Uncertainty", in M. S. Balch, D. McFadden, S. Y. Wu éds., *Essays on Economic Behaviour under*

Uncertainty, Amsterdam: North-Holland.

MONGIN P. 1994, "Harsanyi's Aggregation Theorem: Multi-Profile Version and Unsettled Questions", *Social Choice and Welfare* 11: 75－106.

MONGIN P. 1995, "Consistent Bayesian Aggregation", *Journal of Economic Theory* 66: 313－351.

MOORE G. E. 1912, *Ethics*, Londres: Williams & Norgate.

MOORE J. 1992, "Implementation, Contracts, and Renegociation in Environments with Complete Information", in J. J. Laffont éd., *Advances in Economic Theory*, Cambridge: Cambridge U. Press.

MORISHIMA M., G. CATEPHORES 1978, *Value, exploitation and growth*, Londres: McGraw Hill ; tr. fr. Economica, 1980.

MOULIN H. 1988, *Axioms of cooperative decision making*, Cambridge: Cambridge U. Press.

MOULIN H. 1990a, "Fair Division under Joint Ownership: Recent Results and Open Problems", *Social Choice and Welfare* 7: 149－170.

MOULIN H. 1990b, "Joint Ownership of a Convex Technology: Comparison of Three Solutions", *Review of Economic Studies* 57: 439－452.

MOULIN H. 1991, "Stand Alone and Unanimity Tests: A Reexamination of Fair Division", Workshop on Ethics and Economics, University of Siena, Juillet 1991.

MOULIN H. 1992, "Welfare Bounds in the Cooperative Production Problem", *Games and Economic Behavior* 4: 373－401.

MOULIN H. 1994, "Social Choice", in R. J. Aumann, S. Hart éds., *Handbook of Game Theory*, vol. 2, Amsterdam: North-Holland.

MOULIN H. 1995, *Cooperative Microeconomics: A Game-Theoretic Introduction*, London: Prentice Hall.

MOULIN H., W. THOMSON 1988, "Can Everyone Benefit from Growth?", *Journal of Mathematical Economics* 17: 339－345.

MYERSON R. B. 1981, "Utilitarianism Egalitarianism, and the Timing Effect in Social Choice Problems", *Econometrics* 49: 883－897.

MYERSON R. B. 1991, *Game Theory. Analysis of Conflict*, Cambridge: Harvard U. Press.

NASH J. F. 1950, "The bargaining problem", *Econometrics* 18: 155-162.

NOZICK R. 1974, *Anarchy, State and Utopia*, New York: Basic Books, tr. fr. Paris: PUF, 1988.

NOZICK R. 1989, *The Examined Life*, New York: Simon & Schuster.

O'NEILL B. 1982, "A Problem of Rights Arbitration in the Talmud", *Mathematical Social Science* 2 : 35-71.

PARETO V. 1968, *traité de sociologie Générale*, Paris: Droz.

PARETO V. 1981, *Manuel d'Economie Politique*, Paris: Droz.

PATTANAIK P. K. , Y. Xu 1990, "On ranking opportunity sets in terms of Freedom of choice", *Recherches Economiques de Louvain* 56: 383-390.

PAUL J. éd. 1981, *Reading Nozick*, Totowa: Rowman & Littlefield.

PAZNER E. 1977, "Pitfalls in the Theory of Fairness", *Journal of Economic Theory* 14: 458-466.

PAZNER E. , D. SCHMEIDLER 1974, "A Difficulty in the Concept of Fairness", *Review of Economic Studies* 41: 411-443.

PAZNER E. , D. SCHMEIDLER 1978a, "Decentralization and income distribution in socialist economies", *Economic Inquiry* 16: 257-274.

PAZNER E. , D. SCHMEIDLER 1978b, "Egalitarian Equivalent Allocations: A New Concept of Economic Equity", *Quarterly Journal of Economics* 92: 671-687.

PETERS H. J. M. 1992, *Axiomatic bargaining game theory*, Dordrecht: Kluwer.

PRATT J. W. 1964, "Risk Aversion in the Small and Large", *Econometric* 32: 122-136.

PUPPE C. 1993, "Freedom of Choice and Rational Decisions", University of Vienna, mimeo.

RAMSEY F. P. 1928, "A Mathematical Theory of Saving", *Economic Journal* 38: 543-559.

RAWLS J. 1971, *Theory of Justice*, Cambridge: Harvard U. Press. Trad. fr. Paris: Seuil 1987.

RAWLS J. 1974, "Some Reasons for the Maximin Criterion", *American Economic Review* 64 (2): 141-146.

RAWLS J. 1982 "Social Unity and Primary Goods", in A. Sen, B. Williams Éds.

RILEY J. 1989, "Rights to Liberty in Purely Private Matters (Part Ⅰ)", *Economics et Philosophy* 5: 121 - 166.

ROBBINS L. 1935, *An Essay on the Nature and Significance of Economic Science*, 2ème éd., Londres: Allen & Unwin.

ROBERTS K. W. S. 1980a, "Possibility theorems with interpersonally comparable welfare levels", *Review of Economic Studies* 47: 409 - 420.

ROBERTS K. W. S. 1980b, "Interpersonal Comparability and Social Choice Theory", *Review of Economic Studies* 47: 421 - 439.

ROEMER J. E. 1982, *A general theory of exploitation and class*, Cambridge: Harvard U. Press.

ROEMER J. E. 1985, "Equality of Talent", *Economics and Philosophy* 1: 151 - 187.

ROEMER J. E. 1986a, "Equality of Resources Implies Equality of Welfare", *Quarterly Journal of Economics* 101: 751 - 784.

ROEMER J. E. 1986b, "Should Marxist be interested in exploitation?", in Roemer éd, 1986.

ROEMER J. E. 1986c, "The mismarriage of bargaining theory and distributive justice", *Ethics* 97: 88 - 110.

ROEMER J. E. 1986d, *Value, exploitation and class*, Chur: Harwood Academic Pub.

ROEMER J. E. 1988, *Free to lose: An introduction to marxist economic philosophy*, Cambridge: Harvard U. Press.

ROEMER J. E. 1990, "Welfarism and axiomatic bargaining theory", *Recherches Economicques de Louvain* 56: 287 - 301.

ROEMER J. E. 1993, "A Pragmatic Theory of Responsbility for the Egalitarian Planner", *Philosophy and public Affairs* 22: 146 - 166.

ROEMER J. E. 1995, *Theories of distributive justice*, Cambridge: Harvard U. Press, à paraître.

ROEMER J. E. éd. 1986, *Analytical marxism*, Cambridge: Cambridge U. Press.

ROTH A. H. 1979, *Axiomatic models of bargaining*, Berlin: Springer Verlag.

ROTHBARD M. 1973, *For A New Liberty*, New York: Macmillan.

SAMUELSON P. A. 1947, *Foundations of economic analysis*, Harvard U. Press.

SAVAGE 1954, *The Foundations of Statistics*, New York: Wiley.

SCANLON T. M. 1975, "Preference and Urgency", *Journal of Philosophy* 72: 655 - 669.

SCANLON T. M. 1986, "Equality of Resources and Equality of Welfare: A Forced Marriage", *Ethics* 97: 111 - 118.

SCANLON T. M. 1988, *The Significance of Choice*, Tanner Lectures on Human Values, vol. Ⅷ, U. of Utah Press.

SCHMEIDLER D. 1969, "The nucleolus of a characteristic function game", *SIAM Journal on Applied Mathematics* 17: 1163 - 1170.

SCHOTTER A. 1981, *The Economic Theory of Social Institutions*, Cambridge: Cambridge U. Press.

SEN A. K. 1970, *Collective choice and social welfare*, San Francisco: Holden-Day.

SEN A. K. 1973, *On Economic Inequality*, Oxford: Clarendon Press.

SEN A. K. 1976, "Liberty, Unanimity and Rights", *Economica* 43: 217 - 245.

SEN A. K. 1977a, "Social Choice Theory: A Reexamination", *Econometrica* 45: 53 - 90.

SEN A. K. 1977b, "Welfare Inequalities and Rawlsian Axiomatics", et "Nonlinear Social Welfare Functions: A Reply to Professor Harsanyi", in R. Butts et J. Hintikka éds.

SEN A. K. 1979, "Utilitarianism and Welfarism", *Journal of Philosophy* 76: 463 - 489.

SEN A. K. 1982, "Ethical Measurement of Inequality: Some Difficulties", in *Choice, Welfare and Measurement*, Oxford: Basil Blackwell.

SEN A. K. 1985, *Commodities and Capabilities*, Amsterdam: North-Holland.

SEN A. K. 1986, "Social choice theory", in K. J. Arrow et M. D. Intriligator eds, *Handbook of mathematical economics*, North-Holland, vol. 3.

SEN A. K. 1987, *On Ethics and Economics*, Oxford: Blackwell.

SEN A. K. 1988, "Freedom of Choice", *European Economic Review* 32: 269 - 294.

SEN A. K. 1990, "Welfare, Freedom and Social Choice: A Reply", *Recherches Economiques de Louvain* 56: 451 - 485.

SEN A. K. 1992a, *Inequality Reexamined*, Oxford: Clarendon Press.

SEN A. K. 1992b, "Minimal Liberty", *Economica* 59: 139 - 159.

SEN A. K. , B. A. Williams éds. 1982, *Utilititarianism and Beyond*, Cambridge: Cambridge U. Press.

SHAPLEY L. S. 1969, "Utility comparison and the theory of games", in G. T. Guilbaud ed. , *La décision*, Paris: Ed. du CNRS.

SHORROCKS A. F. , J. E. Foster 1987, "Transfer Sensitive Inequality Mearsures", *Review of Economic Studies* 54: 485 - 497.

SHORROCKS A. F. 1980, "The Class of Additively Decomposable Inequality Measures", *Econometrica* 48: 613 - 625.

SHORROCKS A. F. 1983, "Ranking Income Distributions", *Economica* 50: 3 - 17.

SHORROCKS A. F. 1984, "Inequality Decomposition by Population Subgroups", *Econometrica* 52: 1369 - 1385.

SPRUMONT Y. 1995, "Balanced Egalitarian Redistribution of Income", mimeo.

STEINER H. 1981, "Justice and Entitlement", in Paul éd.

STEINHAUS H. 1948, "The Problem of Fair Division", *Econometrica* 16: 101 - 104.

SUPPES P. 1966, "Some formal models of grading principles", *Synthese* 6: 284 - 306.

SUZUMURA K. 1983, *Rational choice, collective decisions, and social welfare*, Cambridge: Cambridge U. Press.

THOMSON W. 1982, "An Informationally Efficient Equity Criterion", *Journal of Public Economics* 18: 243 - 263.

THOMSON W. 1983, "The Fair Division of a Fixed Supply among a Growing Population", *Maths Operations Research* 8: 319 - 326.

THOMSON W. 1989, "Fair Allocation Rules", mimeo.

THOMSON W. 1990, "The Consistency Principle", in T. Ichiishi, A. Neyman, Y. Tauman éds. , *Game Theory and Applications*, New York: Academic Press.

THOMSON W. 1993, "Monotonic allocation rulers", mimeo.

THOMSON W. 1994, *Bargaining theory: The axiomatic approach*, San Diego: Academic Press.

THOMSON W. , T. LENSBERG 1989, *Axiomatic theory of bargaining with a variable number of agents*, Cambridge: Cambridge U. Press.

THOMSON W. , H. VARIAN 1985, "Theories of Justice Based on Symmetry", in L. Hurwicz, D. Schmeidler, H. Sonnenschein éds. , *Social Goals and Social Organiza-*

tion, Cambridge: Cambridge U. Press.

VAN PARIJS P. 1990, "Equal Endowments as Undominated Diversity" , *Recherches écnomiques de Louvain* 56: 327-355.

VAN PARIJS P. 1991, *Qu'est-ce qu'une société justice?*, Pairs: Seuil.

VAN PARIJS P. 1995, *Real Freedom for All*, Oxford U. Press.

VARIAN H. 1974 "Equity, envy and efficiency", *Journal of Economic Theory* 9: 63-91.

VARIAN H. 1975, "Distributive justice, Welfare Economics, and the Theory of Fairness", *Philosophy&Pubic Affairs* 4: 223-247.

VICKREY W. 1945, "Measuring Marginal Utilities by Reactions to Risk", *Econometrica* 13: 319-333.

WALDRON J. éd. 1984, *Theories of Rights*, Oxford: Oxford U. Press.

WALDRON J. 1988, *The Right to Private Property*, Oxford: Clarendon Press.

WALZER M. 1983, *Spheres of Justice: A Defence of Pluralism and Equality*, Blackwell.

WEYMARK J. K. 1991, "A reconsideration of the Harsanyi-Sen debate on utilitarianism", in J. Elster et J. Roemer éds.

WRIGLESWORTH J. L. 1985, *Libertarian conflicts in social choice*, Cambridge: Cambridge U. Press.

YAARI M. E. 1981, "Rawls, Edgewoth, Shaplry, Nash: Theories of distributive justice reexamined", *Journal of Economic Theory* 24: 1-39.

YAARI M. E., M. BAR-HILLEL 1984, "On Dividing Justly", *Social Choice and Welfare* 1: 1-24.

不平等经济学

【法】托马斯·皮凯蒂　著

赵永升　译

法国当红经济学家、《21 世纪资本论》作者皮凯蒂关于不平等的力作！

法文原汁原味翻译，简明扼要、译文流畅。

了解不平等问题的极佳入门读物。